月10万円を稼ぐ

トレード1年目の教科書

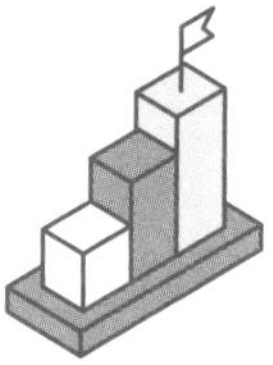

高橋慶行
TAKAHASHI Yoshiyuki

自由国民社

本書は投資の概要と事例について、参考情報の提供を目的としたものです。

投資勧誘を目的としたものではなく、投資助言ではありません。本書の内容に関しては正確を期すよう注意を払いましたが、内容を保証するものではありません。本書の情報を利用した結果生じたいかなる損害、損失についても、出版元、著者、本書制作の関係者は一切の責任を負いません。投資の判断はあくまでご自身の自己責任でお願い致します。

はじめに

月10万円の安定収入はトレードで実現できる

この度は本書を手に取っていただき、ありがとうございます。

本書は、投資初心者の方でも、面倒な相場予想などをすることなく、月10万円程度の利益を安定的に狙える「トレードの教科書」を目指して作られました。

なぜ私がこの本を書くことにしたのか？　すべての始まりは新型コロナでした。

コロナショックが引き起こした世界経済の環境変化

2020年2月に起こったコロナショックにより、国際社会全体が自粛生活を余儀なくされ、世界的に経済が停滞しました。そのため、経済対策として米国や欧州、日本の中央銀行が緊急利下げや量的緩和策を決定しましたが、それまで供給されていたすべてのマネーの2倍近くを市場に供給することになり、結果として前代未聞の金融緩和となりました。

そこで巻き起こったのが、2020年春から2021年にかけての米国株の上昇です。

何度も過去最高値を更新しましたが、この時金利はもう下げることができないほど低く、市場に大量のマネーが溢れる状態は、まさに「放っておいても株が上がる」状態でした。

日本でも、Youtuberやインフルエンサーたちが米国株を推奨し、資産運用や副業を始める人たちが急増しました。

しかし、この前代未聞の金融緩和に、さらに２０２２年２月のロシアによるウクライナ侵攻の影響が加わり、世の中のあまたの商品やサービスの価格が上昇する「高インフレ」が世界レベルで進行したのです。

これに対しついに２０２１年秋、米国の中央銀行であるＦＲＢが２０２２年以降の金利の引き上げを決定しました。この「急激な利上げ」がきっかけで、２０２２年初頭から世界中の株式市場は急落し、２０２１年頃に米国株や日本株で投資を始めた日本人の多くが損失を被ることとなったのです。

将来的にも厳しい日本の現実

次々と金利を上げる先進諸国の中央銀行を横目に、日本銀行だけはマイナス金利を続ける以外になく、結果として、２０２２年３月から秋口頃まで超円安トレンドが発生し、ますます商品の値上げが進みました。「失われた30年」といわれ、日本人の平均賃金が約30年も横ばいのままなのに、物価がどんどん上がり、ジリ貧になっていく日本人。

さらに、私たちの大切な老後の生活費となる年金を長期運用しているＧＰＩＦがホームページで発表している運用成績を見ると、国内の株と債券、外国の株と債券という分散投資をしている４つのセクターがすべてマイナス運用となっていました。

年金制度自体はなくならないとは思いますが、ＧＰＩＦの運用もうまくいく保証はありませんし、少子高齢化が加速している日本では、「年金の支給額が減り、支給開始年齢はさらに引き上げられる」ということも想定しておくべきでしょう。

こういった厳しい現実を目の当たりにして、私は本書を書く決意を固めたのでした。

「投資は長期で見れば、必ず成功する」という幻想

投資には、大きく短期投資（トレード・投機）と中長期投資の2種類があります。

日本人に人気の長期投資の難しさは、「相手が環境だ」ということにあります。利上げはもちろん、各国間の貿易摩擦、戦争や大災害を私たちは一切コントロールできません。

何十年も大切に積み上げた資産がある日、何かしらの環境変化で吹き飛ぶリスクは、実は短期投資よりも長期投資の方が高いのです。

「世界の株式市場を見れば、たとえ暴落しても長期的に見れば必ず回復する、歴史的に見てもそうだったではないか」といった見方もありますが、この先も必ずそうなるという保証はありません。現に日経平均株価は、１９８９年末の最高値３万８９１５円を30年以上経っ

た現在でも回復していないのです。

スイング、デイトレの短期投資で安定収入を得る

短期投資ももちろん簡単ではありませんが、短期投資の相手は「自分自身」です。例えば、本書で明かされる、理想的な売買ポイントを覚え、そのポイントがチャート上に現れるまで感情を抑制して待ち、欲や恐怖をコントロールしながら、淡々とルールを守る自己管理が必要になります。

トレードはギャンブルだと思われている方も多いですが、違います。賭け事と違い、開かれた市場による取引で、磨かれた技術と知識によって「トータルで利益を積み上げる」という、ギャンブルとは一線を画した収入源になり得るものです。

長期投資のカギとなる「環境」はコントロールできませんが、短期投資のカギとなる「自分」は、努力すればコントロールできるということから、本書では短期投資のスキル習得をオススメしています。

短期投資のスキルは、料理や車の運転と同じように、誰にでも取り組むことができ、一度身につけてしまえば、多くの投資対象を相手に、何度でも繰り返し再現することができます。月単位でまとまった収入を得ることも、もちろん可能です。

「トレード投資家」というスタイルを目指す

本書では、トレードをする中でも、短期のトレンドや波動を狙ってこまめに値幅を取り、利益を積み上げていくスタイルの投資家を「トレード投資家」と名付けました。

本書で紹介する方法は、日本株はもちろん、米国株、FX、コモディティ、日経225先物など、チャートを見ながら売買できるものであれば、何にでも応用が利きます。時間にも場所にも左右されず、行うことができるのです。

本書は、初めて投資をする方でもきちんと理解して実践できるよう、わかりやすくポイントを絞って解説した上、理解を深める周辺の知識も数多く掲載しています。また、日本株とFXで多くの実例を挙げてありますので、過去にうまくいかずに損を出してすぐやめてしまったという方にも、お役に立ちます。ぜひ本書で再挑戦していただければと思います。

最後に、本書が「安定的な収入は欲しいけれど、どうやって始めればいいのかわからない」というすべての方々の参考となれば幸いです。

2023年3月

高橋　慶行

月10万円を稼ぐ トレード1年目の教科書

目次

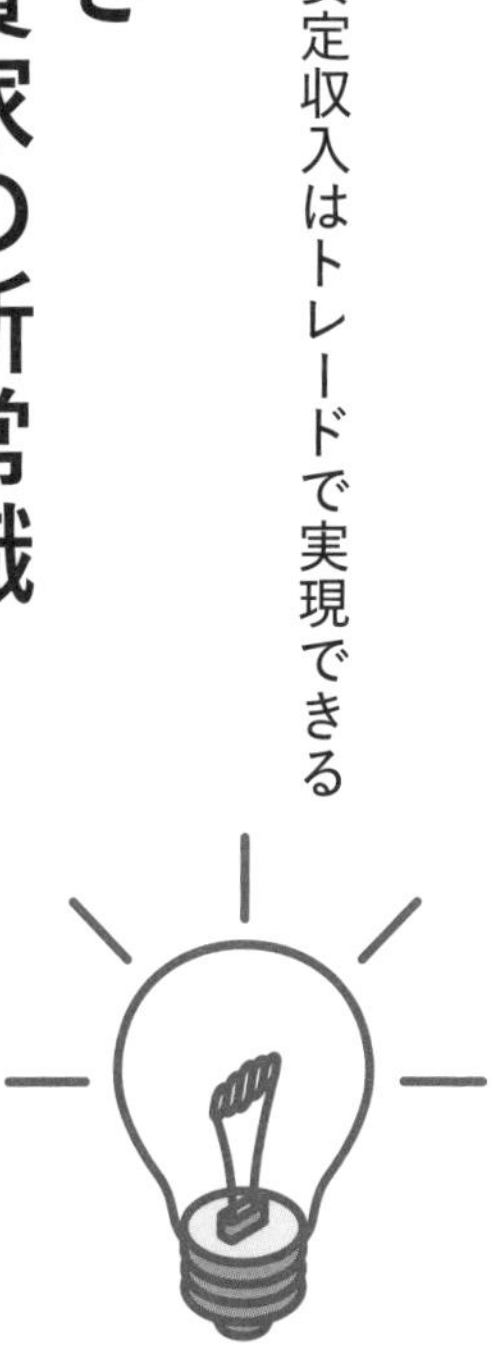

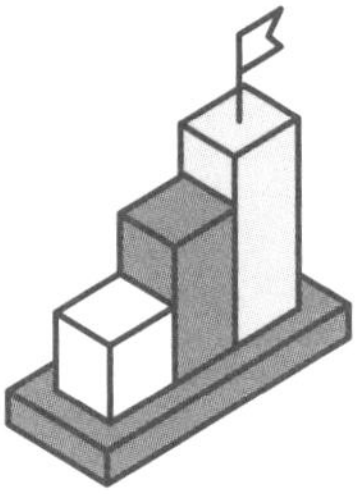

第2章 トレードで月収10万円ロードマップ

第3章

稼ぐマインドを知る

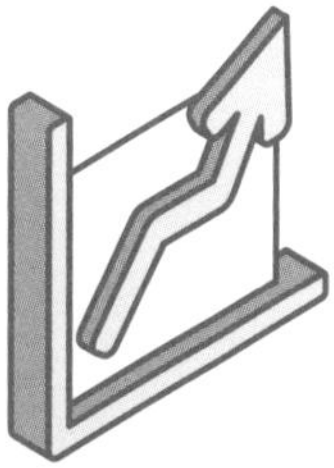

第4章

トレードを始めるための基本知識

第5章 値動きの読み方と売買の知識

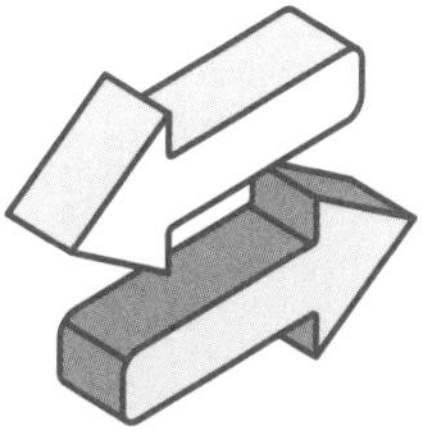

第6章

日本株トレードの実践テクニック

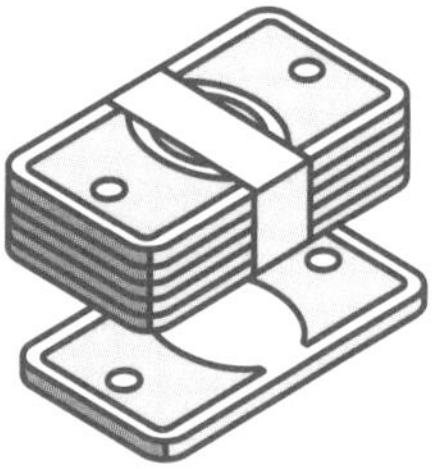

第7章

ＦＸトレードの実践テクニック

第1章

いま知るべき
トレード投資家の新常識

1-1 放置していても株が上がる3条件とその終焉

本書は、株でもFXでも同じように使える、「トレードで安定的に利益が出せるようになるための本」です。

FXだけをやっている人たちの中には、株が上がる3条件の話など興味がないという方もおられるかもしれませんが、次の3条件はまず金利の動きと直接的に関係がある話ですから、必須の教養として覚えておいて損はありません。

どんな国でも個別銘柄を探す前に「3条件」に注目

株は上がる時もあれば下がる時もありますが、次の3条件が「その市場」で揃っている時には、ある意味で株を買って放置していても株式市場全体が上昇基調になり、勝手に利益は伸びていきます。

しかし、この3条件が崩れてしまった場合には、放置したままだと大損してしまう可能性があるので、早めに売って手仕舞いを考えるなどの注意が必要になります。

●放置していても株が上がる3条件

①金融緩和――中央銀行の**量的緩和政策**により、市場に資金が溢れている
②超低金利――中央銀行の**超低金利政策**により、金利がとても低い
③経済成長――政治がうまく機能し、**経済成長（人口成長）が持続**している

この３条件が揃っていて、まさに放置していても株価が上がっていたのが**２００８年９月のリーマン・ショック以降から２０２１年末までの米国市場**です。この期間に米国株を買って放置していた人たちの中には、その後びっくりするほど利益が上がった人が多いと思います（次ページの図表１）。

日本も、１９８９年末のバブル経済のピークまでは、経済成長（人口成長）の条件と、円高対策のための低金利政策で銀行やノンバンクによる過剰融資などカネ余り状態が整って株が上がりやすく、また２０１３年頃からはアベノミクスによる金融緩和が行われるなど、３条件までは整っていませんが、株価の上下とこの３条件は密接に関わります。

この３条件について知らない人の中には、２０２０年から２０２１年あたりにコロナ禍やＳＮＳなどの影響で米国株を始めた人がたくさんいますが、２０２２年の年初からびっくりするほどの急落に巻き込まれて、含み損を抱えたまま投資をやめてしまった人も同じようにたくさんいると思います。

図表1｜S&P500と日経225の推移（1985年を1として指数化）

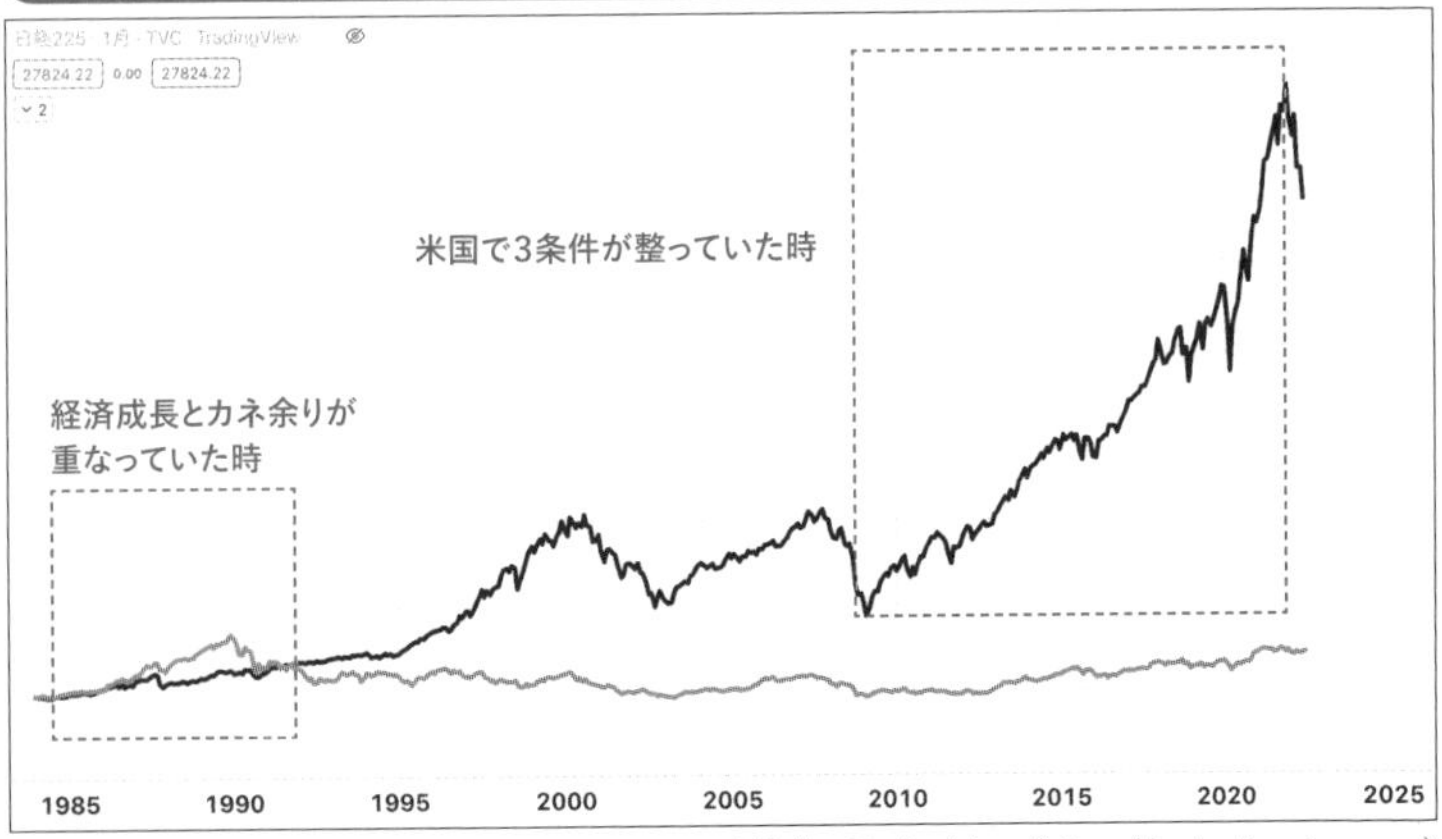

チャート提供：TradingView（https://jp.tradingview.com）

図表2｜2020年以降のS&P500（週足）

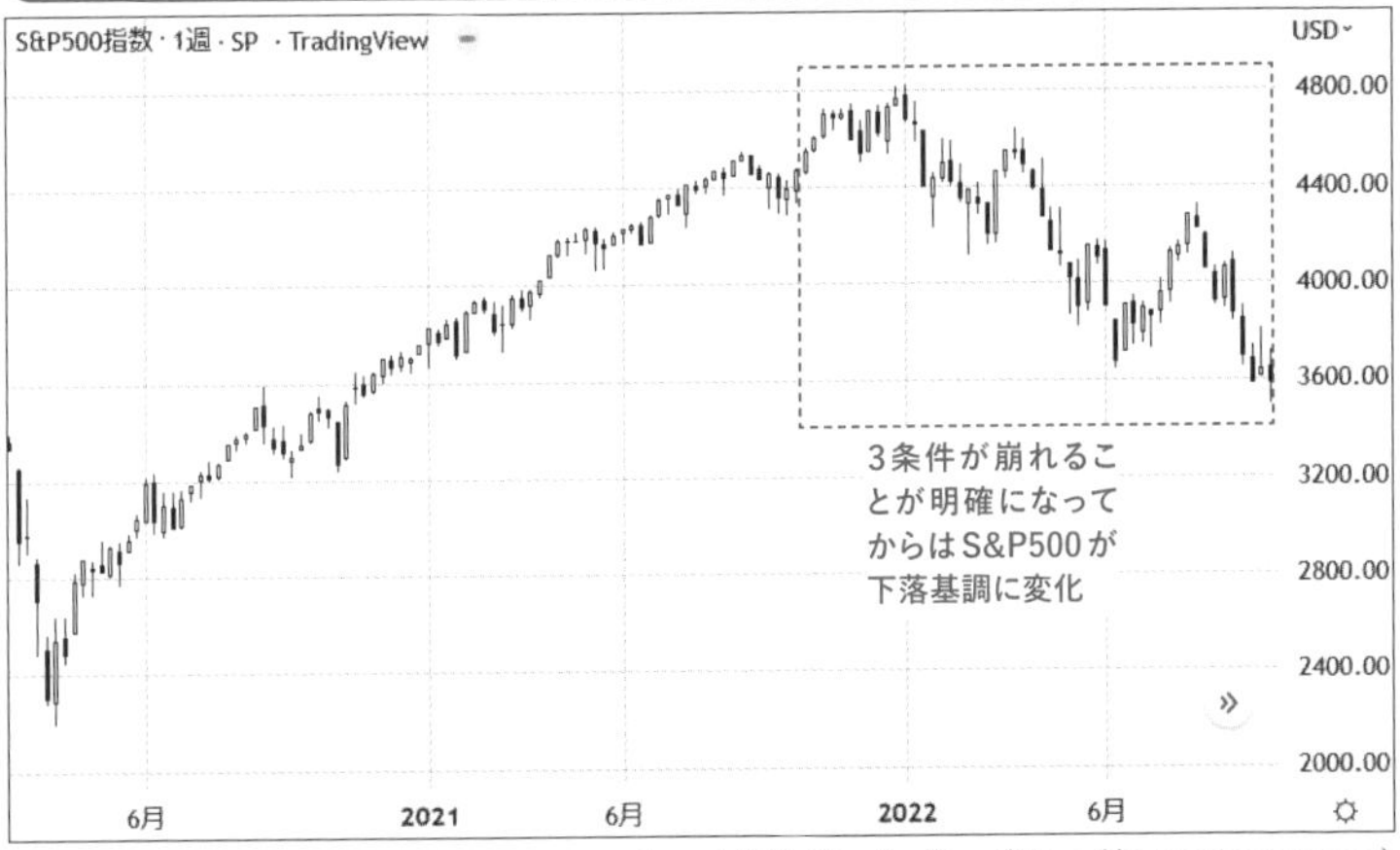

チャート提供：TradingView（https://jp.tradingview.com）

世界的なインフレ傾向で各国が利上げに転換

この3条件が崩れる合図は何だったのかというと、米国の中央銀行に当たるＦＲＢが、インフレ懸念として「利上げをする」と決定したことです。米国でもコロナ禍への経済対策として事実上ゼロ金利政策を取っていましたが、２０２１年11月には量的金融緩和の縮小が開始され、２０２２年には大幅な利上げをすることがほぼ決定していました（図表２）。

この3条件を理解している投資家であれば、２０２２年に株式市場が急落して割安になるタイミングを見極めてから、中長期保有する株を仕込むなど、より堅実な選択ができたと思います。

ちなみに日本は、長らく経済が成長していないので、この先も3条件が揃うことは長期的に見てもなさそうです。3条件のうちの2条件である金融緩和と超低金利政策が日本銀行によって行われ、株価が保たれているのが実情です。

世界の政治経済の中心は米国ですから、米国においてこの3条件がどういう状況にあるかが、日本人にとっても大切です。日経平均株価も米国経済の影響を大きく受けるからです。

ですから、あなたが本書をお読みになるタイミングで、**この3条件がどのようになっているかを、ぜひ確認するようにしてください。**

1-2

放置の時代から見極めの時代へ

株が放っておいても上がる3条件が崩れている時期には、投資をしない方が良いのかといえば、そうでもありません。投資スタイルを時代に合わせてシフトしていくことで、かえって大きな利益を得ることもできます。

利益確定売りのタイミングが収益につながる

3条件が整っている時期でも、大震災や政変、戦争といった**地政学的リスク**というものがあります。投資をする上では常にリスク管理や最低限の経済知識は必要ですが、この時代は「保有してじっと我慢し、値上がりを待つ」という投資スタイルでも利益を出せることは多いでしょう。

一方で3条件が崩れた時には、たとえファンダメンタルズ面で優れた株であっても、いつでも急落する可能性があります。急落したら、すぐに反転して急騰するかといえばそういうわけでもなく、低迷が長引く場合も多いので、手放すタイミングを見極めることが大変重要

図表3｜見極めの時代に再確認したい利益の公式

利益の公式

利益　＝　保有数量　×　値幅

例：100株×1,000円幅＝100,000円

保有数量	何株保有したのか➡例：100株
値　幅	何円幅を獲得したのか➡例：1,000円幅

になります。

そんなこと本当に初心者にできるの？　という疑問を持たれる方もいるかもしれませんが、本書はその技術に特化して学べる本です。

また、放置したまま持っていたいという人にとっては、細かく気にかけなくてはならない点で面倒に感じられるかもしれませんが、見極めの時代は「値動きが大きくなる」という特徴もあります。**値動きは利益の源泉**ですから、値動きが大きくなるのはチャンスでもあるのです。

●利益の公式

投資の利益は、長期投資であれ短期投資であれ、最終的には以下の公式で決まります。

利益＝保有数量×値幅

例えば、株価1000円の銘柄を10万円で100株買って、2000円の時に売却したとしたら、利益は10万円となります。計算としては

図表4｜長期で大きな値幅が取れたレーザーテック（週足）

チャート提供：TradingView（https://jp.tradingview.com）

「１００株×１０００円幅＝10万円」となります（図表３）。

一方で、株価１０００円の銘柄を１００万円で１０００株買って、１１００円の時に売却したら、これも利益は10万円です。計算としては「１０００株×１００円幅＝10万円」という具合です。

値幅と利益が取れた例

例えば、半導体関連装置で有名な**レーザーテック**（**６９２０**）は、２０２０年の春には４０００円ほどの株価でしたが、２０２１年末には３万６０００円近くまで上昇しました。このタイミングで決済していれば大きな利益を得られましたが、そこがピークでした。２０２２年に入ると断続的に売られ、３月には１万６０００円台まで下落しました（図表４）。

図表5｜短期でも値幅が取れた武田薬品工業（日足）

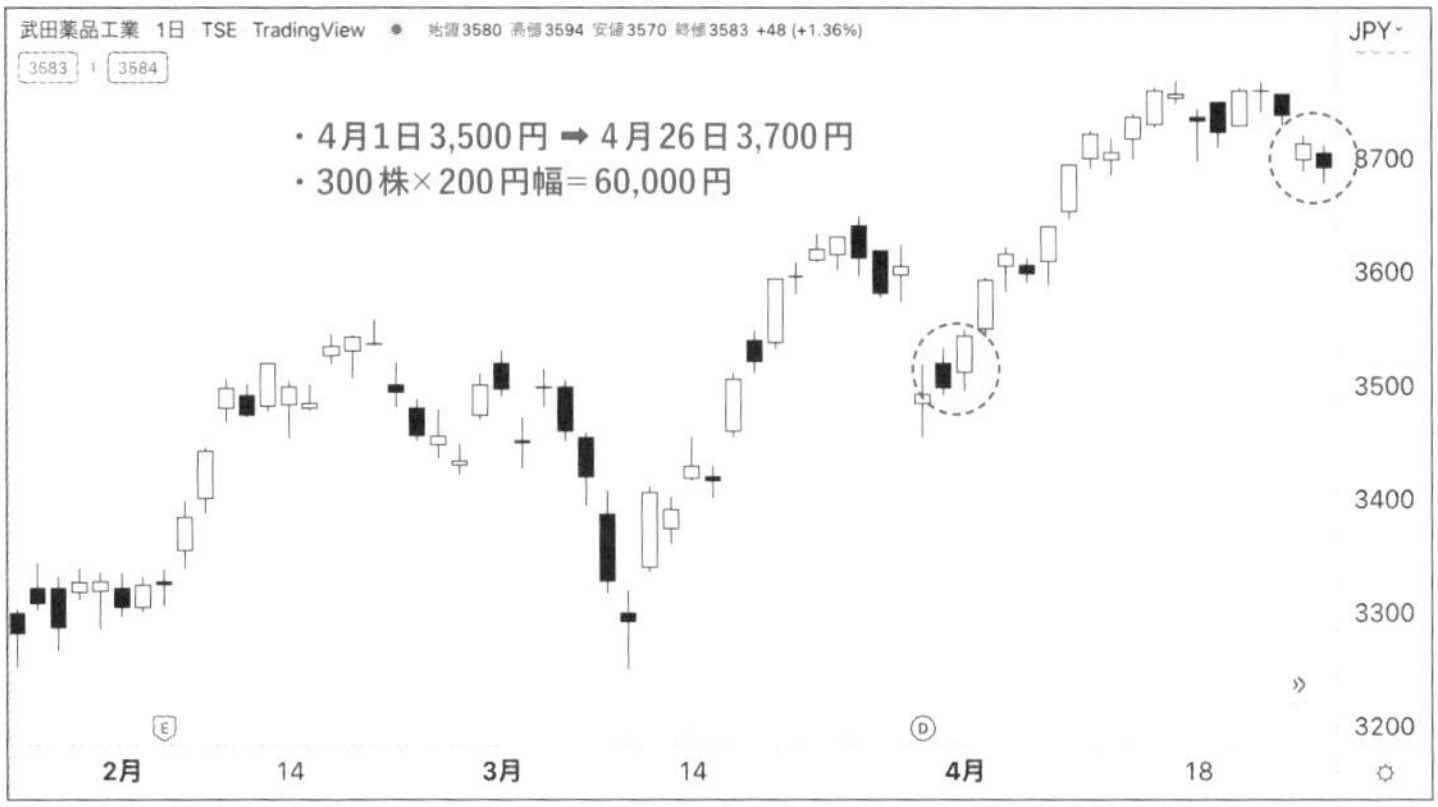

チャート提供：TradingView（https://jp.tradingview.com）

上昇しているからと放置するのではなく、手仕舞いのタイミングが大事だという事例です。

そのほか、ＩＮＰＥＸ（１６０５）や**武田薬品工業**（**4502**）なども、チャートを見ていただくとわかりますが、中長期保有でなく、短期的な買いと売りのタイミングを的確にとらえることで、毎月数万円～10万円程度の利益は狙えます（図表5）。

本書を読み進めていただくと、そのタイミングを学ぶことができます。

これからの時代の投資スタイルは「放置」ではなく「**見極め**」です。買いのタイミングと利益を確定して決済するタイミングを学ぶことで、その技術は老若男女に関わらず、堅実に身につけることができます。

1-3 トレード投資家とは?

投資をする上で最も気をつけるべきことは、再起不能の大損をすることです。そして、再起不能の大損とはどういう時に起こるのかというと、様々な原因があります。

対策ができるリスクとできないリスク

原因には対策できるものと、できないものがあります。例えば、中央銀行が発表する金融政策の変更によって、それまで上昇中だった投資対象や相場全体が下落に転換することがあります。これは事前に対策ができるものです。

また、戦争や大震災など「**地政学的リスク**」と呼ばれるものがありますが、これは突如として起こる場合もありますから、対策できない場合もあります。最近では、貿易戦争も市場が急変する要因になりますが、これは貿易収支の量的変化や各国のトップの発言を注視することで対策ができます。

図表6 | 投資のリスクはいつ来るかわからないものもある

投資のリスクはすべて、時間の経過とともに訪れる

- 景気循環(景気拡大➡景気後退)／(インフレ➡デフレ)
- 金融政策　(金融緩和・利下げ➡金融引き締め・利上げ)
- 不正・不祥事発覚
  (優良企業➡低迷(最悪の場合破綻))
- 地政学的リスク
  (戦争、紛争、大災害など)
- 予期せぬ事態
  (感染症のパンデミックなど)
  など

これらの内容は「**ファンダメンタルズ**」(基礎的経済要因)といい、国内経済や世界経済、為替、金利、経済指標、相場サイクル、景気サイクル、政治、各国間の貿易協定、世界の勢力図など、知っておくに越したことはありませんが、初心者の方にはなかなかとっつきにくい内容かと思います。

これに対して、トレードという投資スタイルは、「**チャートにはすべての早耳情報が織り込まれ、事実が反映されている**」という思考のもと、チャートを中心にして、保有していても良いチャートの形状、保有していてはいけないチャートの形状を突き詰めていくものです。

トレード投資家は、成長性などに資金を投じるのではなくて、上がると思えば買い、下

図表7｜トレード投資家の基本指針

トレード投資家の基本指針	常に「手放す」タイミングを計る
注文して一定の利益が生じたら売り決済する	これから上昇しそうなチャートの形を覚える
一定の利益が生じるまでの「時間の経過」がカギ	上昇したら保有 or 思惑が外れたらすぐ売り決済
放置ではなく、1日1回チャートチェックなどでリスク管理	時間の経過とともにチャートが下がりそうな形になったら売り決済

がると思えば売る、という単調作業を繰り返す投資家です。**資源や成長性などに資金を投じるのではなく、機会・タイミングに資金を投じていきます。**

最も重要なのはリスク管理

トレード投資家が最も大切にしていることは、**リスク管理（資金管理）**です。

自分の投資資金と、目標として達成したい利益額を常に把握し、確実にゴールに到達するためにトレードを手段として淡々と売買をします。

成長性に資金を投じる投資家は、市場が成長している間はじっとポジションを保有することが多いですが、時間が経過するということ自体、投資においてはリスクがかかる行為です。

何も起こらなければ順調に成長するという予測があっても、地政学的リスクは時間が経てば起こる可能性は高まりますし、予測不能な面もあります。

このような突発的な出来事でなくても、定期的に予定が組まれている各国の経済指標の発表や中央銀行の金融政策に関する発表などにより、市場の方向性が大きく変わることもあります。

トレード投資家は、このような日々のリスク管理に関する情報にも敏感で、チャートの形状から「現在は上昇に優位性があるのか、または、下降に優位性があるのか」ということを意識しています。

とはいえ、四六時中パソコンに張りつくような投資スタイルではなく、１日１回チャートをチェックするスタイルから、１日のうちの数時間だけチャートをチェックするスタイルなど、自分のライフスタイルに合わせた投資スタイルを選択することが可能です。

それでいて、毎月の生活費のプラスになる安定的な収益を堅実に狙うことができます。

1-4 トレードで「稼ぐ」の本当の意味

世間一般には、トレードはギャンブルのように勘違いされている部分があります。しかし、本書におけるトレードの定義は、そういった賭け事のようなものではありません。

トレード手法はれっきとした「技術」

本書における「トレードで稼ぐ」の意味は、「稼ぐ」という字が「禾＋家」という2つの漢字の組み合わせでできていることに鑑み、確かな収入源を目指す「**技術による収入**」という意味です。

禾偏（のぎへん）という部首には、穀物の総称を示す意味があります。禾という漢字は、農耕民族である日本人が、四季の変化や天災に備えながら大切な食料を計画的に生産し、家族を養い社会に還元するような日本人らしい意味が込められた言葉だと私は思っています。

農作物の生産にも、年によって台風や気候の変動などにより収穫の難易度が高い1年と、大変実りのある豊作の1年とがあります。投資の世界もこれと似ていて、びっくりするほど

図表8｜トレードで「稼ぐ」の意味を正しく知る①

稼ぐ＝禾＋家

禾＝穀物の総称の意味 ➡ 四季の変化に順応した稲作によって家族を養う

・「継続性・安定性・再現性」のある安定的な収入を目指す活動
・自然の摂理に向き合うような「リスク」に順応する知恵やスキルが必要
・決してギャンブルのように行うべからず

利益が上がる1年もあれば、難易度が高く損失が出る1年もあります。

農作物の生産の場合も、収穫の難易度が高い1年になりそうだということがわかれば、それに備えた対策があります。適切な対策を取ることで収穫量に差はあるけれども、堅実に確かな実りを手に入れることができるわけです。投資の世界でも、最も大切なことは運を天に任せて祈ることではもちろんなく、的確な対処が必要になります。

投資で稼ぐというのは、様々なリスクがある投資の世界において、時間の経過とともに巻き起こるリスクに的確に対処していく連続だといえます。このように書くと、面倒な作業が必要だと思われるかもしれませんが、パソコンに四六時中張りつくような面倒さがあるというわけではありません。

図表9｜トレードで「稼ぐ」の意味を正しく知る②

トレードは「自分ひとりで完結」する収入タイプ

↓

①技術職なので、練習次第で収入がアップする
②定年はなく、時間に自由が効きやすく、自宅でできる
③他人に一切関わることなく、収入が成立する

・確率で6～7割が的中するものだと知り、3～4割の外れに備える
・淡々と作業を継続する退屈な活動でもある
・連敗すると精神的に不安になる

トレードは確率で勝負するもの

トレードで安定して稼ぐためには、トレードは運やセンス、勘の勝負ではなく、「確率の勝負」だということをまず理解することです。**安定的に稼ぐための根本は、確率的に優位な局面に資金を投じること**なのだ、と腑に落ちるまで、徹底的に頭に叩き込む必要があります。

また、確率勝負といっても9～10割的中するようなサインがあるわけではなく、せいぜい6～7割的中するといった程度で十分です。

チャートの形状を眺めていて、**6～7割上昇する局面、下降する局面の形状を覚えておき、その局面が発生するまで待ち、その局面が発生した後に、確率的に優位なポジションを取る**という作業になります。

図表10｜連敗確率を把握しておく

勝率αでn連敗する確率　連敗確率＝$(1-\alpha)^n$

- 勝率70％で3連敗する確率は、(1-0.7)×(1-0.7)×(1-0.7)＝0.027で2.7％
  ➡100回トレードで3連敗は2〜3回程度
- 勝率60％で5連敗する確率は、(1-0.6)×(1-0.6)×(1-0.6)×(1-0.6)×(1-0.6)＝0.01204で1.2％
  ➡100回トレードで5連敗は1回程度

6〜7割の確率ですから、当然負けることもしばしばあります。確率的に優位なポジションを取っているにも関わらず、2連敗、3連敗することもあります。農作物でいえば、確かな生産技術を持っている農家でも、時には商品にならない農作物ができあがることもあるのと同じで、結果を完全にコントロールすることはできません。

投資家にできることは、王道を学び、**淡々と成功確率の高い行動を継続することだけ**です。当てが外れたら淡々と損切りし、次のトレードを繰り返すだけ、ということになります。

負けることは常に想定内におき、連敗してもメンタル的にも資金的にも力尽きないようリスク管理を一番に考えていく姿勢こそが、安定的に利益を積み上げ、最終的には莫大な資産を築くことができる「トレード投資家への成功ロードマップ」なのです。

1-5 様々なトレード投資家ライフ

トレードは確率的に優位な局面を発見したら、素直にその方向にポジションを取り、利益を狙う投資スタイルです。

時間の経過が様々なリスクを生むということを、既にお伝えしました。この時間の経過によって生じるリスクに対し、どう向き合うのかという点が、まさにトレード投資家の様々なスタイルに直結しています。

ポジション保有時間でリスクを制御する

例えば、**リスクを最も回避するには、ポジション保有時間を極力少なくする**ことが一番有効な対策です。1回注文したら、決済するまでに数分程度という場合もあります。数分程度しか保有しないとすると、その数分間に動く値動きというのは、たかが知れています。銘柄にもよりますが、株でいえば数円から数十円、ＦＸでいえば数pipsから数十pips（pipsという値幅の単位は第7章で後述）という程度です。

ただし、この数分の間に何か異常事態が発生したとしたら、すぐさま自分の意思で決済して逃げることもできるという点で、リスク管理には優れており、だからこそとても大きな資金量で売買することもできます。

例えば株でいえば、ほんの10円の値幅であっても、１万株で売買すると利益は10万円にもなります。仮に株価１０００円の銘柄を１万株買うとすると、資金は１０００万円必要になります。もしも、この銘柄を買って１カ月間放置したとして、その間に万が一大きな不祥事などが起こって株価が暴落し２００円になってしまうと、１０００万円で買った株は２００万円の価値になってしまいます。

しかし、ほんの数分間の保有であれば、このような暴落リスクが現実となることはほぼありません。

3つのトレードスタイルを使い分ける

株でもＦＸでも、それ以外の投資商品であっても、前述のように数分間の保有で売買を完結させることを「**スキャルピングトレード**」といい、その日1日の間で完結させることを「**デイトレード**」、数日から数週間程度の間で完結させることを「**スイングトレード**」といいます（次ページの図表11）。

図表11｜どれだけの時間、そのポジションを保有するのか

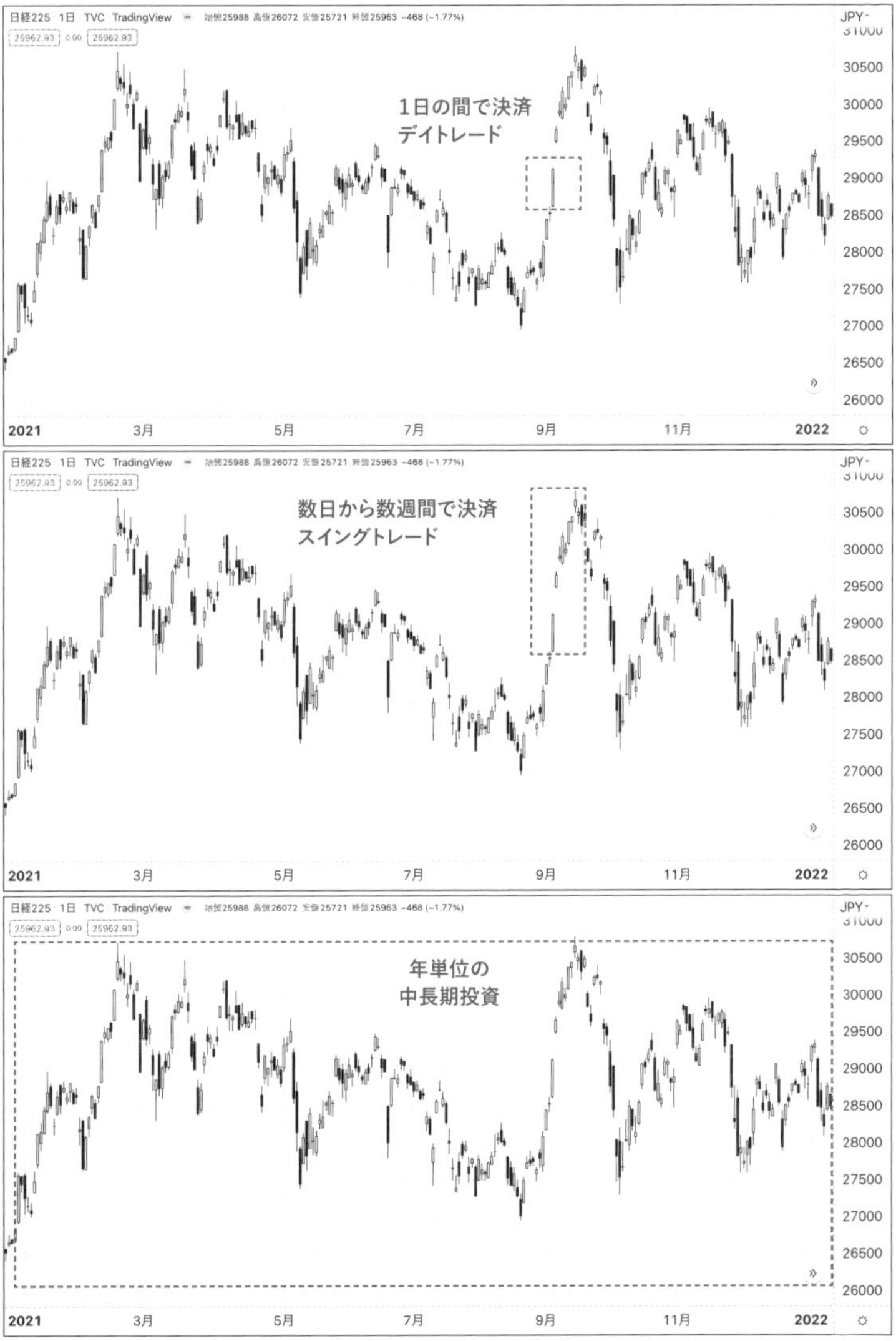

チャート提供：TradingView（https://jp.tradingview.com）

図表12｜様々な投資家ライフ

日本株デイトレード FXデイトレード	日本株スイングトレード	日本株中長期投資
・１日数時間チャートに張りつく時間が確保できればＯＫ ・値幅は小さいが、原則その日のうちにポジションを閉じる	・値動きの良い銘柄を選び、数日から数週間で決済する	・企業の成長性に期待する ・数カ月から数年以上になることもある ・高配当株投資、優待投資など

時間の経過とともに、何か予期せぬ暴落・暴騰リスクが生じる可能性を考えると、スキャルピングが最もリスクをコントロールしやすく、スイングトレードは自分が寝ている時間帯にもポジションを保有しているという点では、最もリスクがコントロールしにくいといえます。

暴落・暴騰が起こらない場合であっても、保有時間の長さで数分間よりも数時間、数時間よりも数日、さらには数週間の方が動く値幅はより大きくなるという点も覚えておきましょう。

投資の利益（キャピタルゲイン）は「**数量×値幅**」で算出されるという事実を忘れずに、自分の私生活の空き時間、チャートを見られる時間帯に合わせ、スキャルピング、デイトレード、スイングトレードの中からトレード投資家としてのスタイルを決めることになります。

COLUMN

歴史的な円安の背景にある日本の課題

2022年３月から歴史的な円安が進んだことを、あなたは覚えていますか？

２つの通貨がある場合、お金は「金利の低い方から高い方に流れる」という基本性質があるのですが、この時期「米ドルは利上げをし、円はマイナス金利を継続した」ことで、円安は加速しました。

未来のために覚えておいていただきたい教養があります。スイスフランという通貨があります。世界一物価が高いといわれる、永世中立国スイスの通貨です。日本の円と一緒で、スイスフランも安全通貨といわれています。

実はスイスフランは、日本円がマイナス金利である間、日本よりもさらに低いマイナス金利で、それは2022年３月時点（日本－0.10％／スイス－0.75％）でもそうでした。前述した通貨の基本性質でいえば、通常はスイスフランが売られて、日本円が買われるということになります。

しかし、スイスフランは円よりも金利が低いにも関わらず、2022年３月以降、日本円が大きく売られスイスフランが大きく買われるということになりました。ここに、私たち日本人が未来の子供たちのためにも、真剣に今向き合うべき課題が隠れていると思っています。

スイスという国は、世界一物価が高い国といわれますが、自国で経済活動を賄えるように努力してきた国です。一方、日本は輸入に頼る国です。

さらに、日本は今「世界最大級の財政赤字国」「深刻な少子高齢化問題を抱えている」「企業に活力がない」「長年所得が上がらず国民にも意欲がない」など、将来の不安や解決すべき課題が山積みです。

これが、円が売られてスイスフランが買われた理由の１つでは、との憶測もできます。「日本は安全な国とはいえなくなりつつある」という海外からの評価かもしれません。

日本が抱える課題はどれも、解決には非常に時間がかかるものです。だからこそ、今の大人とこれからの日本を支える子供たちは、この現実を知り、改善するためには「政府の政策」が自分事だと思う、私たち自身の変化が必要なのだと思います。

第2章

トレードで月収10万円ロードマップ

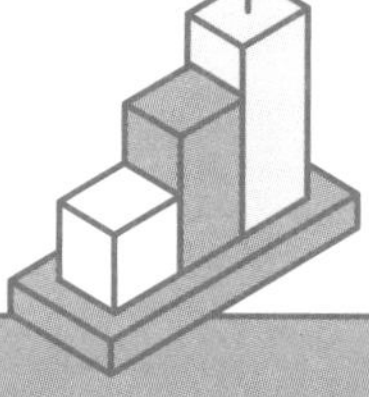

2-1 投資資金と月収10万円の関係を知る

人生１００年時代を迎えて老後生活が不安視される中、精神衛生面でも重要なことの１つは、毎月の安定的な収入です。毎月10万円ほどの収入が給料や年金収入以外にトレードによって手に入るのであれば、経済的にも精神的にも余裕ができるという人は多いと思います。

トレードの利益の源泉は値動き

例えば、株式投資の場合は、株価２０００円の銘柄を１００株買うと、20万円の資金が必要になります。この銘柄が仮に２５００円になると25万円の価値になりますから、ここで売って決済すると5万円の利益が手に入ります。

この場合は、成長性を見越して中長期計画で銘柄を買うのではなくて、チャートの形状と最低限のファンダメンタルズ情報から、上昇力が「現に今ある銘柄」を探すスキルを身につける必要があります。投資資金が１００万円程あれば、実際にこのような利益の上げ方を狙いすまして行うことは可能です。

図表1｜投資資金と月収10万円の関係

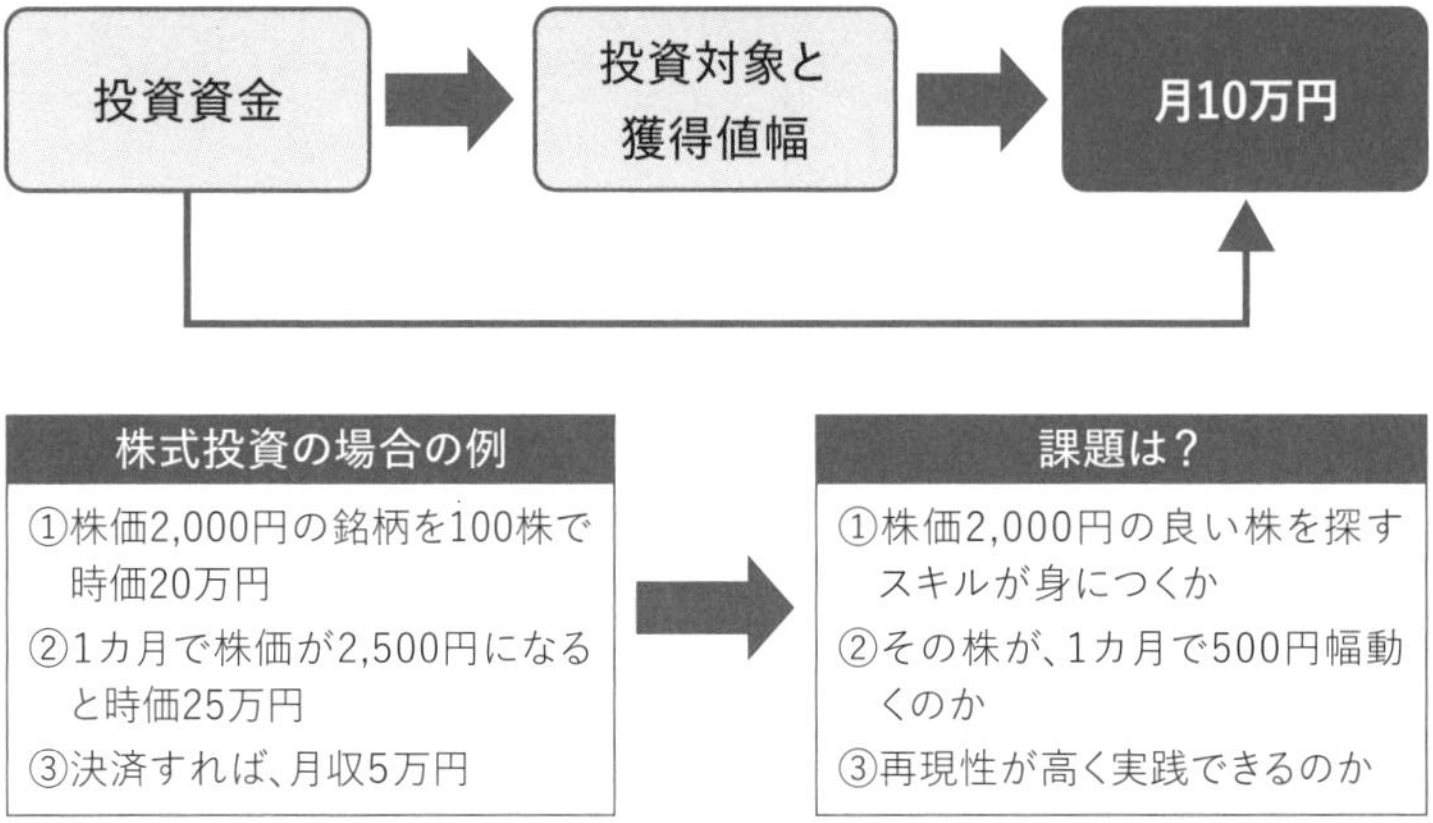

ポイントとなるのは、自分の用意できる投資用資金で買える株の中から、その銘柄が自分の月間の目標利益に到達するまでの値幅で、現実的に動くのかどうかを見抜くことです。

ATRで平均値幅を見る

株でもＦＸでも、「平均的に最近その銘柄はどれくらいの値幅で動いているのか」を示す「**ATR**」というテクニカル指標を使うと、「その銘柄がどれほどの値動きが期待できるか」を簡単に把握することができます。

例えば、ＦＸで５万通貨というポジション量を考えてみます。５万通貨とは、米ドル円であれば１ドル１３０円で換算すると６５０万円になります。ＦＸは通常25倍のレバレッジがかけられますから、６５０万円÷25倍＝26万円程度の資金が必要で（最低証拠金は30万円以上です）、1円の値幅（１００pips）で5万円の損得につながるポジション量となります。

　この時、ある時期のドル円が5分ごとに8pipsほど動く時間帯が深夜にあったとします。1円＝１００pipsですから、5分足のローソク足1本は約8pipsに相当します。30分間チャートの前に張りつき、ほんの2〜3本のローソク足の値幅を狙えば、タイミング次第で20pipsほどを狙うことが可能です。5万通貨のポジション量で20pipsの値幅が取れた時の利益は1万円なので、時給換算すればとてもいい利益額だと思います。

　例えば、1カ月を20稼働日として、このようなＦＸトレードを1日2時間、パソコンに張りついて行う場合、勝ち負けを繰り返しながら、**最終的に月で２００pipsを獲得することができれば、月収10万円相当になるシミュレーションができます。**

　あとは実際に自分のトレードルールを磨き上げ、確率的に優位な時だけ勝負することを徹底し、再現ができるかどうか練習を繰り返していくことで、「自分なりの月10万円のロードマップ」が築き上げられていきます。

　最初は絵に描いた餅でも良いのです。自分の場合には、株ならこの値幅で月10万円、ＦＸだったらどうだ、というシミュレーションをしてから、投資手法を選ぶ姿勢が重要です。

　なお、月10万円というのは1つの例で、実際には月3万円でも30万円でも、考え方は一緒です。あなたも自分の投資用資金から逆算して、いくらの値幅を取ると目標利益に到達するのかをシミュレーションしてみると良いと思います。

2-2 投資対象とそれぞれの平均的な値幅をチェック

ここで前節で出てきた「**ATR**」という専門用語を覚えていただきたいと思います。正式には、「Average（平均的な）・True（真実の）・Range（値幅）」といいます。

ATRを活用する

ＡＴＲは、その銘柄が直近で平均的にどれほどの値幅で動いているのかを示す指標です。ネット証券で標準装備されているテクニカル指標の中に、デフォルトで搭載されていることが多く、日足や1時間足といった時間軸ごとに自動表示することができます。

ＡＴＲを使うと、投資で思い描いた利益を得るための様々な情報を手に入れることができます。例えば、２０２２年11月時点の**トヨタ自動車**（**7203**）のＡＴＲは、１日当たり25〜30円ほどです（次ページの図表２）。しかし、同年3月では１日当たり60〜70円動いていました。２０２０年の１月は、１日当たり20円程でした。

図表2｜トヨタ自動車の2022年の日足とATR

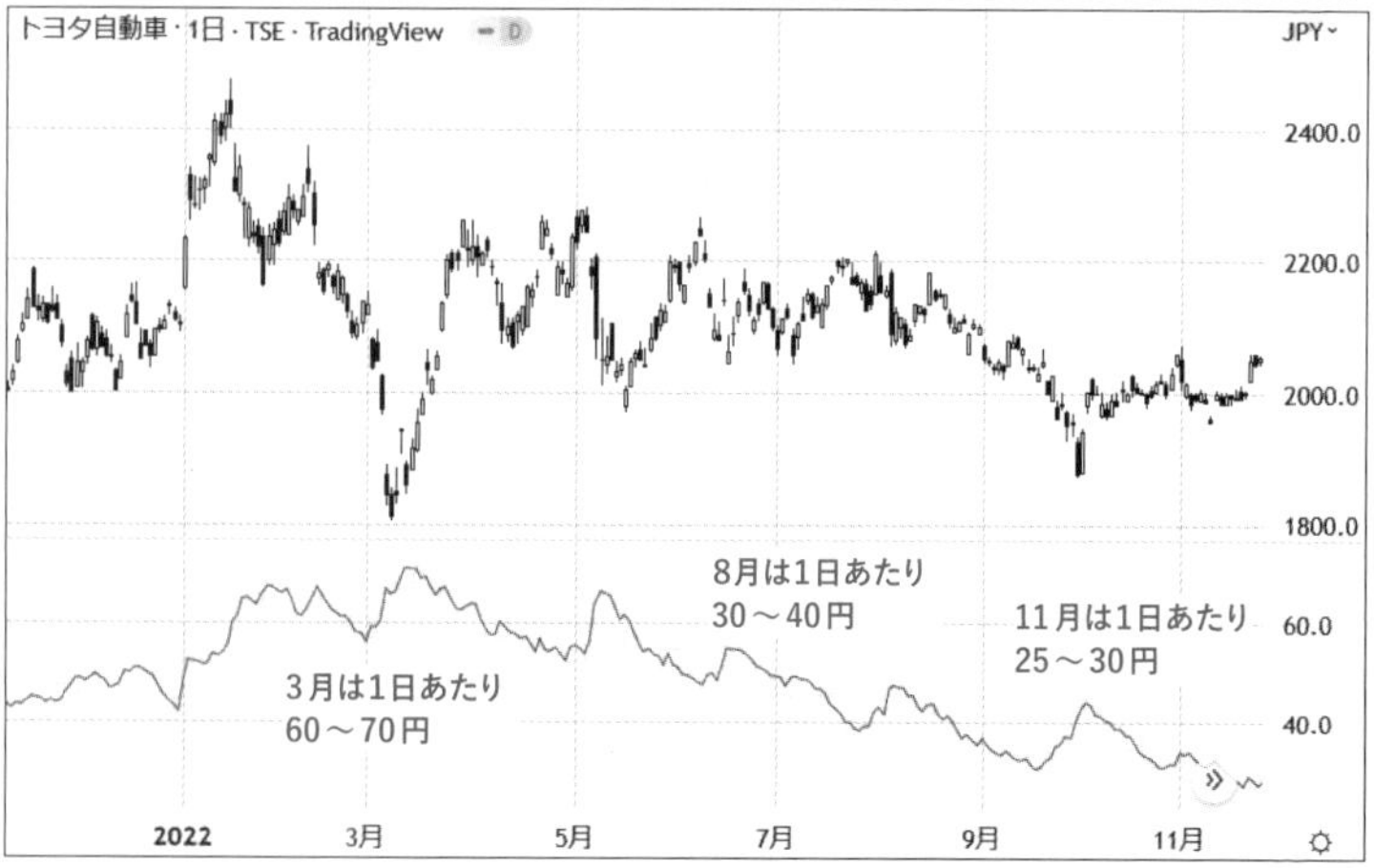

図表3｜日経平均株価の2017～2022年の日足とATR

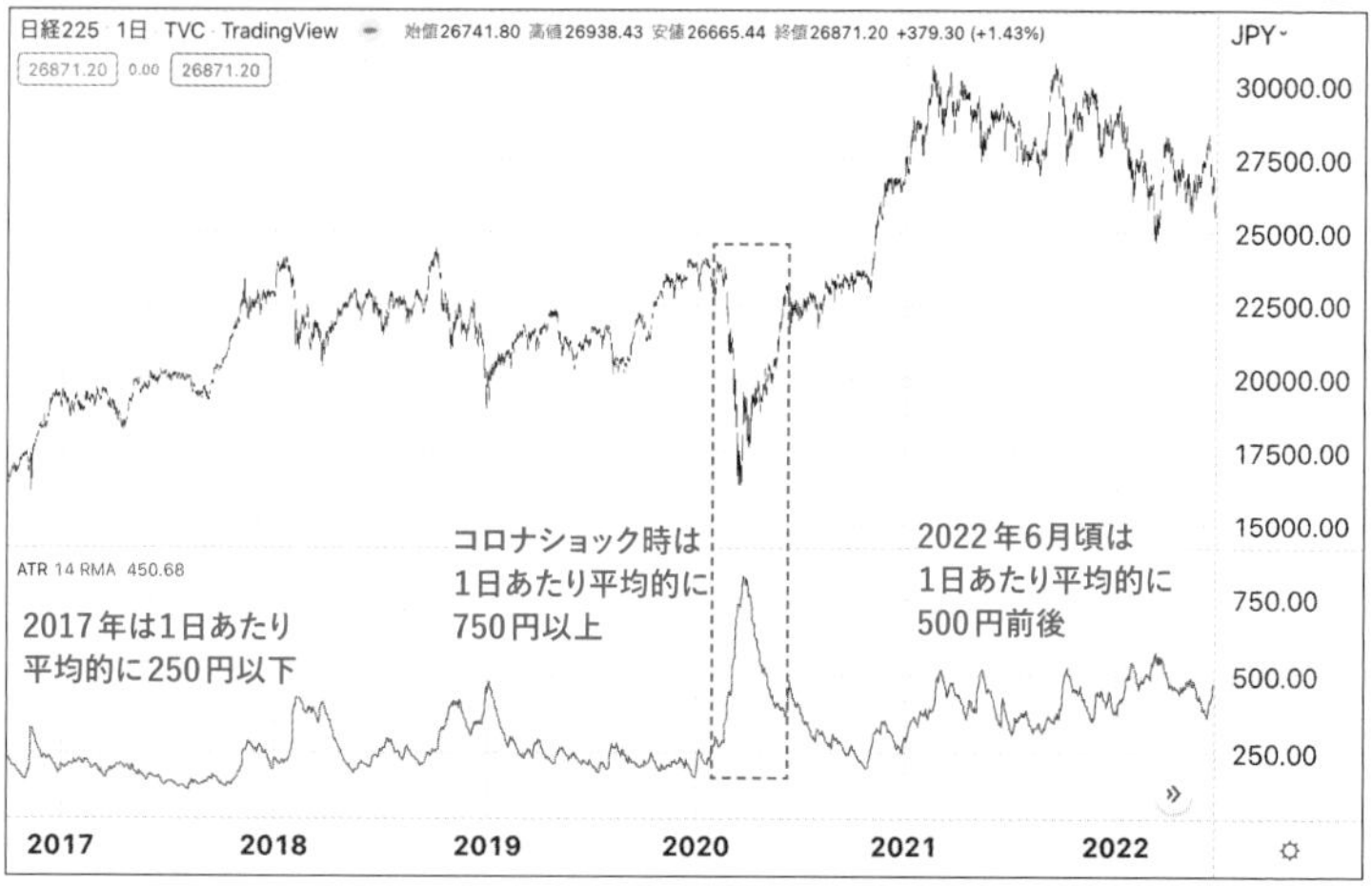

チャート提供：TradingView（https://jp.tradingview.com）

このように同じ１つの銘柄であっても、時期によってＡＴＲは変わります。

仮に自分が月収10万円の利益を得るために、５００円の値幅を獲得することが必要だとします。すると、同じトヨタ自動車という銘柄であっても、２０２０年1月にＡＴＲが20円ほどの時には2カ月がかりでないと５００円の値幅には到達しませんが、２０２２年3月であれば、ほんの10日ほどで５００円の値幅を獲得できる見込みが立つ、ということにもなります。

ATRの変化を見逃さない

次ページの図表4のように、**同じ投資対象でも、期間が変わるとATRは大きく変わる**という事実を知ることは、トレード投資家にとって大変重要です。なぜかというと、同じ銘柄であっても目標値幅に到達するまでに保有する時間が変われば、それは同時に、時間経過のリスクのレベルも変わる（通常はリスクが高くなる）ということでもあり、通用していた投資法が突然通用しなくなることもあるからです。

例えば、ＡＴＲが1日１００円の銘柄がある場合、３００円の値幅を今月獲得すれば、今月の目標達成という投資家がいるとします。１日当たり１００円動く銘柄で、３００円の値幅を利益化すれば良いので、日足のローソク足換算で３～４本だけ獲得できれば十分だということになります。

図表4｜日本電子の2018年以降の日足とATR

チャート提供：TradingView（https://jp.tradingview.com）

トレード手法には様々ありますが、例えば、ローソク足数十本の上昇を狙う「トレンドフォロー」という投資手法を普段使っている方がいた場合も、ローソク足3～4本を手堅く利益化するだけであれば、この投資家の方はトレンドフォローで臨むには適していない（リスクを取りすぎている）ということがわかります。

簡単な節目の価格を突破する「高値ブレイク」のタイミングだけを狙うだけでも、十分数本のローソク足の値幅を狙うことができます。

ATRを見ることで、「その投資手法が今の自分の目標達成に適しているのかどうか」も予測がつくようになり、やみくもに売買する投資スタイルから、「適切なタイミングを待つ」という投資スタイルに移行

図表5｜1日の間の米ドル円の値動きとATR（1分足）

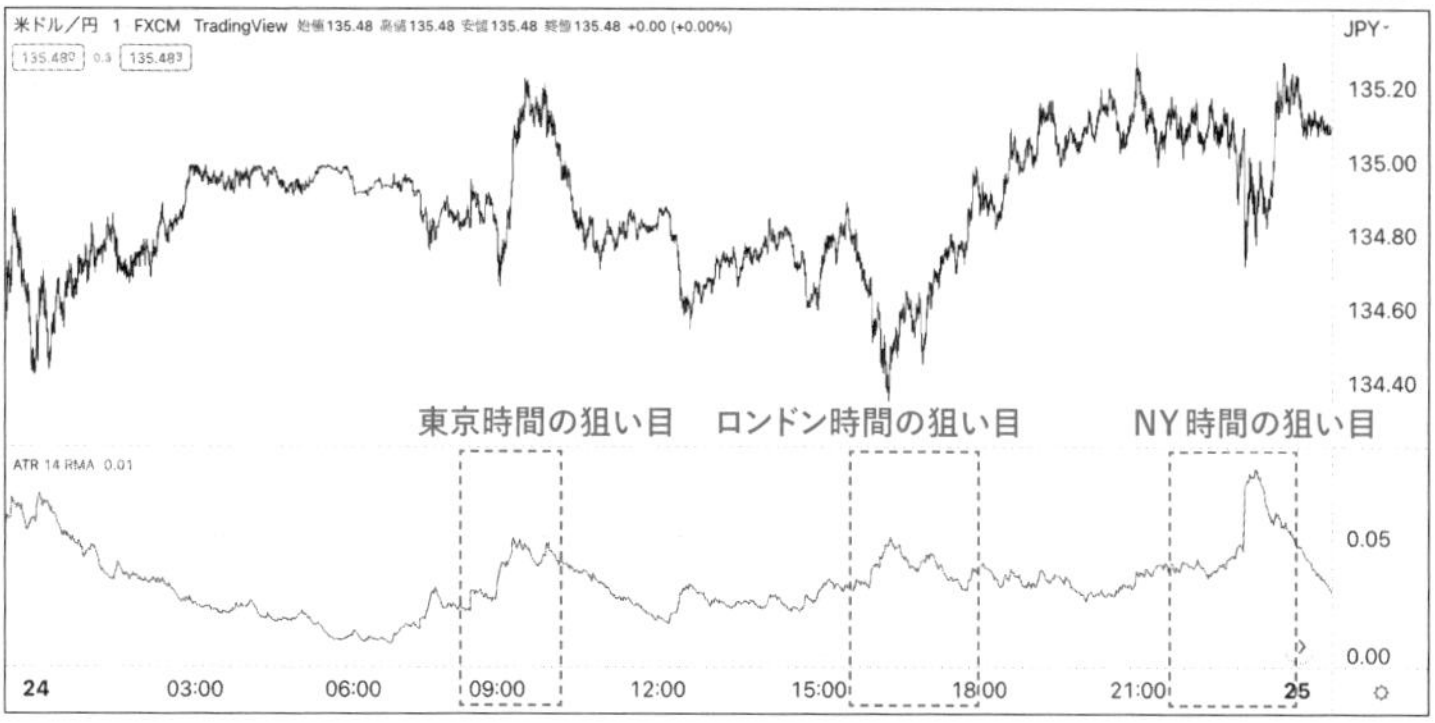

チャート提供：TradingView（https://jp.tradingview.com）

しやすくなる効果もあります。

●FXの場合

ＦＸの場合は1日の中でも、値動きの幅に大きな違いがあります。

第7章で詳しく説明しますが、特に22時～24時頃のニューヨーク時間や16～18時頃のロンドン時間、朝9～10時頃の東京時間は変動が大きく、トレンドも出やすい傾向があります。

その時間帯に重要経済指標の発表などがある時はさらに変動幅は大きくなり、日本の祝祭日など東京市場が休みの時などは変動幅も少なくトレンドも出にくい。つまり「何時にやるか」が重要だということもわかります。

2-3 ライフスタイルから逆算して投資対象を決める

投資で安定的に稼いでいくためには、自分のライフスタイルに合った投資スタイルを発見することが重要です。

無理をしても長続きはしない

多くの方はついつい、プロの投資家はどうやっているのか、同じように売買をすれば自分も勝てるのではないか、と誤解してしまうのですが、生活環境、性格、投資資金、人生の目標、投資における収益目標や重要度などが異なる人の方法を真似て実践しようとしても、そううまくはいきません。

自分に合った投資スタイルを発見するには、いくつかの判断基準があるので紹介します。

● 昼間に仕事をしている場合

もし、昼間に仕事をしていて「1日に1回、数分~10分程度はチャートをチェックできる」ということであれば、できる投資法には日本株や米国株を「日足」という時間軸の足で

図表6｜ライフスタイルから逆算して投資対象を決める①

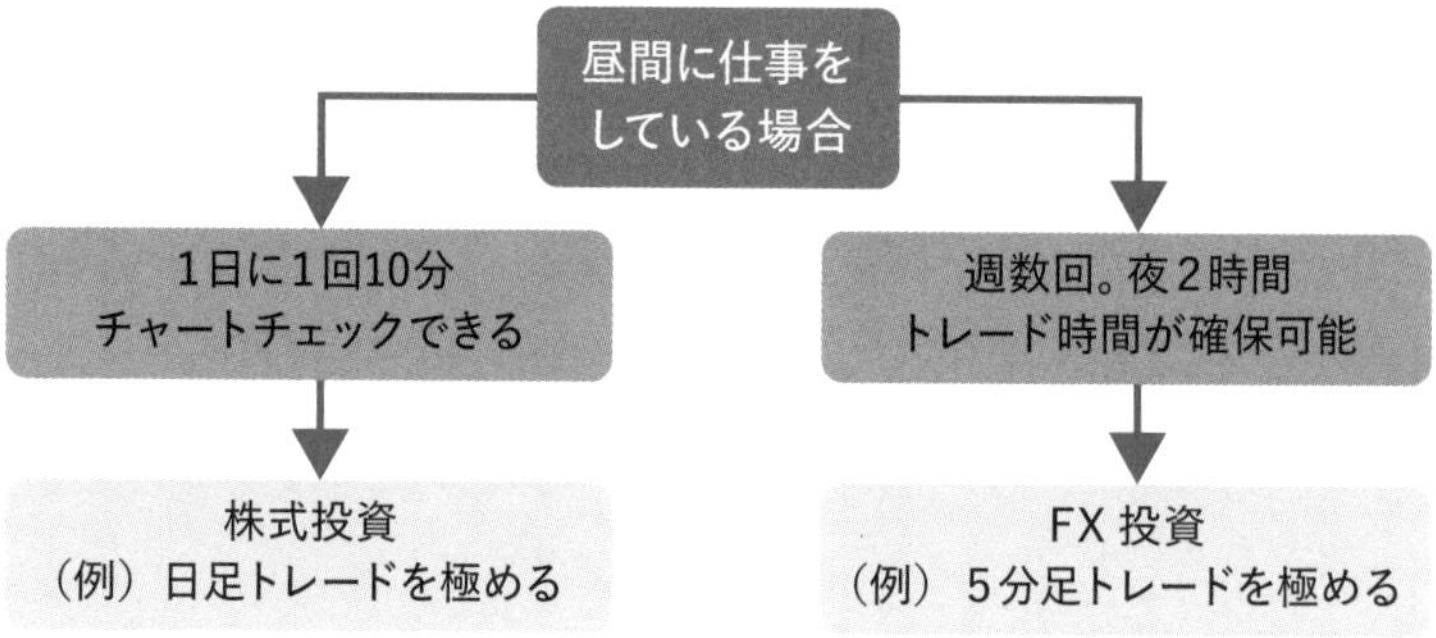

トレードしていくスタイルがあります。

日本株の場合は、平日9時〜15時の株式市場が開いている時間帯ではなくて、15時以降から翌朝9時前に「終値（第4章のローソク足の説明の部分で後述）」が確定した状態のチャートの形状から、翌日保有すべきか、それとも決済すべきか、ということをその都度判断していくスタイルです。

米国株の場合は、日本時間の深夜が米国市場の開いている時間帯なので、日本時間の昼間の時間帯に当日の朝方に確定したローソク足で米国株を翌日保有するかどうか、と判断していきます。ネット証券であれば、米国の個別株やＥＴＦはその都度売買できるので、実行できます。

このスタイルの場合には、1回注文をしたら、**数日から数週間で決済をするスイングトレード**を行うことになります。

一方、平日の夜に2時間程度チャートに向き合う時間が取れるという方は、ＦＸトレードが向いているかもしれません。日本の21時〜22時はニューヨークの為替市場、その30分後には株式市場がオープンする時間帯のため、22時〜24時くらいまでの間には投資チャンスが毎日のように訪れるからです。

例えば、週に数回アルバイト副業感覚でチャートに向き合い、１日当たり数千円から数万円をピンポイントで狙うトレードスタイルは、平日昼間に忙しい日本人に最適です。ポジション保有時間から逆算すると、スキャルピングかデイトレードという形で、必ず「**寝る前にはポジションを決済して寝る**」というルールは守った方が良いと思います。

日本時間の24時や深夜2時頃にニューヨークで重要な経済指標の発表などがある夜も多く、ポジションを決済しないまま寝落ちしてしまうと、朝起きたら強烈な損失を被っていた、となることがあるからです。

●昼も夜間も時間に自由がきく場合

既に昼間にお仕事をしていないリタイアされた方などは、ＦＸでも株でも、東京市場、ロンドン市場、ニューヨーク市場と、１日の中でトレンドが発生しやすく、ＡＴＲの点でも値動きがしっかりあって利益を上げやすい時間帯というものがあるので、その時間にチャンスを狙うトレードスタイルを作り上げるということが大切です。

トレード手法優先ではなく、自分のライフスタイル優先で、無理なくそれに合わせられる投資スタイルを磨き上げていくという心構えが重要です。そうでないと長続きはしません。

図表7｜ロンドン・ニューヨーク・東京は世界の為替三大市場

図表8｜ライフスタイルから逆算して投資対象を決める②

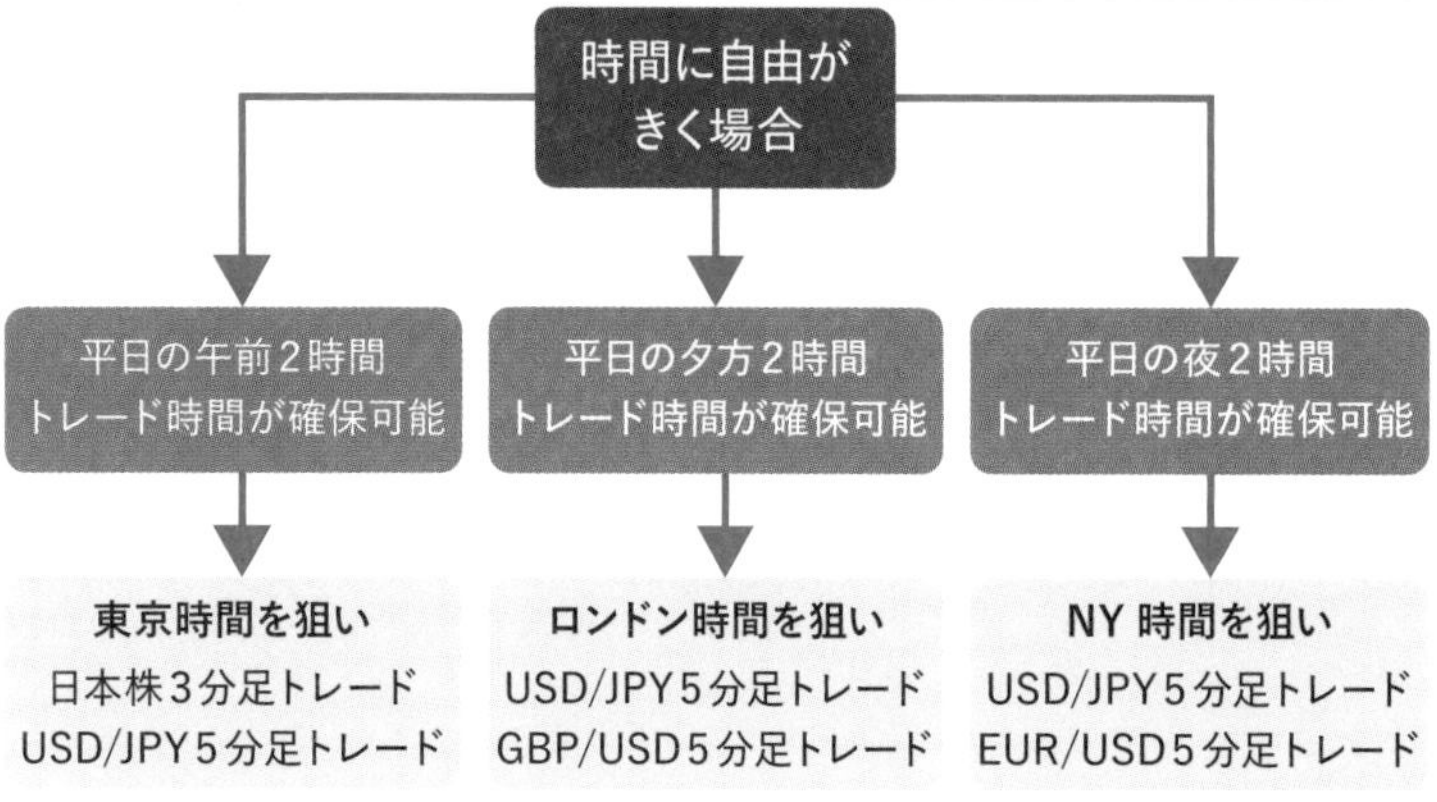

2-4

獲得したい値幅に投資手法を合わせる

トレードには手法というものがあります。詳しくは後述しますが、移動平均線というテクニカル指標を使って上がるタイミング、下がるタイミングを予測する投資法があります。

移動平均線を使ったトレンド発生のサイン

移動平均線（Moving Average／MA）はローソク足の価格のバラツキを平均化して、上昇や下降の傾向を視覚的に把握できる最も有名なテクニカル指標です。この移動平均線の時間軸を変えて、チャート上に短期、中期、長期と複数本を表示することで、上昇トレンドや下降トレンドの発生を見抜く手法があります（左図は**キヤノン（7751）**の例）。

このサインを使った上昇トレンドは、必ず、最初にローソク足が上昇をし始め、2番目に短期の移動平均線が上昇をし始め、3番目に中期の移動平均線が上昇し、最後に長期の移動平均線が上昇し、**最終的には上から順に、ローソク足、短期移動平均線、中期移動平均線、長期移動平均線という並び順**になり、強い上昇トレンドが発生しているということを

図表9｜3本の移動平均線でトレンドの発生をチェック

チャート提供：TradingView（https://jp.tradingview.com）

目視確認することができます。

ただし、ここで１つ大切なポイントがあります。

ローソク足だけでも判断できる

例えば、ＡＴＲが１００円の銘柄がある時、今月３００円幅（ローソク足数本分）を取れば目標利益が十分だったという場合、移動平均線が短期、中期、長期と並び順を変えるのを待たずして、最初の動き出しのローソク足が数日上昇し、短期移動平均線もようやく上昇し始めたくらいで、目標達成ができてしまうようなケースもあるのです。

このような場合、そもそも自分の目標値幅がローソク足で何本分であるかという推測をあらかじめ立てておくことが重要です。

図表10｜獲得値幅に合わせて投資手法を決める

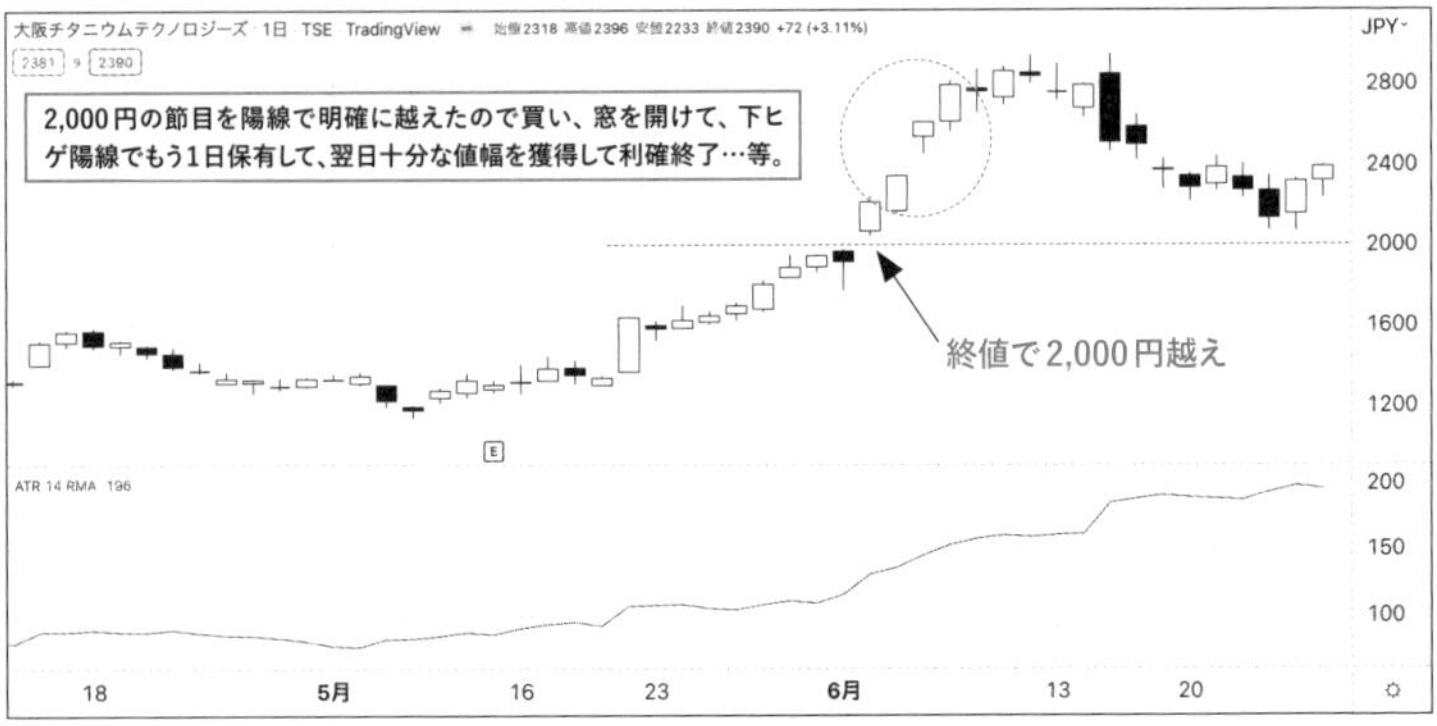

チャート提供：TradingView（https://jp.tradingview.com）

ローソク足数本で目標値幅が達成する推測が経つのであれば、難しい投資手法を用いることはせず、**重要な高値を更新した銘柄**に絞るとか、わかりやすい**もみ合い放れ**が発生するタイミングを待つとか、**三角保ち合い**をわかりやすく上抜けた銘柄に合わせるなど、本書でも後述するトレードの入門レベルの知識で十分達成が可能な場合も多いでしょう。

多くの種類があるテクニカル指標

テクニカル指標とは、一般的には過去の値動きをチャートで表して、そこからトレンドやパターンなどを把握し、今後の値動きを予測するものです。テクニカル分析、チャート分析などとも呼ばれます。

テクニカル指標には、過去のチャートの形から「現在の価格の優位性」を示すものや現在の価格より先の未来に売買サインを見出すものもあります。

特に一般の投資家の方に人気なテクニカル指標は、「**トレンドフォロー系**」です。トレンドフォロー系というのは、トレンドが発生したと思われる場合に注文サインが出て、トレンドが終了したと思われる場合に決済サインが出るタイプの指標を指します。

最も有名なトレンドフォロー系のサインは、移動平均線の「**ゴールデンクロス**」と呼ばれるものです。短期と長期の時間軸の設定を変えたＭＡ２本を表示します（１１９ページ）。

ゴールデンクロスとは、価格が大きく上昇した後に、短期ＭＡが長期ＭＡを下から上にクロスする現象のことを指します。この現象の発生は、価格が下降基調から上昇基調に転換することを示すため、投資家の気持ちが買い目線で強気になり、さらに価格上昇が継続する可能性があります。もちろん、サインが出ても外れることもあります。「**ダマシ**」です。

トレンドは一度発生したら継続する性質がありますから、大きな値幅を狙う投資家は、トレンドフォロー系の指標に、注文サインと決済サインを従うのは有効だと思います。

前述したように、投資において難しいのは、時間の経過によって予想外の値動きが生じるリスクです。保有時間が短ければ短いほど、リスク管理はしやすくなります。自分が取引する時間軸において、何本分に相当する値幅が目標値幅であるのかをしっかり把握しておくことは、まさに、ローソク足を何本分保有するのかと同じ意味です。的確に利益を上げるためにも、余計な損失をしないためにも、とても大切なポイントになります。

2-5 月収30万円の場合のロードマップ

価格の動きには３つのパターンがあるといわれています。１つ目が**上昇トレンド**、２つ目が**下降トレンド**、そして、３つ目が**もみ合い（横ばい、レンジともいう）**です。

トレンドと波動の違い

大きなトレンドは一度発生すると、数百本も続く場合があります。時間軸の設定にもよりますが、米国株や米国ＥＴＦの中には、月足表示であれば、２０００年前半期から長期間上昇トレンドを示す銘柄もたくさんあります。もちろん、このような銘柄も日足単位に直すと下降トレンドの時期もあり、２０２３年の上半期は下降トレンドである場合もあります。

もしあなたが月ベースで収入が欲しいのであれば、長期的な上昇トレンドの最中の銘柄であっても、目先の数営業日から10営業日ほどが上昇しているのかどうか、という点が重要になります。

ＦＸであっても、長期の円安傾向が続く場合、米ドル円なら長期間ドルを買って保有しておく方が良いと考える投資家の方も多いと思いますが、上昇トレンドの最中でも目先の1～2週間は急激な円高ドル安となることもあるわけで、このあたりのタイミングを理解しておかないと月収単位では大損することもあるかもしれません。

トレンドとは、ローソク足で数十本から、長い場合には数百本も傾向が続くことがありますが、トレンドとは似て非なる言葉に「**波動**」というものがあります。波動というのは、トレンドよりももっと短い単位の価格の上下を示します。「**上げ波動**」と「**下げ波動**」があります。

年4回ある決算発表日などは避ける

例えば、株式投資を日足で行う場合、**上げ波動はローソク足単位で数本から10数本程度でいったん終了してしまうことが多い**です。そして、株式投資の場合は、3カ月に一度、上場企業の「**決算発表**」があります。それ以外にも、配当や株主優待の権利を取得できる最終購入日（**権利付き最終日**）やその翌営業日（**権利落ち日**）などがあります。

3カ月というと、約60営業日です。日足のローソク足なら60本で、四半期決算などがあるわけです。決算発表などがあると、その結果によって日本株は窓を開けて大きく急落したり急騰したりすることがあり、それまでの数カ月の含み益が一気になくなって逆に含み損に変わることもあります。

図表11｜月収30万円の場合のロードマップ

数量×値幅＝利益

100株×3,000円値幅＝30万円
300株×1,000円値幅＝30万円
1,000株×300円値幅＝30万円
3,000株×100円値幅＝30万円

ローソク足数本〜10数本程の値幅の6〜7割の価格幅を目安にして、利益を積み上げる！

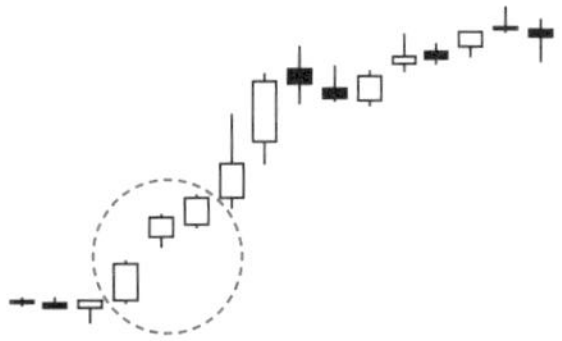

①株価を見る
②ATRを見る
※売買代金が**3,000万円以上/日**の銘柄がオススメ

株の取引で月収を狙おうとするのなら、決算発表日の取引は避け、ポジションを持っていたなら一時的に決済するなどの工夫も必要です。また、トレンドフォロー系の戦略だと、長期上昇トレンドが継続するには数十本から数百本のローソク足が上昇傾向継続のサインを暗示することがあります。月単位で数十万円といった利益を実現するには、この点も覚えておきましょう。

自分が月収30万円を狙うためには、必ず「数量×値幅」という公式のことは忘れないようにします。獲得値幅の推測を立てるには、その銘柄や投資対象のＡＴＲは必ず事前にチェックして、ローソク足単位で何本程度保有する必要があるのかを自分の資金量と天秤にかけて計算し、把握しておくと良いでしょう。

第3章

稼ぐマインドを知る

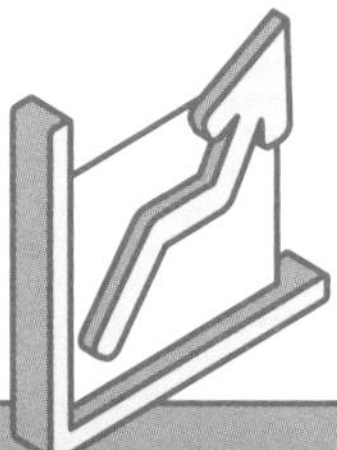

3-1

投資の世界の「確実」を目指す絶対法則

安定的に投資で稼ぐためには、投資をする上での前提ルールを変えなくてはならない。

それは何かというと、投資は予想や情報、センスなどによって勝敗が左右されるゲームではなく、**「確率のゲーム」**だということです。

確率的に優位な時だけ勝負する

投資は確率のゲームだということを真に理解すると、投資の取り組み方そのものが変わります。確率勝負とは、何の確率の話なのか——それは株や為替の価格が、「このあとに上昇する確率」と「このあとに下降する確率」だということになります。

さらに、投資の世界における高勝率とはどの程度なのか、上昇する確率に優位性があるというのは、確率的にどの程度のことを指すのかというと、**高くても6〜7割程度の優位性しかチャート上では発見することができない**ということです。

これはいい換えると、確率6〜7割の局面がわかるということは、逆をいえば3〜4割は

図表1｜3つの勝てそうな「賭け」でどれを選ぶ

賭け①	サイコロを1回だけ振る。偶数が出たらあなたの勝ち、奇数が出たら私の勝ち
賭け②	サイコロを1回だけ振る。1〜4が出たらあなたの勝ち、5か6が出たら私の勝ち
賭け③	賭け②を100回戦行い、最終的に勝ち星が多い方が最終勝利

外れを覚悟しなくてはならないということです。投資の世界で専業トレーダーとして活躍しているプロであっても、確率6〜7割の勝率は高勝率として評価されます。

最も大事なことは、3〜4割は負けるということを当たり前のこととして受け入れることで、これは同時に、**3〜4割も発生する負けトレードの際に資金を溶かさないようにしなくてはならない**ということを意味します。

それでも「確実に稼げる」ということを保証する法則があります。その「確実さ」を体感していただくためにこれから3つの「賭け」を行います。

確実に勝てそうなルールだという「賭け」が3つの中にあると思った場合には、参加するということで考えてみてください。

確率優位の勝負なら回を重ねるほど勝てる

賭け①の場合は、あなたの勝率は50％ですから、確実に勝てるわけでもありませんので、参加するべきではない勝負で、まさに**ギャンブル**といえます。

賭け②の場合は、あなたの勝率は66・７％で、あなたに優位性がある勝負です。しかし、１回勝負の場合、５や６の目が出ることはいくらでもありますから、確実とはいえません。

では、賭け③の場合はどうでしょうか。賭け②の優位性がある勝負を１００回行えるということで、１００戦後にあなたが勝つか否かについては、常に勝率66・７％の局面だけで勝負できるあなたが、最終的にはほぼ間違いなく勝ちます。

人生における勝負事で、常に優位性がある局面のみチャレンジすることができ、それを１００回、３００回、５００回と継続して行うことができる場合には、その勝負事には挑戦した方が絶対に良いでしょう。

これは確率の世界で証明済みの定理で「**大数の法則**」によって、証明された行為です。チャレンジ回数が多くなればなるほど、確率が適性に働くことは証明されています。そして、トレードはこの大数の法則をダイレクトに収入源に直結させせることができる、限られた公平な収入源なのです。

3-2

ホームランではなく ヒットを狙う

広い意味での投資は「成長株投資」のように、成長性に資金を投じる行為です。

テンバガー狙いは株式投資の醍醐味の1つ

例えば、日本株ならワークマン（７５６４）やＭｏｎｏｔａＲＯ（３０６４）、米国株ならテスラ（ＴＳＬＡ）といった**テンバガー（株価が10倍高になった銘柄）**のように、特大ホームラン級の利益が得られることがあります。１００万円の資金が、１億円以上に激増することも、投資の世界には事例として数えきれないほど存在します。

しかし、トレードは基本的には、ヒット狙いで堅実な利益を優先することをオススメします。もちろん投資の世界の話ですから、時にはビックリするほど利益が出ることもありますが、最も重要なことは「**再現性が高く、繰り返して利益が得られる**」ということですから、いきなりホームランは狙わずに、ヒット狙いをしていきましょう。

図表2｜アイ・アールジャパンHDの2019年以降の動き

チャート提供：TradingView（https://jp.tradingview.com）

特に、一攫千金の利益は投資をする上で多くの人が憧れるものですが、**ホームラン級の急騰銘柄や投資対象というものは、同じように大きく急落する可能性を秘めている**ということを忘れてはいけません。

●テンバガー達成後に急落した事例

例えば、上図は企業のＩＲなどのコンサルティング会社の**アイ・アールジャパンホールディングス（６０３５）**の２０１９年以降の株価の動きです。

２０１９年初頭の株価は約１１００円でしたが、そこから急成長による上昇トレンドに乗って1年後には約5倍、２年１カ月後には約17倍の１９０００円超に達し、テンバガー銘柄となりました。

しかし、そこをピークに急落し、２０２２年３月には４０００円を切り、６月には約1800円にまで下落するといった激しい値動きとなりました。

前節で説明した「大数の法則」は不確実な投資の世界において、唯一といっていいほど投資方針の拠り所となるものですが、ホームラン級の利益が何十回、何百回と繰り返し再現できるかというと、残念ながらそういうことはありません。

大数の法則が働くように、コツコツとヒット狙いの投資をすることで、最終的にはホームラン狙いの投資家よりも堅実に資産が構築できているはずです。

さらに、ホームラン狙いの投資にはほかにもリスクが眠っています。どうしても、ホームランになるまで保有しようということで、保有期間が長くなってしまいます。

株式投資では日足で売買するなら、トレード投資家は「波動」という数日から10数日程度の上昇や下降（下降を利益にするには信用取引の「空売り」が必要）で、利益を狙うことをオススメしますが、ホームラン級の利益を狙おうとすると、数カ月から数年という長い保有期間を要することもあります。

1回のトレードで1年から数年保有するとすれば、大数の法則が働くようになるまで売買回数を重ねることもできませんし、その間に、例えば近年の**コロナパンデミック**や**ウクライナ侵攻**のように、ビックリするほどの地政学的リスクが発生することもあります。

図表3｜再現性のある安定トレーダーが最後に資産を作る

投資の世界でホームラン狙いのリスクが高い3つの理由

①急騰や急落の危険がすぐ側にある
②長期間の保有が必要となる
③トレードがギャンブル化しやすい

安定トレード投資家を目指すこと

株は長く持つものだ、という教えもありますし、長期投資こそ安全だという考えの方もいるでしょうが、最終的には**株の利益はタイミング次第**です。

どの銘柄にも必ず上がり下がりがありますから、高いところで買った後で下がってしまうことがあり、その場合元の価格に戻るまで何年、何十年と時間を要することもあれば、自分が生きているうちには戻らないこともあり得ます。

ヒット狙いの堅実なトレードをしていこうということであれば、少なくともこのような大損のリスクは大幅に軽減できますし、トレードがギャンブル化しにくくなります。

一番大切なことは、リスク管理に敏感になり、安定的な利益を継続的に得るための「安定投資家、安定トレーダー」になるという心構えが大前提にあることだと思います。

3-3

必ず故障する機械と故障したことがない機械

トレードにおける固定概念を試すためのテストとして、いい問題があります。

2つの機械のうちどちらを使うか

あなたは中小化粧品メーカーの社長です。この度大口の注文が入りました。これから2台の製造機械のうち、どちらを使うか決定しないといけません。条件は次のようなものです。

①期日までに必ず5万個の商品を納品しなければならない
②使用できる機械はA型とB型のどちらか1つのみ

A型は、稼働時間が24時間を過ぎると、よく同じ個所を故障します。しかし、これまでも30分かからずにすぐに修理し、稼働を再開してきた標準型の機械です。

一方、B型は発売1年目の新しい機械で、２００時間以上連続稼働しても今まで一度も故障したことはなく、しかもA型の2・5倍の生産能力がある最新型です。

A型だと、ほぼ休みなく稼働したとしても、ギリギリ納期の1日前にやっと生産が完了できる見込みですが、B型なら納期の1週間前には完了する計算がたちます。

絶対に遅れることができない納期で、あなたはA型とB型のどちらを選びますか?

この質問に投資で安定的に稼ぐための大切なカギが隠されています。

必ず勝ちたいと思う投資家の多くはB型を選ぶと思いますが、堅実に資産を積み上げるタイプの投資家は、実はA型を選びます。それはなぜか、説明します。

投資で再起不能になる大損は最悪の結末

投資において、最も注意しなくてはならないのは「**大損**」です。しかも、その大損が資産の大部分を溶かし、再起不能になるような大損であれば、絶対に避けなければなりません。そのリスクに敏感になる必要があります。

A型は度々故障しますが、故障が想定内ということで対策ができます。故障しながらも修理が成功し、確実に稼働し続けることができています。今後、新たな故障の発生もあり得ますが、標準的な型なので部品も多く生産されていて、修理できる確率が高いと考えます。

一方のB型は、これまで一度も故障したことがないので、万一故障した時に修理可能かどうかを想定できません。きっと故障はないだろうとの想定の下、Ｂ型を選択したとしても、万一予期しない故障が起こった時に最新型ということもあり、時間内に修理できないかもしれない大きなリスクを抱えているのがＢ型です。

「まさか！」は実際に起きている

投資をする上で、必ず想定しておかなくてはならないのが、このような「まさか」の時です。まさかということが投資の世界では実際に起こります。いかなる理由があろうとも、投資の損失は**自己責任**ですから、その時に自分の身を守る知識武装は必要になります。

例えば、次ページの図表4は**世界金融危機**の発端となったリーマン・ショック（２００８年9月15日）が起こってからの日経平均株価の暴落の動きです。米投資銀行リーマン・ブラザーズの破綻が発覚する前の9月12日に比べ、10月27日の底までで、値幅で５０００円超、下落率で40％を超える暴落となりました。特に9月26日からは**11営業日連続の陰線**（始値より終値が安いこと）で、10月10日までの下落率は約30％に達しています。

この世界金融危機で日本のＧＤＰもマイナス成長となり、企業の倒産やリストラ、派遣切りなどが相次いで失業率も急上昇しました。

市場ではこのようなことが過去に何度も起きている、暴落は定期的に起こる、ということ

図表4｜リーマン・ショック時の日経平均株価の下落幅と下落率

チャート提供：TradingView（https://jp.tradingview.com）

図表5｜小さく負けて再起不能の大負けは避ける

トレードの世界では必ず負けはある。
「負け知らず」は再起不能の大負けリスクが潜むことを、
忘れないこと。

絶対、確実、保証、全勝などは存在しない

を肝に銘じなければなりません。

●リスクは「市場リスク」だけではない

なお、急落や暴落で損失を被るだけではなく、大震災や戦争、さらには投資詐欺なども再起不能の退場を引き起こすリスクです。

リスクのことを考えすぎると、投資しない方が安全ではないかと思われる方もいるかもしれませんが、人生において投資による資産収入がないとすると、老後になっても働き続けなければならないリスクがあります。

「時間の自由」という有限のかけがえのないものを労働に費やす代償を払うことになるかもしれないので、その点も考えないといけません。

3-4

トレードは「待つ仕事」である

トレードをしていると、どうしてもやみくもにエントリーをしたくなる「ポジポジ病」という症状に悩まされることがあります。ポジポジ病はＦＸだけのものではなく、株やその他の資産のトレードでもあります。

とにかくトレードしないと気が済まない

冷静になれば、あせってエントリーなど考えなくてもいい局面なのに、ついついエントリーをしてしまって、その直後に後悔してしまう投資家は意外にも多いようです。

よく考えてみれば、自分がチャートを開いた瞬間に絶好のチャンスが到来して、「ビックリするくらいの利益が手に入る」などということは幻想で、**実際のトレードにおける作業時間の大半は、「待つこと」によって生じます。**

プロの投資家は、１つには「**機関投資家**」と呼ばれます。メガバンクや投資銀行、ヘッジファンドなどに所属しているケースもあります。プロの投資家は、会社にある巨額の資金を

図表6｜投機（仮需）と実需

項目	反対売買	例	主な担い手
投機（仮需）	あり	株の空売り、空買い、投機筋や個人投資家による株、為替、金、原油、穀物、商品先物などの利ザヤを目的とした短期取引	投資銀行、ヘッジファンド、メガバンク、信託銀行、個人投資家など
実需	なし（または短期ではなし）	長期保有目的の株取引、M&A、貿易代金の支払いに伴う為替取引など	上場企業、輸出入企業、メガバンク、個人投資家など

用いて市場に参入してきます。これにより、株式市場や為替市場には大きな値動きが発生することになります。

投機マネーの特徴

市場に投下されるマネーには、大きく分けて2つの種類があります。「**投機マネー**」と、実需などの「それ以外」です。

まず、「**実需**」とは商品購入代金の支払いなど、実際の需要を伴う取引です。例えば、2022年下半期以降の日本は、円安による輸入物価の上昇に苦しんでいますが、原油や小麦などを輸入するのに外貨で代金を支払っています。この支払いはいったきりで、反対売買はありません。

これに対し投機マネーとは、キャピタルゲイン（譲渡益）を狙うマネーで、安く買って高く売る、高く売って安く買い戻すなどのトレード用に用意された資金です。個人投資家も配当狙いやその企業を応援したいなど特別な想いがある場合を除くと、トレードで自分個人の利益を目指して投資する方は多いと思います。

そして、**投機マネーというのは、必ず「買ったら売る」「売ったら買い戻す」という、反対売買を繰り返す**ことが宿命です。そうでないと、利益幅（**利ザヤ**）を手に入れることができないからです。

個人投資家であれば、仕事が忙しい時や負けが続いた時などには、投資をするのはお休みするのも自由ですが、プロの機関投資家は雇われているわけですから、そういうわけにはいきません。

巨額な資金で買いポジションを取ったら、「その日」「その週」「その月」などの間に、会社の利益目的に合わせて、必ず売り決済をしないとならない事情があるのです。チャート上にもその傾向は「波動」として出現します。

もし、あなたが何も新規のポジションを持っていない状態で、ある株銘柄や通貨ペアが上昇していることを発見したとします。機関投資家の大きな資金で、買いポジションが積み上がっているのでしょう。

図表7｜トレードは待つことも仕事

投機筋のポジションに乗る

機関投資家が必ず決済をしなくてはならない事情を知っていれば、近々、あるいは定期的に必ず巨額な資金の売り決済が行われ、価格が一時的に急落することになりますから（上げ波動から下げ波動に転換する）、あなたは、そのタイミングを待って、機関投資家の大きな資金の波に合わせて、売り注文を新規で建てる（ＦＸであれば売り、株であれば空売り）ことで、利益を狙うことができます。

「待つ」ということは、トレードをする上で本当に重要な仕事です。

「どうしても待てない」という性格の方もいるかもしれませんが、安定的にトレードで稼ぐためには、必ずや待つことができる投資家になる必要があります。

3-5
トレードの醍醐味は究極の自己責任

人生において、完全に自己責任で完結する事柄が、あなたにはあるでしょうか？　仕事、家庭、趣味、地域活動…、人生における様々な分野において、多くのことは他人との関わりがあるものです。

自分の人生は自分で決められる

そのような中で、投資、トレードというのは、自分の目で見て自分で判断し、自分で行うものだということ。そして、投資とは「自立」であり、「自活」であり、「自発」であることを理解することで、投資を通じて、「**人生とは自分でコントロールすべきものだ**」という自覚を持っていただきたいと私は思います。

投資をすることで、投資家目線で世の中を見るための教養やアンテナが身につくきっかけが生まれます。投資を通じて世界の出来事を知り、トレンドを知り、それが直接的に自分の利益に直結するのだという実感も得られるようになります。

図表8｜SDGs（持続可能な開発目標）

出所：「持続可能な開発目標（SDGs）達成に向けて日本が果たす役割」（外務省）

例えば、現在の世界の経済、金融、投資分野でも注目が集まっている「**SDGs**（Sustainable Development Goals）（持続可能な開発目標）」や、「**ESG**（「Environment（環境）」、「Social（社会）」、「Governance（企業統治）」の略）」、「**サステナビリティ**（持続可能性）」といったことにもより深く関心が向いて、投資対象としてはもちろん、普段の生活の中でも意識するようになるかもしれません。こういったことも、投資を始める効用といえるでしょう。

会社経営を行う社長や経営幹部は、世の中の動きを探り、自社の利益につながる最適な企業の行動を取ろうとするものですが、個人の投資もこの点は非常に似ているところがあります。

異なるのは、会社経営の場合は資本を調達し、人材を抱え、それに伴う社会的な責任を負うものですが、**投資の場合は少額の資金から自己完結で行うことができる**という点です。

本当の自由を手に入れる

投資を学ぶことは、ある種の自由を手に入れることでもあります。

例えば、会社に勤めている場合には、所属企業の業務をこなす中で少なからず「しがらみ」があるものですが、個人投資家となれば、会社から離れた目でしがらみなどなく、世界を見て、判断し、行動することになります。

ただ、会社員の方も、これからの未曽有の困難な世界を生き抜くために、投資家としてのマインドや教養、スキルを養っておくことはとても大切なことだと思います。

もし、本書をお読みの方の中で、定年退職をされた方や、あるいはその直前だという方がおられる場合、どこまで自分自身の判断でこれまでの人生を歩んでこられたでしょうか。

おそらくは、少なからず組織のために歩んでこられたと思いますし、人によっては、その間に自分の考えや私生活、家族を犠牲にしてしまうこともあったのではないかと思います。

その点、金銭的な余裕があるか否かに関わらず、定年退職をされる方にも、投資は経験していただきたいと思っています。なぜなら投資は組織の制約もなく、自由な世界に開かれて

図表9｜投資の醍醐味は「究極の自己責任」

いくらの資金を用いて、いつまでに、いくら欲しいのかをはっきりさせる。

それを実現できるのは「自分」しかいない、と覚悟を決める。

→

トレードで稼ぐには「運や勘やセンス」ではなくて、「相場への対応スキル」がカギとなる。

特別な才能はいらない。計画的な鍛錬で身につく。

いる、究極の自己責任の世界だからです。
これまで会社の組織で培われたスキルや長年の経験、人脈を情報収集に活かすこともできますし、ある意味、定年後の投資家ライフというのは自分や家族のためだけに稼ぎ、生きるということを意味しているのではないかと思います。

親が投資を学び、子に知識を継承するという意味では、投資教育は「何もないところに放り出されても、生きていける術を学ぶ」ということにもつながるものです。当事者意識を持つ訓練にもなります。敷かれたレールの上を走る安心感を失う代わりに、自分の好きなようにどこにでも行くことができるのです。

投資はいま、現代を生き抜く上で最も必要な究極の自己責任の訓練にもつながる、大切な知識、技術だと思っています。

COLUMN

長期投資と短期投資の難しさの違い

長期投資が安心で安全だという「誤解」をしている方がいます。

多くの日本人が、極論すれば「ほったらかし」でも安全だと誤解している長期投資ですが、成功するかどうかはズバリ「環境」次第です。米国株であっても、数十年単位でもみ合い相場の時代もありましたし、タイミング次第では長期保有していても損をすることがあります。

株の長期保有中に「金融引き締めの政策に変わった」など、金融政策の変更という意味の環境変化や世界経済の動向、大地震など自然災害を含む地政学的リスクによる環境変化も、時間が経過すれば世界のどこかで何かしらのことが生じ、結果として株式市場の暴落につながる、ということもあり得るかもしれません。

長期投資は、環境に依存した投資であり、それを投資家自身がコントロールすることができないという点で難しく、最終的にはタイミング次第で、リスク（損失幅）も高いのです。

一方、短期投資（トレード）は中長期投資とは違って、注文から決済までのポジション保有時間が短いという特徴があります。FXなどのデイトレードでいえば、注文から決済までオーバーナイトすることなく、その日で完結してしまいます。スイングトレードでも、日本株であれば数日から２週間程度で決済をすることが多いです。当然、環境変化のリスクは大きく減ります。

そんな短期投資の難しさはどこにあるのかといえば、ズバリ、「自分次第」という意味の難しさです。短期投資は、鍛錬し技術を身につけ、欲や感情に負けずに自己管理することができなければ、安定的な利益は得られません。

逆にいえば、鍛錬すれば確実に技術は向上しますし、リスクをコントロールすることができます。ファンダメンタルズの難しい知識や環境の変化におびえることも、基本的にはありません。

そして、未来が不確実で何事が起こるかわからない世界で、老後貧困等がささやかれるこれからの時代に日本人が身につけるべきは、リスク管理と再現性に優れた「短期投資の技術」だともいえます。

第4章

トレードを始めるための基本知識

4-1 トレードするための口座を準備する

投資をするには、証券会社やＦＸ会社に取引のための口座を開設することが必要です。口座開設をするには、メールアドレスやマイナンバーなどの個人情報、本人確認書類などが必要になります。

証券口座を開設する

投資のスタイルにもよりますが、70歳以上になると口座開設の審査が通りにくくなる証券会社もなくはありません。信用取引口座の場合は、75歳未満や80歳未満といった基準を設けている証券会社もあります。

また、再就職などで安定的な給与所得がある状態の方は審査が通りやすいということもあるので、いずれにしても口座を持つのは早い方が良いと思います。ネットから申し込みをし、スムースにいけば3営業日ほどで口座を開くことができます。

証券会社もＦＸ会社も時代によって強みは変わりますが、ネット証券大手5社といわれるところは、取扱商品も豊富で日本株や投資信託、信用取引、つみたてＮＩＳＡ、ｉＤｅＣｏなどはもちろん、５社とも**ＦＸ**や**米国株式**も取り扱っています。

「マネックス証券」「ＳＢＩ証券」「楽天証券」などは、証券口座を持っていれば株のトレードはもちろん、中長期保有やＮＩＳＡ、つみたてＮＩＳＡなどにもすぐ対応できるので、便利だと思います。

また、各社には**ポイント**が貯まったり、使うことができるサービスがあります。例えば、楽天証券では、楽天銀行、楽天カード、楽天モバイル、楽天トラベルなど楽天グループ各社のいろいろなサービスの利用によって「楽天ポイント」が貯まり、それを相互に支払いに使えたり、投資信託の購入代金、株式の購入代金や手数料などに使えたりと、利点はあると思います。

トレードに強い会社を選ぶ

主にトレードのために口座を開設するとなると、デイトレードに強みがある証券会社の方が良いと思います。全般的なサービスや便利さよりも、徹底的にトレード環境が優れているところが良いという方もいると思います。

実は「トレードをするためのツール」には、各証券会社、ＦＸ会社ともに非常に力を入れており、ツールの充実度によって売買成績が変わることもあります。

株トレードをやる場合には、松井証券やＳＢＩ証券はオススメです。例えば松井証券では、

図表1｜主要ネット証券のデイトレ向け（日計り）信用取引サービスの例

会社名	サービス名	概　要
SBI証券	日計り信用	新規建て当日に反対売買した場合に限って、手数料０円、金利０％（年率）、貸株料０％（年率）
楽天証券	いちにち信用	新規建て当日に反対売買した場合に限って、手数料０円、金利０％（年率）、貸株料０％（年率）
auカブコム証券	デイトレ信用	新規建て当日に反対売買した場合に限って、手数料０円、金利、貸株料ともに年率1.8%（ともに約定代金100万円以上で年率０％）
マネックス証券	ワンデイ信用	新規建て当日に反対売買した場合に限って、手数料０円、金利、貸株料ともに年率1.8%（ともに約定代金100万円以上で年率０％）
松井証券	一日信用取引	新規建て当日に反対売買した場合に限って、手数料0円、金利0%（年率）、貸株料0%（年率）

出所：各社HPより抜粋（2023年2月14日時点）。詳しくは各社HPを参照

株のデイトレードに特化した「一日信用取引」という手数料無料のサービスがあるなど、株式投資家向けに徹底された環境があります。

また各社には、デイトレ向けに**１日の約定金額の合計が一定額までは手数料無料といった定額コース**などが用意されていますので、比較してみると良いでしょう。

● ＦＸの場合

ＦＸはトレードをすることが前提ですので、ＦＸ会社ごとの特色や強みを理解して比較すると良いと思います。例えば、「ＦＸＴＦ（ゴールデンウェイ・ジャパン）」では、各種手数料無料や、米国企業が開発した「TradingView」という優れたＷＥＢサービスと、実際の売買が連動できるなどの優れた点があります。

● スマホ操作向けのスマホ証券

最近では「ＬＩＮＥ証券」のようないわゆる

図表2｜トレードする会社選びの主なチェックポイント

株式トレード

・空売り可能銘柄の数
・テクニカル指標の環境
・銘柄に関する重要情報
・手数料定額コースの有無
・トレードツール
楽天証券：Market SPEED
マネックス証券：銘柄スカウター
など

FXトレード

・スプレッド
・テクニカル指標の環境
・ファンダメンタルズ情報の通知
・スリッページ
・トレードツール
GMOクリック証券：AppleWatchで売買可
OANDA証券：TardingViewで売買可
など

「スマホ証券」も人気で、調べれば調べるほどいろいろな証券会社、ＦＸ会社が出てきています。

実は一番大切にしたいポイントとして、コールセンターがすぐにつながるか、丁寧かどうかということも大切です。多くの証券会社ではコールセンターが常設されていますが、売買のしかたやウェブサイトの見方などをやさしく丁寧に教えてくれることは重要です。

個人的には、気になる証券会社は3～4社は口座開設して、実際に使ってみることをオススメします。ＳＢＩ証券、楽天証券、マネックス証券あたりは初心者にはオススメだと思うので、まずは触ってみて欲しいと思います。

4-2
30万円から始めるトレード

証券口座を開設したら、銀行口座にあるお金を証券会社に移動させ、いよいよトレード投資家のスタートとなります。ここで大切なことは、「投資資金」としての予算をしっかりと確保することです。ここでは30万円の例で考えてみます。３００万円用意できる方は、その10倍のことができると思っていただければ大丈夫です。

30万円の投資資金でできること

30万円を用意したら、**株式トレードをするのか、ＦＸトレードをするのか**という点を検討してください。株式トレードをする場合には、現物株でやるのか、信用取引でやるのか、選択しなくてはなりません。

株の信用取引については、詳しくは第6章で説明しますが、簡単にいえば「上昇する銘柄でも下降する銘柄でも利益が狙えて、投資資金の約3倍」で、トレードができるようになります。使える資金が3倍になるということは、利益を出すチャンスも大きく増えます。その分リスクも高まりますが、何がリスクかを正しく学べば、信用取引には**レバレッジ効果**があり、短期間でも大きな利益が狙える素晴らしい金融のしくみだと、私は思います。

株の信用取引やＦＸではレバレッジが使える

具体的な話をしましょう。30万円の資金で現物株をやるのであれば、株価３０００円以下の銘柄で１００株買い、「上がる局面だけ」を見つけて勝負する以外にありません。株の場合は、１日１回チャートをチェックして、数日から数週間がかりで、数十円〜数百円の値幅を狙うのがトレード投資家の狙いです。

例えば、２０００円の株を１００株買い、２週間で３００円の値幅を取った時には、投資資金は20万円から23万円になり３万円の利益が出る、という具合です（87ページ図表３）。

一方、信用取引を使う場合、例えば２０００円の株に対して、30万円の資金にレバレッジ効果がかかり最大90万円程度まで資金を使うことができるので、３００株を買うこともできます。すると、２週間で３００円の値幅を取った時には９万円の利益となり、ここで利益確定ができれば投資資金は39万円に増えます。

２週間で９万円の利益となるので、「いい副業だ」という人も増えるでしょう。

仮に信用取引を使わない場合でも、投資資金で60〜70万円ほどあれば２０００円の現物株を３００株買うことができますから、２週間で３００円の値幅を取れた時には、９万円の利益を目指すこともできます。資金量そのものも大事ですが、第４章以降で詳しく説明する「売買タイミング」もかなり重要だということもわかります。

●FXの場合

レバレッジといえば、ＦＸもレバレッジ取引です。レバレッジの倍率は**株の信用取引の約３・３倍に対しＦＸは通常25倍**で、少ない資金でより大きな利益を狙える金融のしくみが搭載されています。

ＦＸの場合、30万円を「証拠金」に入れた場合、例えば米ドル円だと最大で約５・４万通貨（１ドル１４０円換算で７５０万円）というポジションを取ることができます。これは、ドル円で１円の値幅を獲得すると、約５万円の利益となるポジション量です。

例えば、ＦＸトレードをやる時、ほんの10～30分でも０・３円幅などの値幅が取れることがありますが、これを５万通貨でやれば利益は０・３円×５万＝１万５０００円となり、時給換算すると一般に労働するより高い場合もあります。30万円の資金でも、日常生活のプラスになる収入額を何度でも狙える魅力があることがわかると思います。

図表3｜信用取引やFXのトレードではレバレッジ効果が使える

株トレード（現物取引）

〔投資資金30万円〕

①株価2,000円のA株を100株購入……購入代金20万円

②上昇し2,300円になった時に売って利益確定……受取額23万円

値幅：2,300円－2,000円＝300円

利益：300円×100株＝3万円（23万円－20万円＝3万円）

株トレード（信用取引）

〔投資資金30万円　レバレッジ3.3倍〕

①株価2,000円のA株を空買いで300株購入…… 建玉60万円

②上昇し2,300円（建玉69万円）になった時に売って決済

値幅：2,300円－2,000円＝300円

利益：300円×300株＝9万円（69万円－60万円＝9万円）

FXトレード

〔投資資金30万円　レバレッジ最大25倍〕

1ドル140円の時に作れる最大ポジション額は、

30万円×25倍＝750万円　　750万円÷140円＝約5.36万ドル

①1ドル140円の時に米ドル円を5万ドル購入……ポジション額700万円

②上昇し1ドル141円（ポジション額705万円）になった時に、全部売って決済

値幅：141円－140円＝1円

利益：1円×5万通貨＝5万円（705万円－700万円＝5万円）

※上記はいずれも概算による。手数料等は省略

4-3 トレンドフォローの基本的な考え方

株でもFXでも、価格の値動きには一定のパターンがあります。最も大きなパターンとして覚えておくべきことは「トレンド」です。

トレンドとは?

トレンドとは、「**ある程度の期間をかけて、価格が一方向に安定的に動くこと**」をいいます。上昇方向に動く「**上昇トレンド**」、下降方向に動く「**下降トレンド**」があります。そのほかに、一定のレンジで上昇と下降を繰り返す「**もみ合い**」を「もみ合い（保ち合い）トレンド」とする場合もあります。

投資において最も利益を取りやすいのは、まさに**トレンドが発生している最中**です。
例えば、上昇トレンドが発生すると、しばらくの間は上がり下がりしながらも高値を更新していき、買いポジションを持っている場合には、含み益がどんどん伸びていくからです。

図表4｜トレンドフォローの基本的な考え方

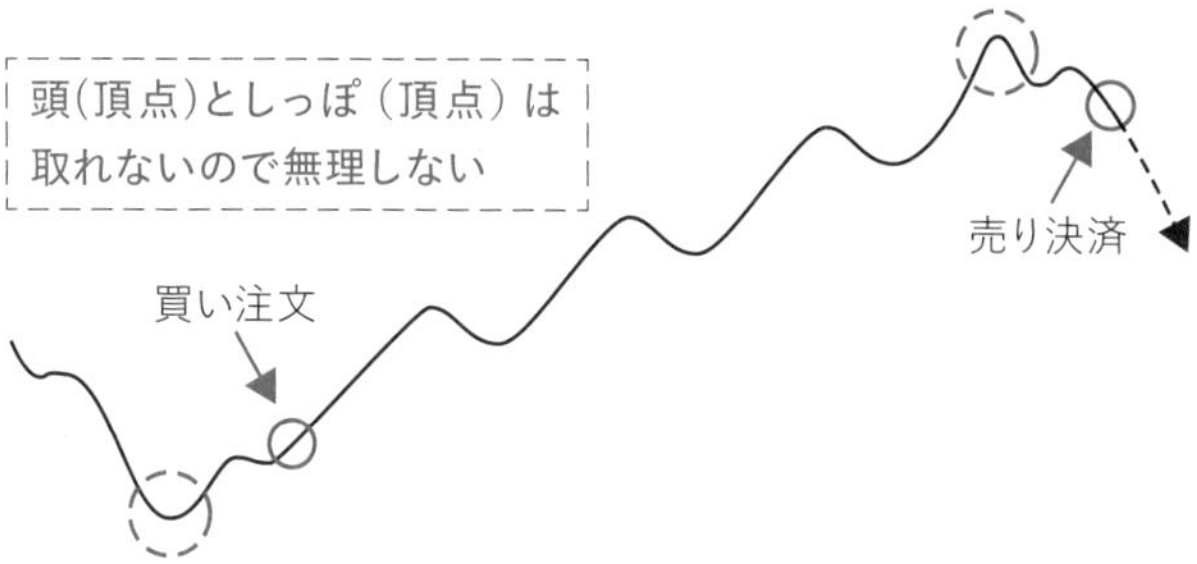

・トレンド発生のサインで買い、終了のサインで売り。
・トレンドが続く間は持ち続けるが、頭としっぽは取れない。
・トレンドがすぐ終わるか、横ばい（もみ合い）のままだと損をすることもある（損切り）。

トレンドには、様々な「始まりのサイン」と「終わりのサイン」があります。数百、数千もの種類があるといわれていますが、テクニカル分析を勉強すると、様々なトレンド発生サインを知ることができます。

そんなにあるなら、何から学んだらいいのかわからないという方も多いと思いますが、「価格の動きという真実は1つ」ですから、**ローソク足そのものの形からトレンドの発生や終了を読み取れるようになることが理想です。**

どのテクニカル指標も、価格の動きという真実において、何かしらの特徴に注目して生まれたものにすぎないからです。

例えば、移動平均線の傾きは価格変動の傾向を読み取るものですから、これが右肩上がりになっている場合には、上昇トレンドのケースも多いです。しかし、移動平均線は「ローソク足の終値」だけに注目して計算値を出し、それをラインで結んだ線ですから、「高値、安値、始値」などは無視したテクニカル指標になります。

ですから、突然価格が下落して安値を更新した場合には、移動平均線は「だいぶ遅れて下がる」ということにもなります。このように、**テクニカル指標にはそれぞれ一長一短がある**ということを理解した上で、上手に活用する必要があります。

トレンド発生のしかたに合わせた注文方法

トレンドの発生のしかたには、大きく分けて3つのパターンがあります（図表5）。

①トレンド転換…下降トレンドだったものが転換し、上昇トレンドに転じるようなパターン

②トレンド継続…上昇トレンドだったものが、一時的に横ばいになったり、下がったりしながらも、再度上昇が継続するようなパターン

③もみ合い放れ…横ばいだった状態から、トレンドが発生するというパターン

トレンド転換とトレンド継続の2つのパターンの場合には、「注文はすばやく行う」こと

図表5｜トレンドフォローの3つのエントリー

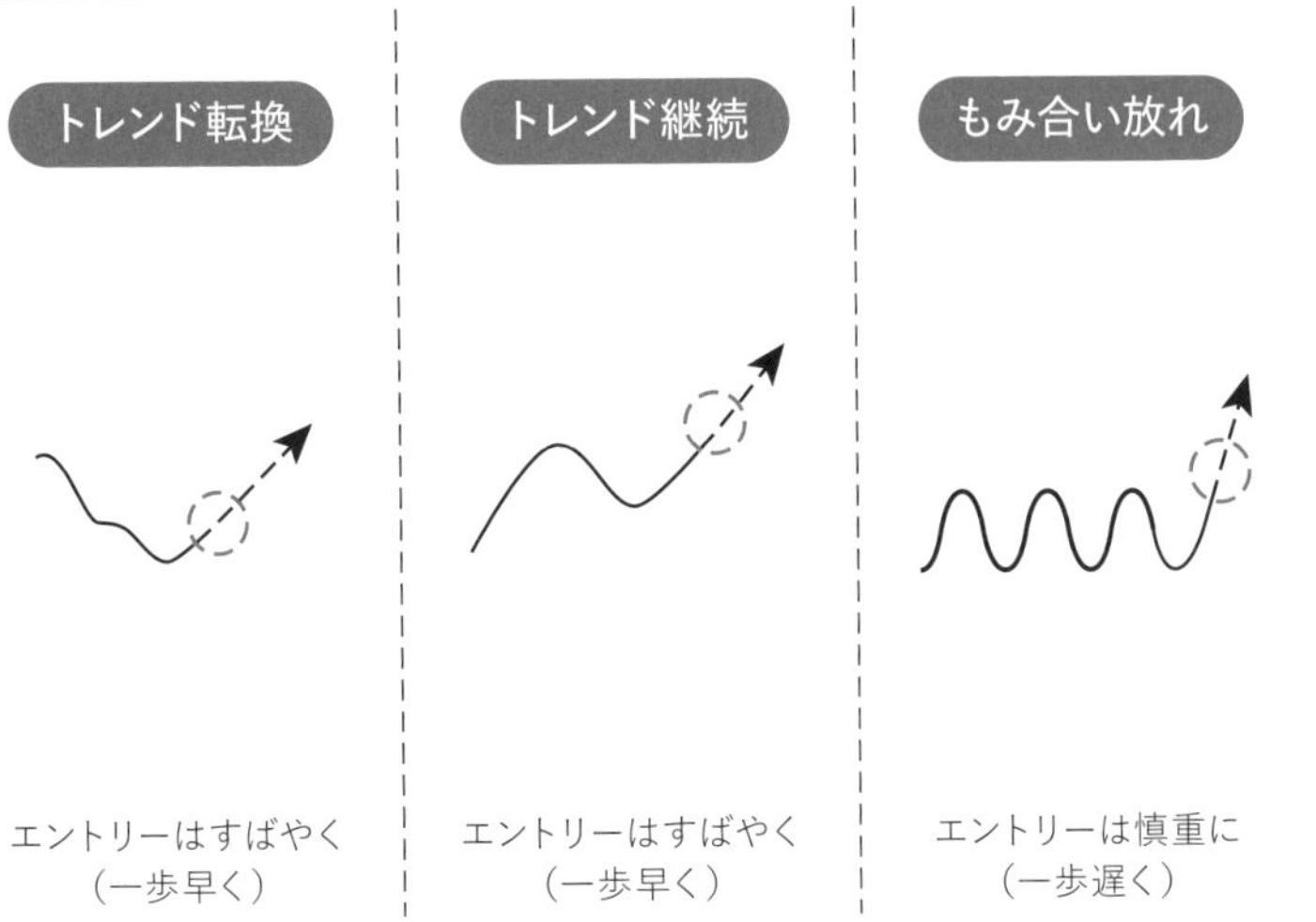

がセオリーで、もみ合い放れの時には、「注文は一歩遅く行う」ことがセオリーです。

なぜ、このようなセオリーがあるのかは次節で説明しますが、このような注文のしかたには、優位性がある攻略パターンがあらかじめ決まっているということを覚えておいてください。

優位性があるとは、確率的に6〜7割的中することが目安になります。それでも3〜4割は外れることがありますから、外れたらすぐに損切りして、新たにトレンド発生のパターンが生じたらエントリーしていく、という行動を淡々と継続していくことになります。

4-4 波動とエントリータイミング

「インフレ対策などの政策が取られ、利上げ政策が行われ、金融引き締めが起こった米国や欧州の２０２２年上半期のような時期の株式市場」などでは、はっきりしたトレンドがなかなか生じにくく、乱高下する相場になったりすることがあります。

波動とは?

乱高下する相場においても、実はローソク足単位で数本から10数本程度（時には数十本になることもあります）のローソク足が上昇傾向になったり、下降傾向になったりすることがあります。これを「波動」といいます。波動には「**上げ波動**」や「**下げ波動**」があります。

例えば、日本の個別株で株価２０００円程度の銘柄で、１日当たり平均的に50円動く時期に、10本、20本程度のローソク足が上昇するだけでも、５００円から１０００円幅の値動きのポテンシャルがあるわけですから、その価格変動の7割を利益にすることができれば、３

図表6｜トレンドの中の上げ波動・下げ波動（武田薬品工業）

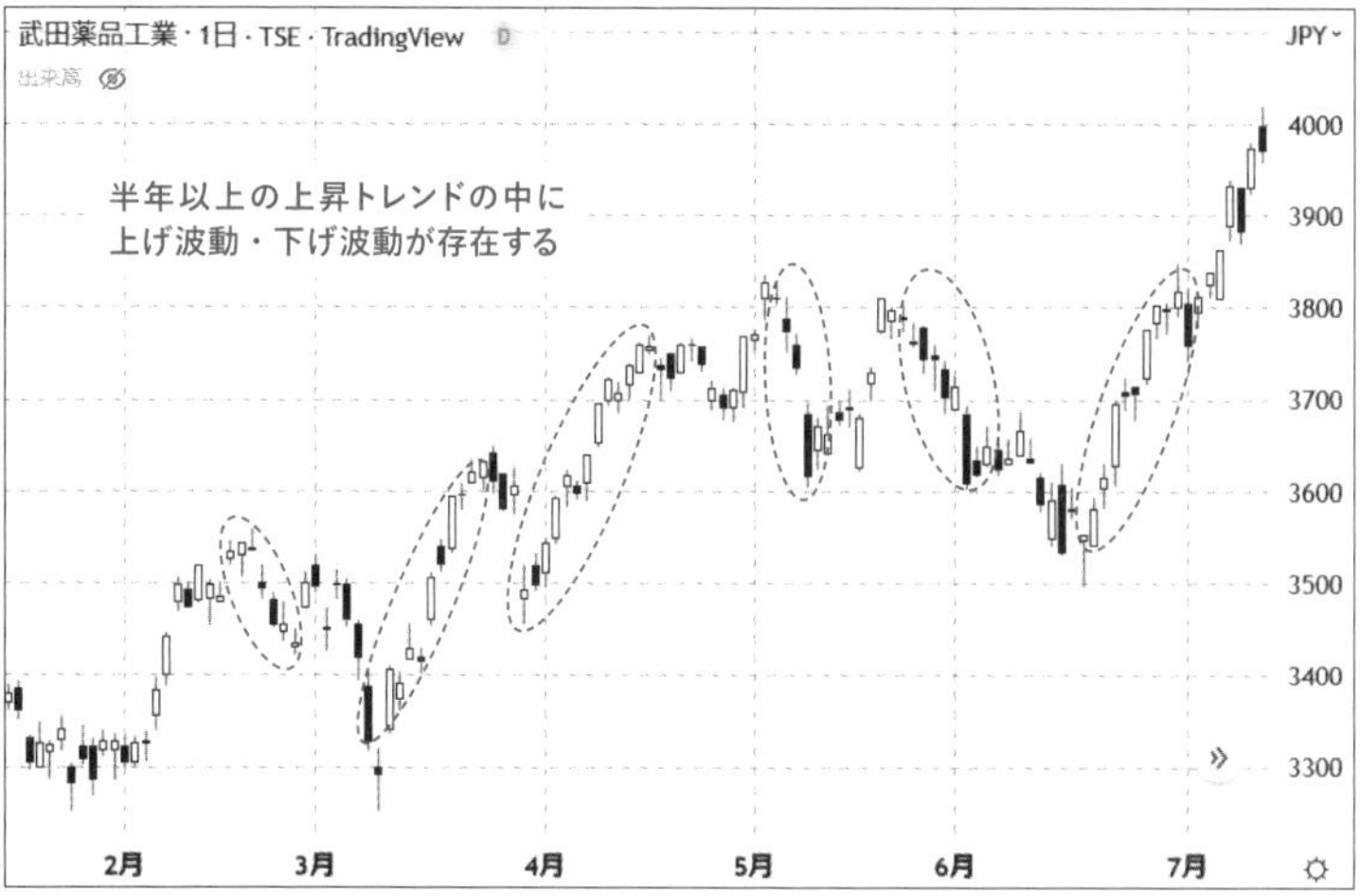

図表7｜上げ波動の例（武田薬品工業）

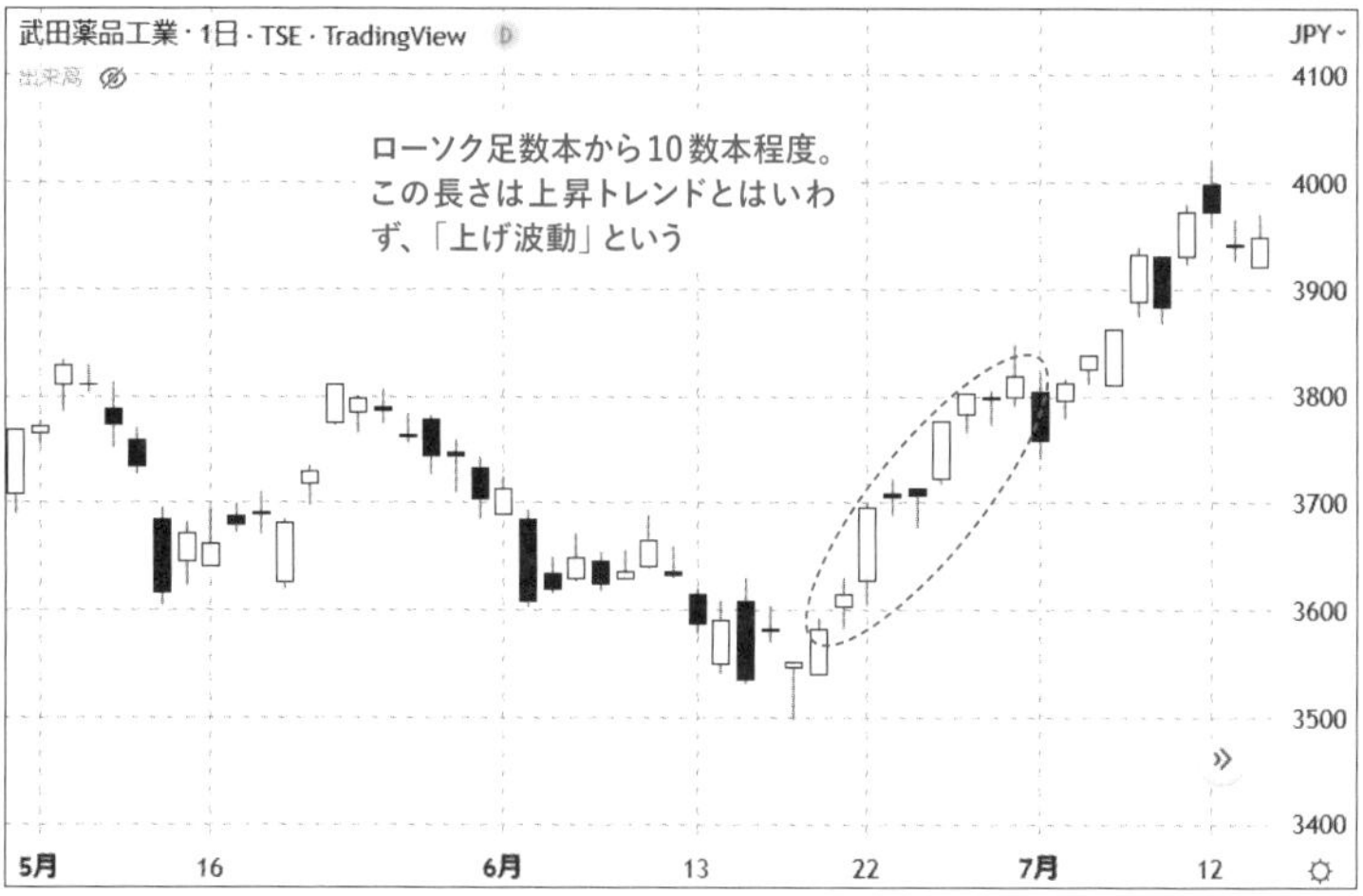

チャート提供：TradingView（https://jp.tradingview.com）

図表8｜下げ波動の例（武田薬品工業）

チャート提供：TradingView（https://jp.tradingview.com）

５００〜７００円の値幅が得られます。仮に３００株で売買をしていれば、10営業日から20営業日で、10万５０００円〜21万円の利益が期待できます。

このように、中長期投資やはっきりしたトレンド狙いでなくても、しっかりと利益を狙うことができる「**波動トレード**」は、リスク管理を徹底して行いたいという慎重な投資家の方にはオススメです。

図表6〜10は、**武田薬品工業（４５０２）**の波動を示した例です。

波動の売買タイミング

エントリータイミングについては、前節で「トレンド転換の場合はすばやく（一歩早く）注文すること」と説明しましたが、「波動の転換」も同様に「一歩早く注文すること」がセオリーになります。早くすべき理由は、ズバリ、**損切り（ロスカット）を効果的に行うためです。**

実は「トレンド転換」と「トレンド継続」や、「波動の転換」と「波動の継続」は、隣り合わせの兄弟のような関係です。

例えば、「下げ波動」が「上げ波動」に変わるタイミングで買いエントリーした投資家が、「そのエントリーは間違えた！」と確定するのは、「下げ波動が継続した時」なのです。

●波動の転換で判断する場合

次ページの図表9で見ると、①〜④のローソク足は、次のように読み取れます。

①長い下ヒゲ＝転換を示唆
②高値・安値切り上げ＝上昇を示唆
③下降トレンドライン上抜け＝上昇を示唆
④直近の高値上抜け＝上昇を示唆

①の長い下ヒゲを見て、「下げ止まり」を感じ、②か③か、④のタイミングで買いエントリーをする投資家がいた場合、②、③、④のエントリーの外れが確定するのは、①の下ヒゲ（安値）を下回って、価格がその後下落した時になります。

これは、「波動の転換だと思ったけれども、下げ波動が継続した」という自然なことなの

図表9｜どの時点で「転換した」と読み取るか

チャート提供：TradingView（https://jp.tradingview.com）

図表10｜素早くエントリーした方が損切り幅は小さく利幅が大きくなる

チャート提供：TradingView（https://jp.tradingview.com）

ですが、間違えたとわかったら、すぐに損切りを実行するべきです。

また、②、③、④のどこで買いエントリーしても、**いずれも損切りラインは①の下ヒゲなわけですから、もし上昇するなら、もっとも手前（安値）の②で注文した方が利益の値幅は大きくなりますし、もし下降して損切りする羽目になっても、②で注文した方が最も損切り幅が小さい**ので、合理的だということになります（図表10）。

これが「一歩早くエントリーするべき理由」です。

ちなみに、じっくり待って③か④で注文した方が確実なのではないか、と思う向きもあるかもしれませんが、③か④まで上がっても、その後に①を下回る値動きはいくらでもあるので、慎重派が勝てるというものでもありません。その点はご注意ください。

●もみ合い放れで判断する場合

なお、もみ合い放れの時には、**その後の波動やトレンドは長く継続する傾向があるので、一歩遅くても十分、勝算が合う**ということになります。

4-5 ローソク足の読み方を知る

トレンドを狙う場合も、波動を狙う場合も、必ずローソク足が読めるようにならないと話になりません。ローソク足は、過去の値動きの事実を一目でわかるように簡略化したグラフのようなものだと考えてみてください。

価格変動は、市場が開いている間は絶え間なく生じています。細かく見れば、毎秒毎秒動いていいます。秒単位で動く価格変動に対してトレードしていくような専業のプロトレーダーは確かに存在しますが、一般的には、パソコンに張りつくようなトレードはできないという方が多いと思います。

ローソク足は4本値でできている

そのような時は、絶え間なく動く価格変動の中から「重要な部分だけ」を切り取って情報収集しないといけません。その価格変動の中で重要な部分というのが、「**始値・高値・安値・終値**」という4つの値段です（図表11）。

図表11｜ローソク足は4本値でできている

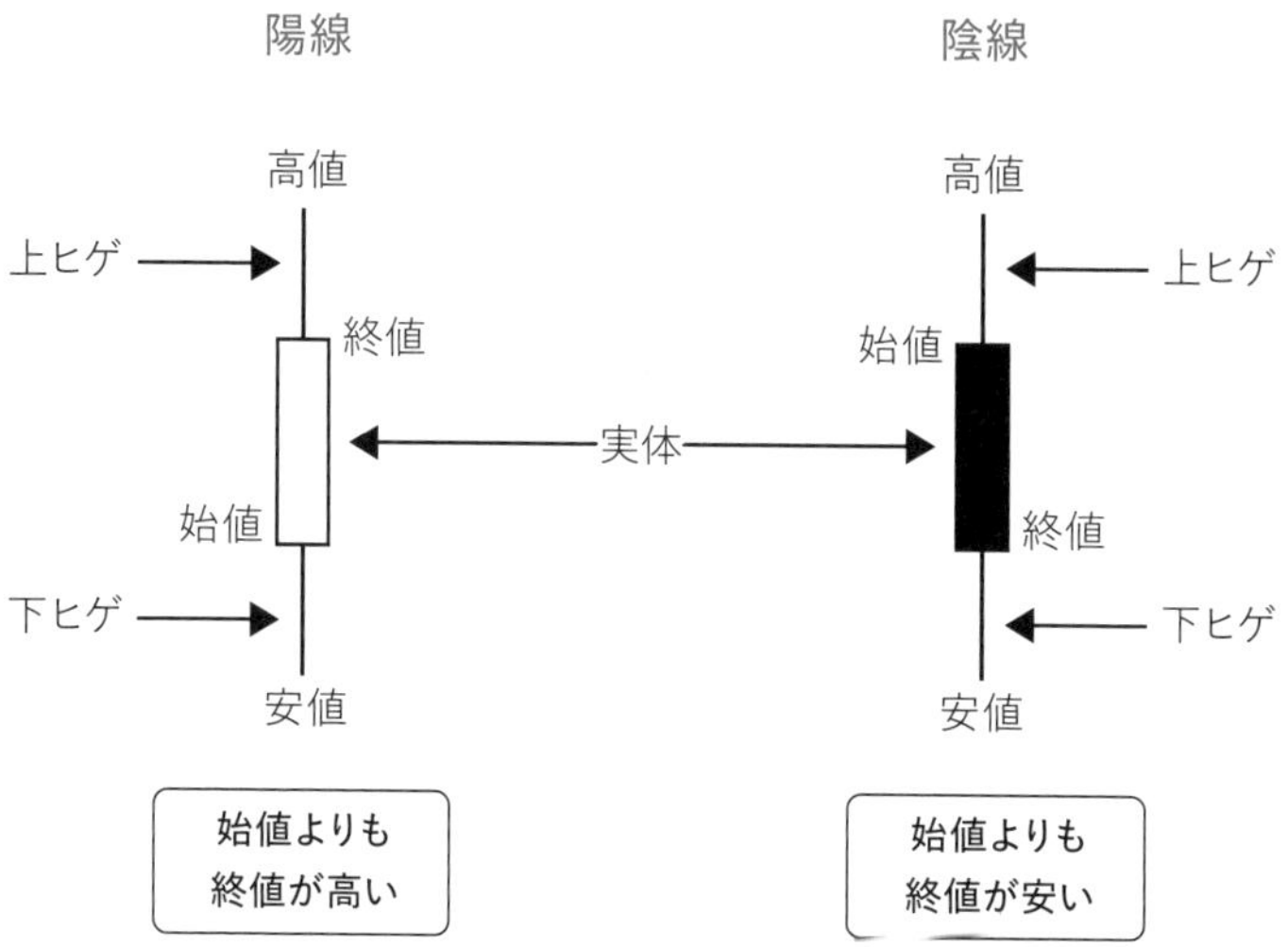

図表12｜一日の値動きとローソク足（陽線）の例

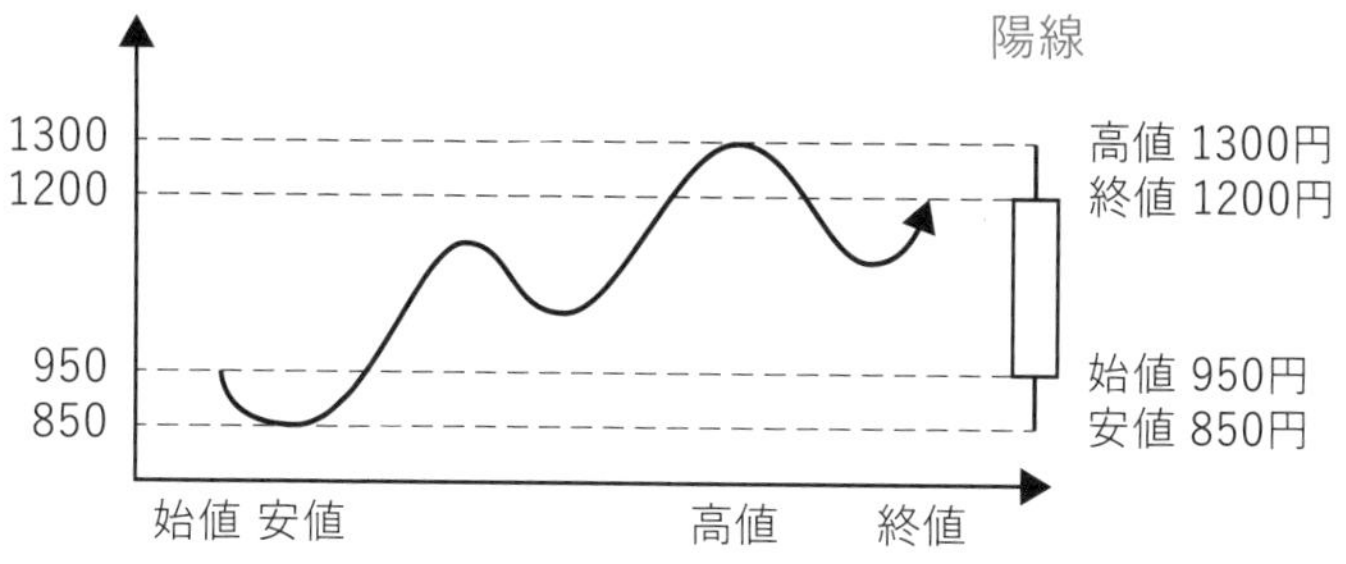

市場が開いている間、絶え間なく動く価格変動を切り取る上で、まずは「いつからいつまでを切り取るのか」という概念が、ローソク足には含まれています。

1分単位、5分単位、15分単位、1時間単位、4時間単位、1日単位、1週間単位、1カ月単位といった期間がよく使われます。

さらに長いものだと、4半期（3カ月）単位、1年単位といったものもあります。

この区切られた期間において、次の4つの価格（**4本値**と呼びます）が重要なのです（前ページの図表12）。

始値（その期間が始まった時の価格はいくらか）
高値（その期間で最も高い価格はいくらか）
安値（その期間で最も安い価格はいくらか）
終値（その期間が終わった時の価格はいくらか）

例えば、上げ波動が生じる時、日足のローソク足を見ていたとします。昨日の「高値と安値」と、今日の「高値と安値」を比べた時に、昨日より今日の方が高値も安値も高い場合は、上昇の流れが強いことになります。図表13は**商船三井（9104）**の日足の例です。

図表13 高値・安値が連続して切り上がる例（商船三井）

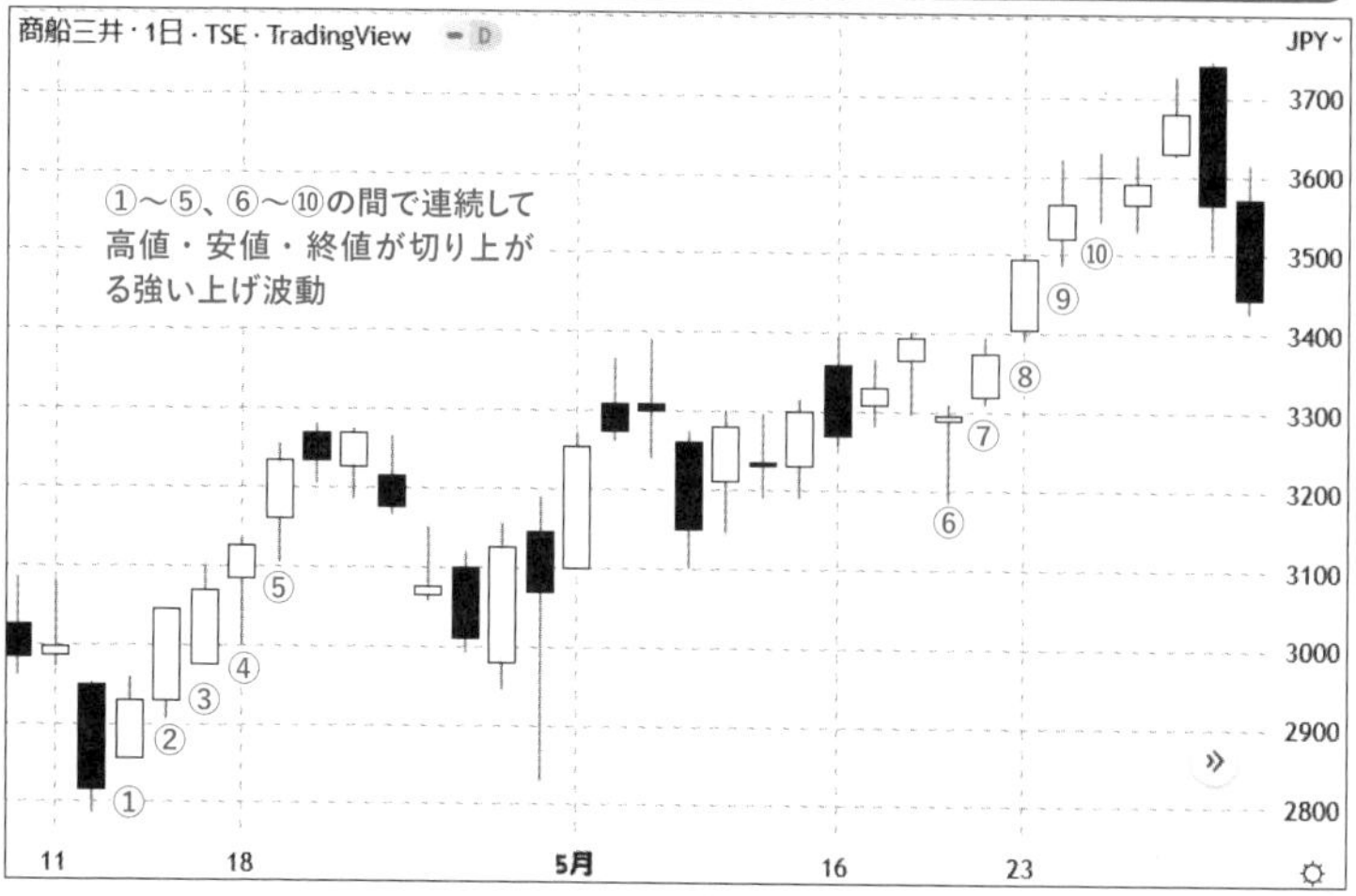

チャート提供：TradingView（https://jp.tradingview.com）

もちろん、昨日と今日だけの価格の比較で翌日上がるかどうかはわかりませんが、ローソク足単位で、3本、5本、7本と連続して、**高値と安値が切り上がっている傾向**が続いていれば、「その翌日は上昇する確率が高い」と判断することができます。上昇に優位性がある、ということです。

その意味でも、**ローソク足が読めるようになることは必須のスキル**です。

何月何日、何時にその銘柄を買うべきか、そして、手放すべきかというタイミングを詳細に判断することができ、その思惑が外れた場合でも、明確に損切りするラインを示してくれるのがローソク足です。

株でもFXでも、ローソク足は必ず読めるようになりましょう。

4-6 ローソク足の時間軸を知る

ローソク足には「時間軸」という概念があります。

前節でも説明しましたが、1分単位、5分単位、15分単位、1時間単位、4時間単位、1日単位、1週間単位、1カ月単位、という期間がよく使われます。

「下位足」と「上位足」の複数のチャートを見る

例えば、左図のように5分足が12本で1時間になるわけですが、5本足12本分の間に生じた高値や安値は、その時の1時間足1本の高値と安値の価格と一致するわけです。この場合に、5分足を「**下位足**」、1時間足を「**上位足**」と呼びます。

このような「上位足」「下位足」などのように、時間軸を選定すること、つまりどの期間のローソク足チャートを見ていくかということは、利益を効率的に得る上でも、自分のライフスタイルに沿った投資スタイルを築く上でも、とても重要なポイントになります。

様々な株の銘柄や通貨ペアなどを見ていくと、大きな価格変動の流れでは上昇している途

図表14| 下位足と上位足

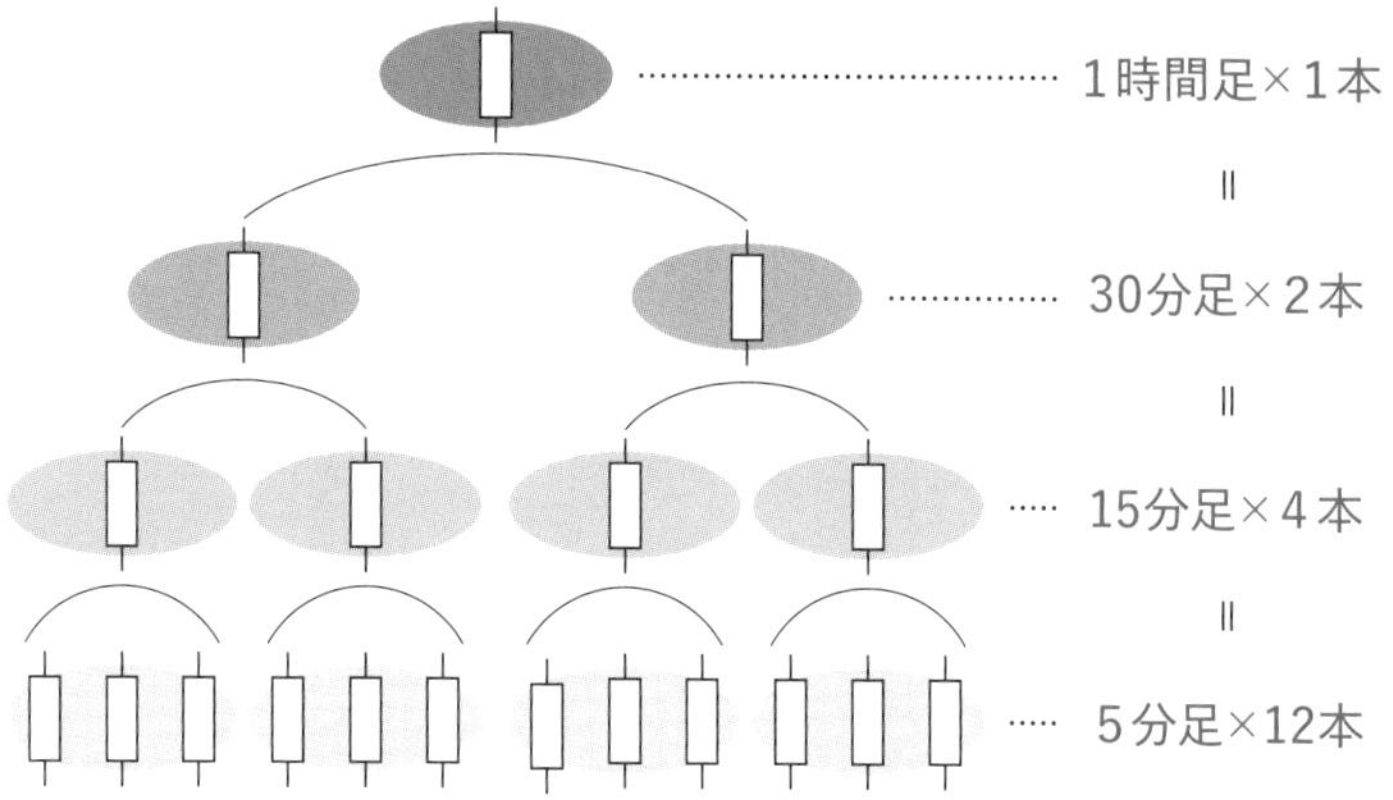

中だけれど、目先の価格変動は下降している場合などは普通に見られます。

例えば、5分足でFXトレードをしたい投資家がいるとします。ある日の晩に、22時から24時までの2時間だけパソコンに張りついて利益を狙おうとする場合、この2時間という間に、そもそも買いと売りのどちらに寄せて行った方に優位性があるのか、という選択があります。

優位性があるといっても確率的には6〜7割の話ですが、この2時間は、「買い注文だけ」と「売り注文だけ」のどちらに絞ってエントリーチャンスを探した方が良いのか、方針を決めることは、この2時間の間により徹底されたトレードルールを貫き通す上で重要な決め事になります。

図表15| 1時間足、4時間足、日足の3つの時間軸で見た例（日本郵船）

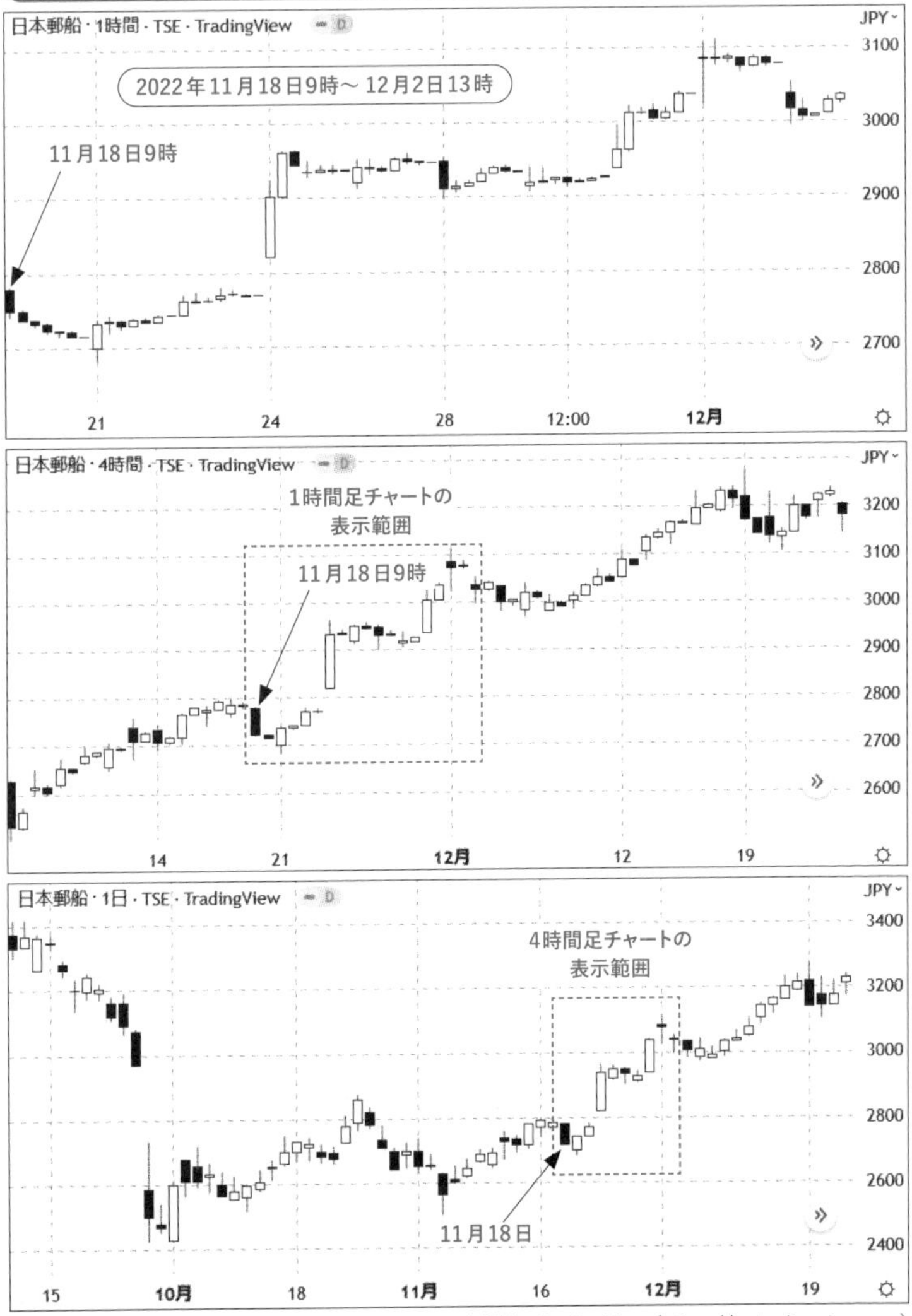

チャート提供：TradingView（https://jp.tradingview.com）

上位足と下位足の向きが一致している時を狙う

「上位足」は大きなトレンドの流れを見る上でわかりやすく、重要です。例えば、５分足だと目先は下がっていても、４時間足では上昇傾向が続いているということがあります。

５分足でそのままグングンと下げが進んで、次第に4時間足の上昇も止まり、４時間足まで下降に転じるということもありますが、より精度の高いトレードをするのであれば、**上位足と下位足が同じ方向に進んでいる時に、その方向に合わせてポジションを取る**という方針をオススメしたいと思います。

この場合でいえば、４時間足が上昇傾向にある場合は、仮に5分足が下げ波動の最中であっても、時間が経過して波動の転換が生じて上げ波動になるまで待ち、５分足も４時間足と同じ上向きになったところで、買いポジションを狙いにいくという具合です。

今のトレードは、買いでも売りでもPCやスマホで簡単にできてしまい、これがかえってトレードを難しくする原因の１つになっています。その点、ローソク足数本から10数本の波動を狙うトレードに徹するという意味では、買いと売りのどちらに専念するか選択肢を１つに絞れば待つ時間も長くなり、迷いが生じにくくなります。

エントリータイミングを絞る意味でも、損切りを徹底する意味でも重要です。

4-7 ライフスタイルに合わせて時間軸を決める

ローソク足が読めるようになり、トレンドや波動を狙う投資方針も売買のタイミングもわかってきた状況にあっても、あるいは長年実績を積んだ投資家であっても、迷うポイントの1つに「どの時間のローソク足を選んだらよいか」という点があります。

どの長さのローソク足を見るのが良いのか

自分にとってどの時間軸が適しているか、について基本的な判断手順は、「**ローソク足1本ごとに1回チャートのチェックができる時間軸**」ということになります。

ローソク足の時間軸として代表的なものは、1分足、5分足、15分足、1時間足、4時間足、日足、週足、月足となります。

ローソク足1本更新するごとに必ず1回チャートを見ようとすると、どのような私生活を送っているかという「自分の都合」が大きく関わってきます。5分足でトレードするのなら、5分ごとに1回チャートを見て、「上がるか下がるかの優位性」を確認する必要があります。

図表16｜1分足か5分足がオススメの人

・朝、夕方、夜に2時間ほど時間がある方
（トレードをする集中状態を確保できる方）

・日給が欲しい方

・寝ている間のリスクを取りたくない方

・大きな資金で小さい値幅を狙いたい方

↓

投資対象はＦＸ（株も銘柄によっては可能）
ファンダメンタルズ分析はほとんど不要

4時間足なら4時間ごと、日足ならば、1日に1回です。

FXならスキャルかデイトレ

もし1分足や5分足でトレードをする場合には、「1日のうちで2時間」などまとまった時間にPCやタブレット、スマホなどに張りつく必要が出てきます。2時間パソコンに張りつくのであれば、1分足単位で120本、5分足単位で24本のローソク足の推移を見届けることができます。

前述のように、波動というのはローソク足単位で数本から10数本、長くて20本程度となります。1分足で2時間パソコンに張りつくことで、**この2時間の間に1～3回ほどの上げ波動または下げ波動が発生することが多く、**

この部分を狙います。5分足ならば、1回生じるかどうか、というところです。

また、1分足か5分足で、仕事終わりの夜2時間にトレードしようということであれば、**FXに特化し「ニューヨーク時間」でやるのがオススメです。**22時頃から24時頃の間に、ほぼ毎日複数回、わかりやすい上げ波動、下げ波動が生じます。

時期にもよりますが、30万円程の投資資金を用い、ローソク足単位で数本から10本程度の利益幅を取れれば、数万円の日給を狙うことも可能です（87ページ参照）。

株なら日足でスイングトレード

日ごろ仕事や私生活が忙しい方は、**株式トレードを日足でやる**という方針もオススメです。これも、数日から2週間程度の波動を狙っていきます。1回注文をしたら、数日から2週間程度の上昇を狙って、決済するというスタイルです。

ただし、株の場合は、「**ファンダメンタルズ分析**」（市場分析、企業分析）の知識は多少必要になります。日をまたいで保有するということは、株価が突然下落するリスクも生じるからです。特に、注文して数日から数週間保有しようと思った時、「中央銀行の金融政策の発表がある」または「その企業の決算発表がある」といったことがあると、結果によっては株が突然急騰、急落することがありますから、あらかじめそれらの日程を把握するなどの準備

図表17｜日足がオススメの人

・1日1回、チャートチェックができる方
・仕事や家事が忙しい方
・月給や3カ月に1度のボーナスが欲しい方
・時間をかけてそれなりの値幅を狙いたい方

投資対象は日本株、米国株、ETF
ファンダメンタルズ分析はある程度必要
就寝中のリスク回避でストップロス注文必須

はしておかなければなりません。

もし、１分足、５分足でトレードをする場合は、ＰＣに張りついているわけですから、急騰、急落が目の前で生じた時には決済してしまえば終わりです。

怖いのは、自分が見ていない時に損失が拡大するリスクですので、デイトレならばその点は万一の場合の大きな損失を食い止めることができます。

あるいは、「**ストップロス注文**」を忘れずにかけておくことです。

4-8 リスク・リワードを考えたロスカット

トレード投資家が覚えておくべき最も重要な心得は、「トレードは負けることが必ずあり、さらに連敗することもよくある」ということです。

30ページでも説明しましたが、勝率6~7割でトレードができれば非常に優秀で、資金も安定的に増えていきますが、その途中の過程であっても連敗することはたくさんあります。

3~4割の確率で負ける場合、「負け方」がうまくないと、この成功に向けたロードマップが実現することはありません。もっといえば、勝率が3~4割であっても、負ける時には的確に負けて損失を小さく重ねながらも、勝つ時には大きな利益を上げることができれば、トータルではプラスになります。

ロスカットは早すぎても遅すぎてもダメ

トレード投資家は大数の法則を活用して、安定的な利益を目指すものですが、その途中の連敗で退場しないように、「**ロスカット**」（損切り）を的確に行う必要があります。ロスカットとは、書いて字のごとく「ロスをカット」することで、損失の拡大を的確に防ぐことをいいます。

大切なことは「損失を最小に抑える」ことではなくて、「損切りを的確に行う」ことです。ビジネスの世界でもそうですが、「最初は赤字でも、始まってみてある程度様子を見ないと撤退が判断できない」ことはよくあります。赤字になった瞬間に撤退していては、ビジネスはなかなか軌道に乗りません。

同じように投資においても、損失が発生した瞬間にロスカットすることを繰り返しているだけでは、利益を伸ばすことはできず、いわゆる「**損切り貧乏**」になってしまいます。

リスク・リワードで分析してみる

リスク・リワードは、「**平均利益額÷平均損失額**」で出します。負ける時の平均損失額と勝つ時の平均利益額を天秤にかけ、1より大きいと「**損小利大**」、1より小さいと「**損大利小**」であるという判断をするものです。

この「損小利大となるトレード」ができるようになると、トレード回数を重ねれば重ねるほど利益が積み上がるようになります。そのための必須条件が、「**的確なロスカットができるトレード投資家であること**」となるわけです。

図表18｜チャートの形で判断するロスカットの例

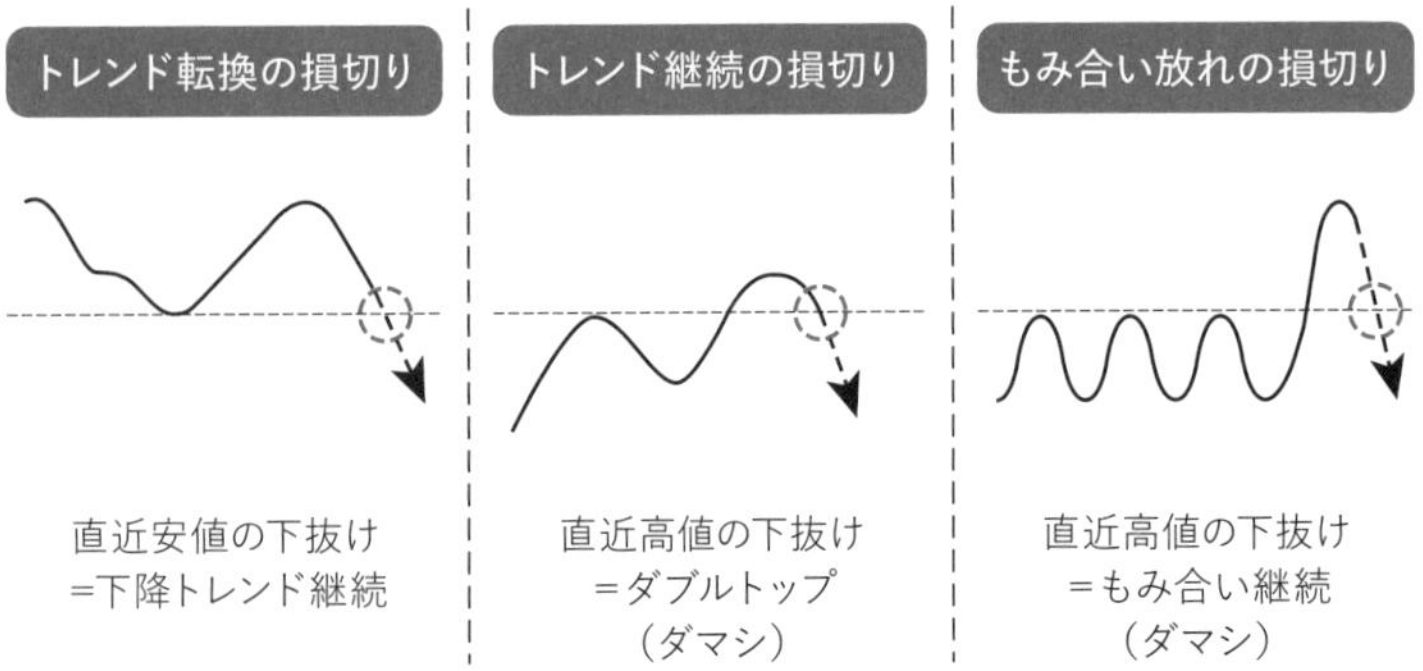

ロスカットはチャートの形で決める

的確なロスカットのタイミングとは、チャートの形で判断することができます。

例えば、波動やトレンドを利益に変えるトレードを行う場合、最も王道的な狙い目は、91ページで説明したように、「トレンド転換」「トレンド継続」「もみ合い放れ」の3パターンです。

図表18の左端のように、下降トレンドが転換したと思って、それを根拠に買い注文したにも関わらず思惑が外れて直近の安値を下回る値動きとなった場合には、**「トレンド転換と思ったら、トレンド継続した」ことが確認でき、注文根拠の外れが確定した**ことになるので、そこでロスカットをしないといけません。

同じように、真ん中では、直近の高値を更新したので、上昇トレンドが継続すると思って注文したにも関

図表19｜自己資金の都合によるロスカットは根拠に乏しい

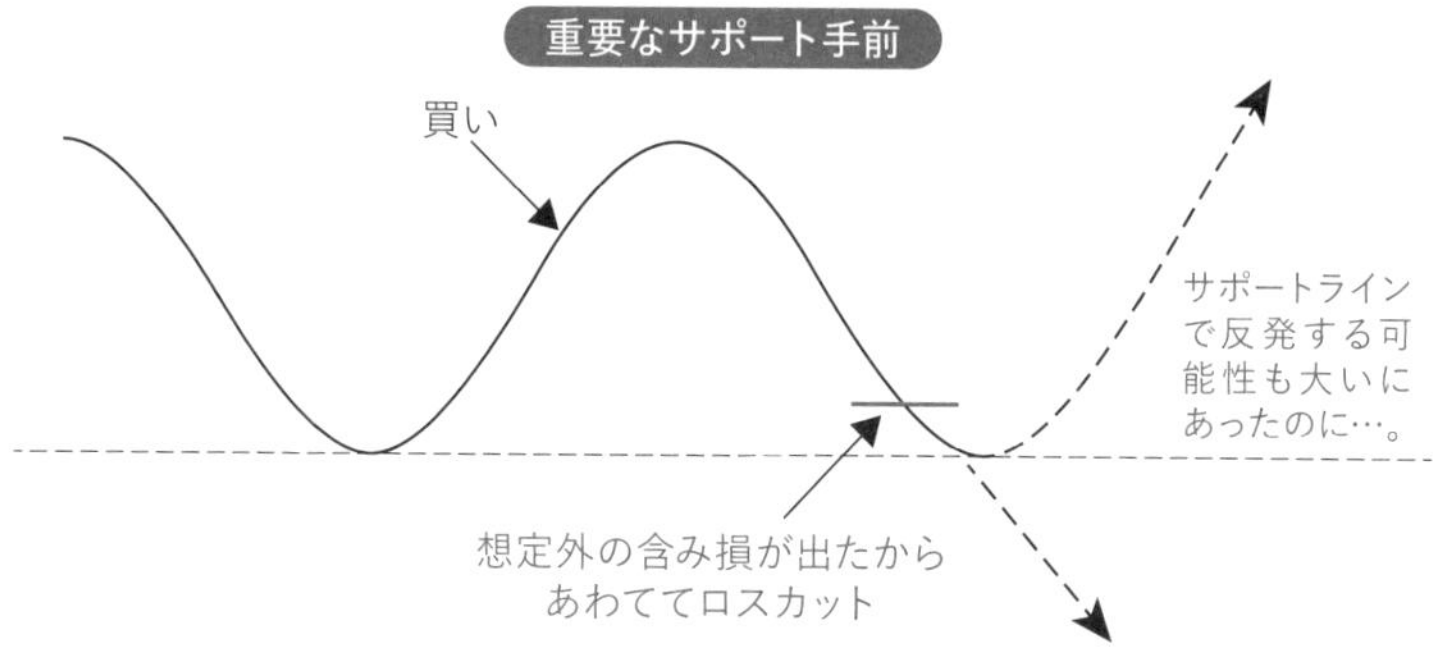

わらず、すぐ高値を割ってするすると下がる時というのは、「**ダブルトップ**」という下げサインが発生したということになりますから、この場合もロスカットが必要です。

もみ合い放れを狙って注文した時にも、思惑が外れてもみ合いが継続することもしばしばあります。この場合にも、ロスカットの必要があるケースがとても多いのです。

このように、トレンドや波動を取ることを狙ったトレードであれば、間違いにすぐに気づけるという利点があります。

自己資金都合のロスカットは×

よくチャートの形ではなく、「自己資金の数%の損失を出したからあわててロスカットする」や、「含み損として耐えられない金額が生じたからロスカットする」といったトレーダーもいます（図表19）。

図表20｜一定割合の損失でするロスカットの例

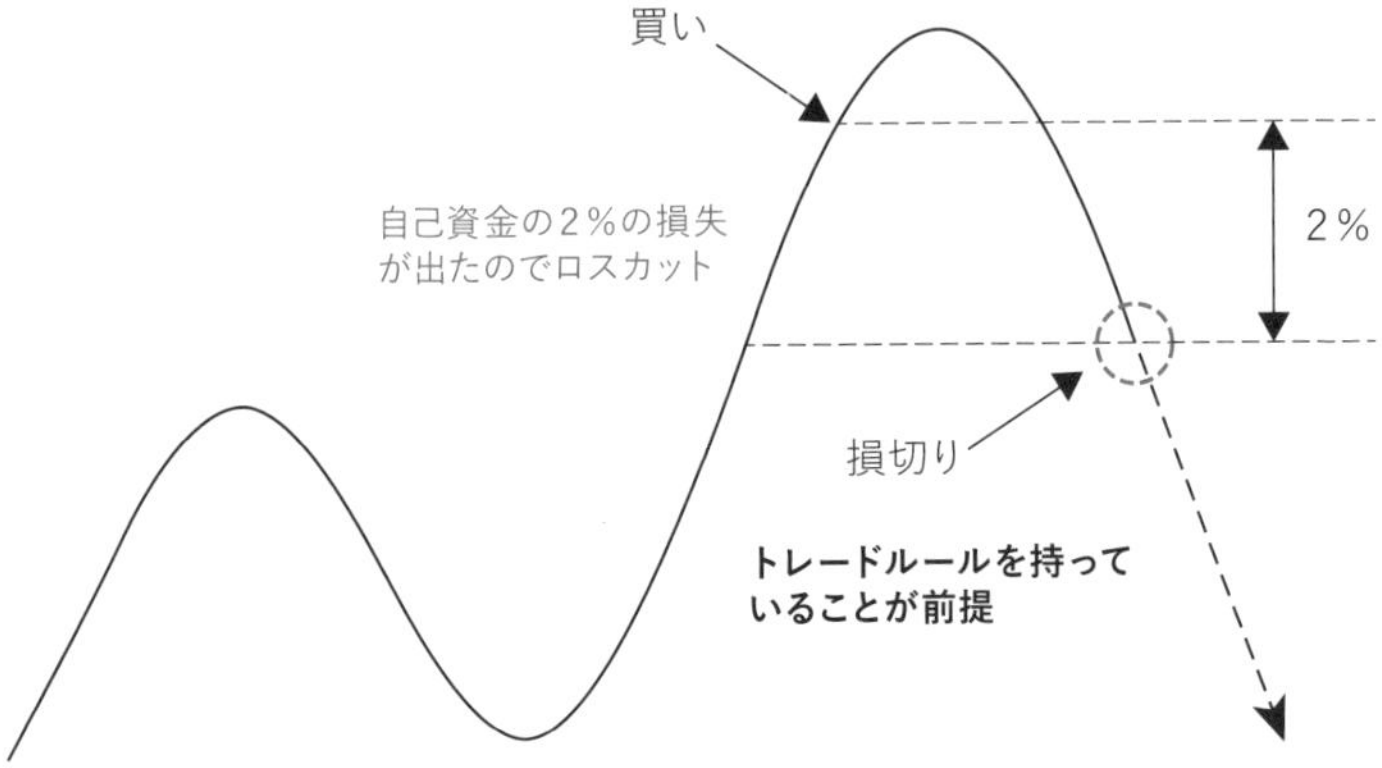

自己資金に対して一定の割合が含み損になった場合、チャートの形状に関係なくロスカットをするという方針自体は悪くはありません。よくあるのは、自己資金の2％の含み損などと設定する方法です。

しかしこれは前提として、**これを継続していけば利益が積み上がることを確認済みのトレードルールを持っている場合にのみ、活用することをオススメします。**なぜなら、とにかく闇雲に2％のロスカットを実行すると、5連敗で約10％の損失となります。10％の損失を取り返すことは大変だからです。

金融市場は私たちの資金の都合などに関係なく動きますから、基本的にはチャートの形状で上げ下げの優位性を判断し、ロスカットするべきか否かを判断する方が合理的だと思います。

4-9 移動平均線の使い方を知る

ローソク足の連なり、いい換えるとチャートの形状によって、上がるか下がるかの優位性が判断できることを説明しましたが、それ以外にも値動きの様々な特性に焦点を当てて生み出される「テクニカル指標」があり、優位性を探るきっかけになります。

移動平均線のしくみと基本的な見方

テクニカル指標は世の中に1千種以上もありますが、すべてを覚える必要はありません。ここでは、世界中の投資家がプロアマを問わず最も活用し、テクニカル指標の王様といわれる「移動平均線（Moving Average）」を覚えておきましょう。

単純移動平均線（Simple Moving Average／SMA）は、任意のある期間の終値を合計し、当日を含むその日数で割った平均値を毎日計算して出し、それを折れ線で結んだものです。

例えば9日間MAなら、当日を含む直近9日間の終値の平均値、5時間MAなら直近5時間の平均値となります。

図表21｜トレンドを示す移動平均線（兼松）

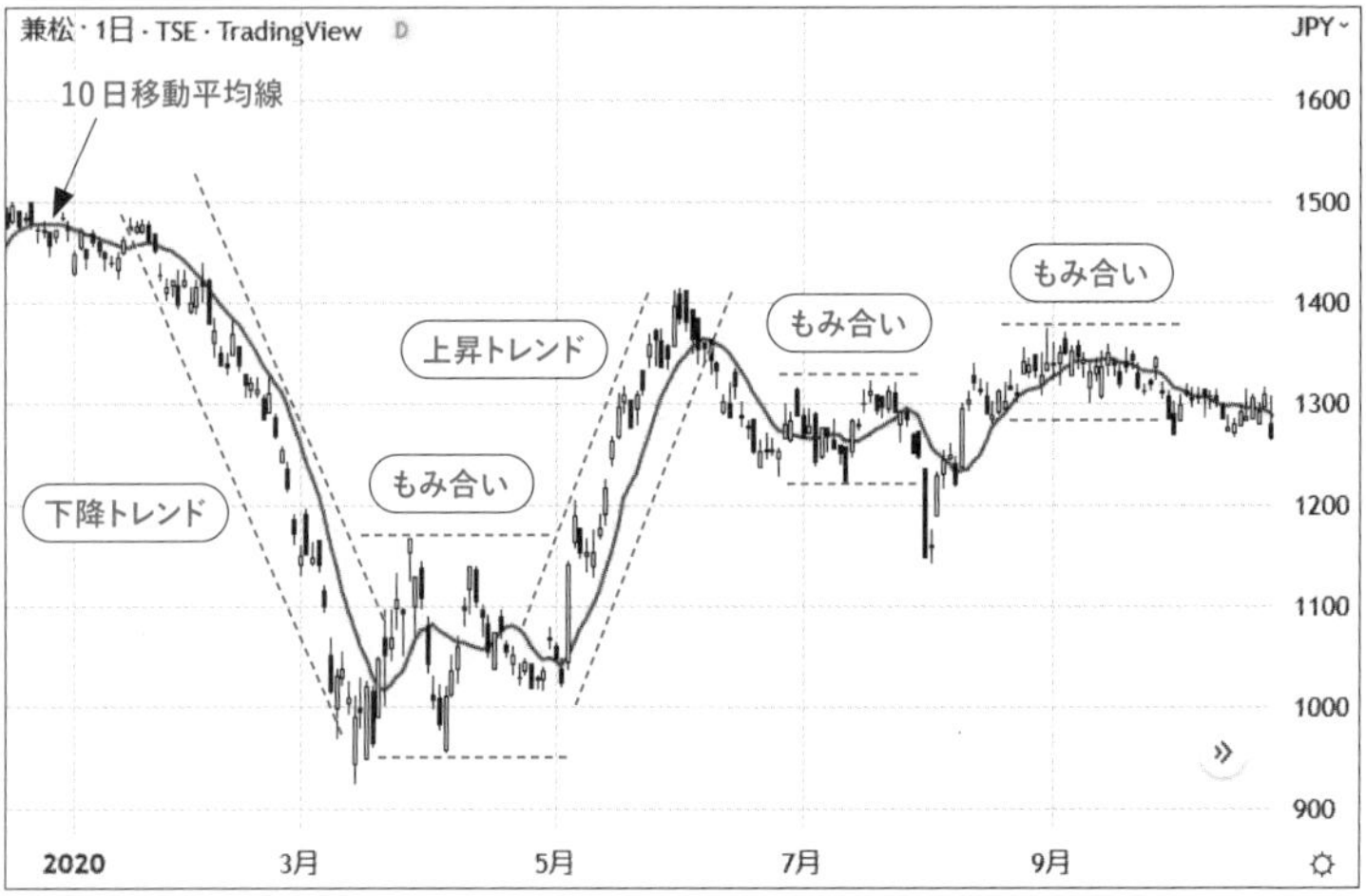

チャート提供：TradingView（https://jp.tradingview.com）

●移動平均線の3つの役割

本来はバラバラで統一感がない値動きについて、「**平均化し、価格の動きの傾向をわかりやすくする**」というのが第1の役割になります。

最も基本的な見方は、上図のように移動平均線が上昇していれば**上昇トレンド**で、下降していれば**下降トレンド**、横ばいであれば、**もみ合い**という具合です。

移動平均線には他にも大切な役割があります。価格が移動平均線にぶつかると、はね返って反転したり、移動平均線を突き抜けると、値動きを増すことがあります。

第5章で詳しく説明しますが、「**移動平均線がサポートやレジスタンスの役割をする**」のです。これが第2の役割です。

上昇傾向だった価格が移動平均線にぶつかって突然下降したり、突き抜けると上昇が加速したりするということで、大きな利益を得られるチャンスでもあるし、大きな損失となる可能性もあるので重要です。

3つ目の役割は、右図をご覧いただくとわかりますが、**移動平均線と価格の間に距離があり、乖離が見られる時**に生じます。「**価格は必ず移動平均線に戻っていくように動く**」ということです。これは、トレンドまたは波動に沿って利益を上げる方針とは異なり、「逆張り」というトレードスタイルで活用する応用例です。

価格が急騰すると、移動平均線と価格の間に大きな乖離が発生しますが、程なく移動平均線と価格の間にある値幅分だけ「価格が下がって戻る」ことがあります。そこで、全体的な価格の動きは上昇しているけれども、空売りで小さな値幅を狙うというイメージです。

このスタイルは、確かに移動平均線と価格に乖離がある時には戻るには戻るが、いつ戻るかわからないという点でリスクがあります。戻らずに、さらに乖離が広がる可能性も大いにあるので、その点は注意が必要です。

グランビルの法則

これらは「グランビルの法則」を応用したものです。図表22の一連の移動平均線と価格の関係は、提唱者であるジョゼフ＝グランビルにちなみ、グランビルの法則と呼ばれています。

図表22｜グランビルの8つの法則

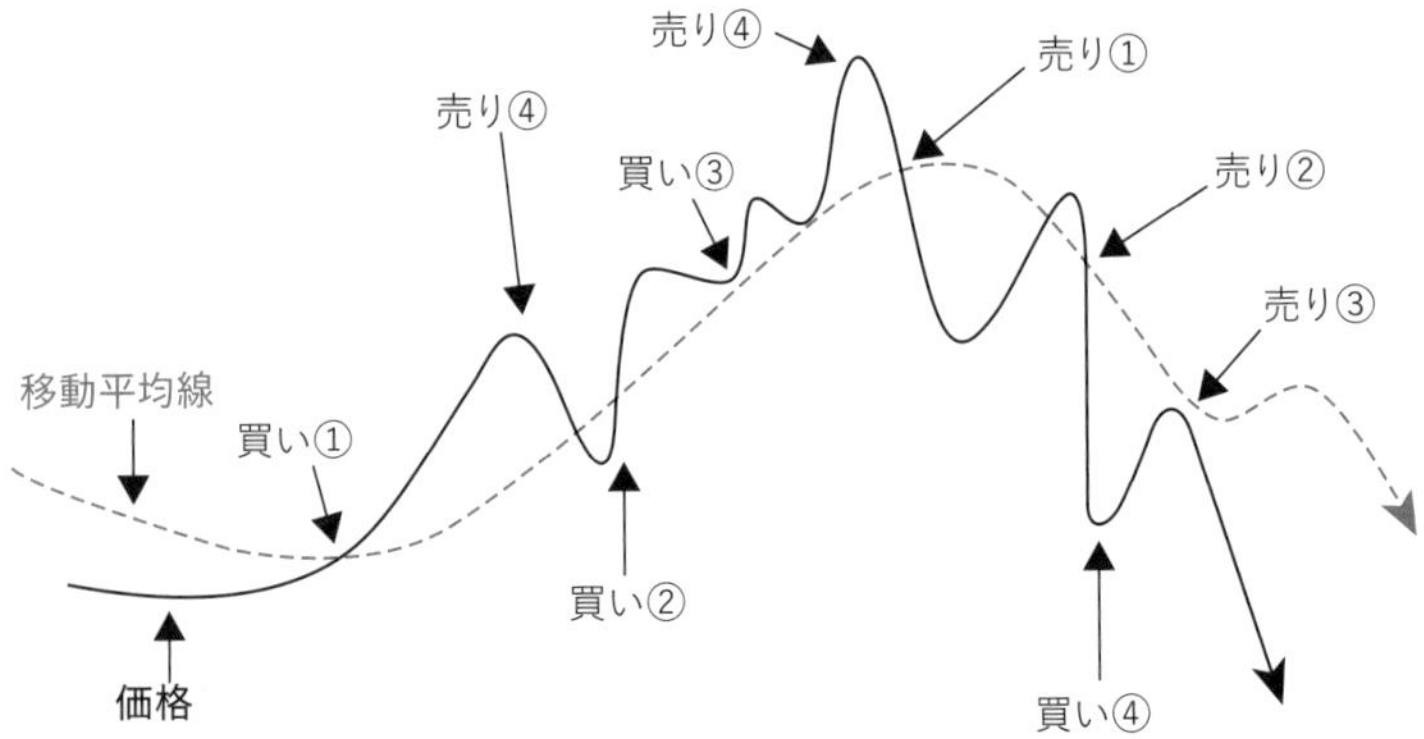

図表23｜グランビルの法則による売買タイミングの例（INPEX）

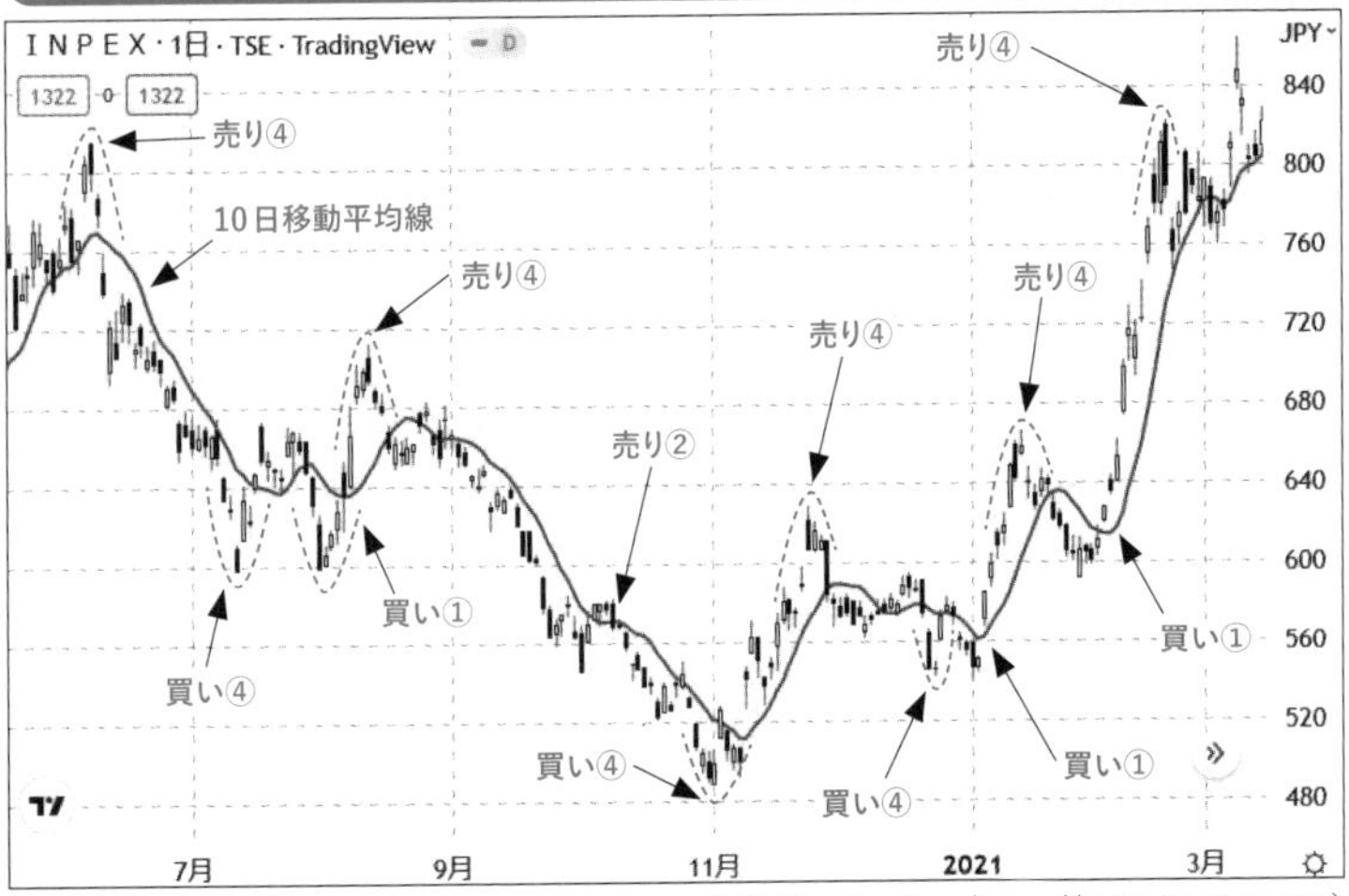

チャート提供：TradingView（https://jp.tradingview.com）

●買いの4法則

買い① 下降から横ばいに変わりつつある移動平均線を価格が下から上に抜いた時
買い② 上昇中の移動平均線を価格が下に割り込んですぐに反発した時
買い③ 上昇中の移動平均線に価格が下降して近づいたが、割り込まず手前で反発した時
買い④ 下降中の移動平均線から価格が下に大きく乖離した時

●売りの4法則

売り① 上昇から横ばいに変わりつつある移動平均線を価格が上から下に抜いた時
売り② 下降中の移動平均線を価格が下から上に抜けたが、すぐに反落し再び移動平均線を割った時
売り③ 下降中の移動平均線に価格が上昇して近づいたが、抜けずに手前で反落した時
売り④ 上昇中の移動平均線から価格が上に大きく乖離した時

ただし、**サインが遅れて出ることも多く、「ダマシ」は付きもの**ですから、注意しなくてはなりません。また、うまくタイミングが合うように、期間の長さの選び方も重要です。

ⓥ ゴールデンクロスとデットクロス

チャート上に示した長短2本の移動平均線のクロスで、買いと売りのタイミングを計る手

図表24｜ゴールデンクロスとデットクロス

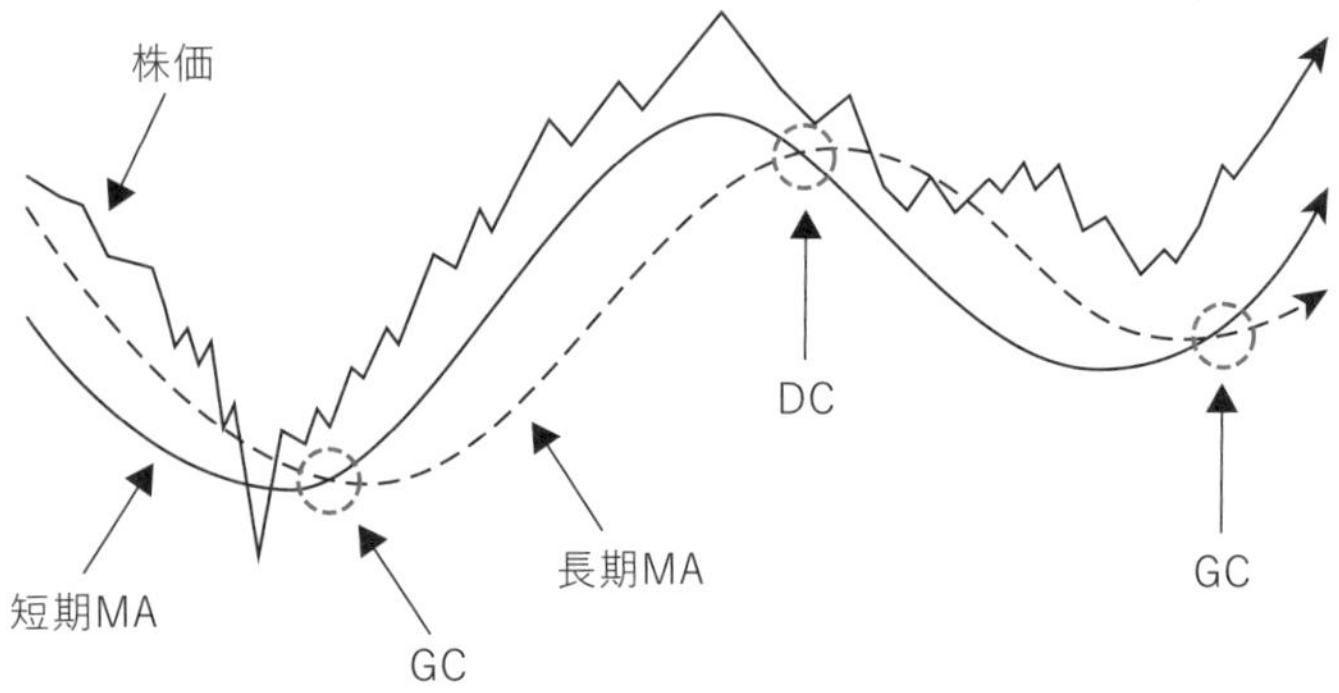

図表25｜3本の移動平均線を入れた例（INPEX）

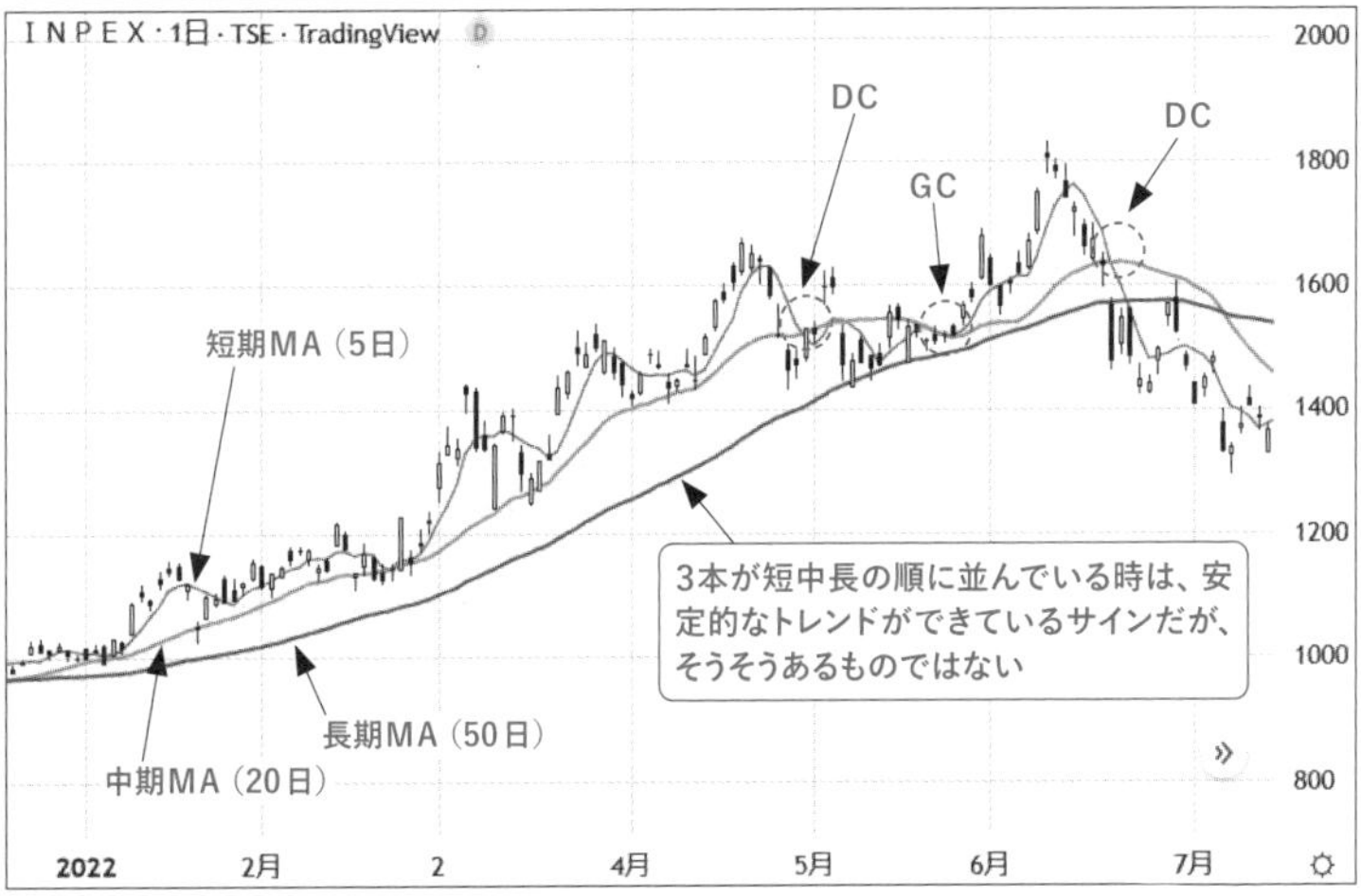

チャート提供：TradingView（https://jp.tradingview.com）

法があります。

右の図のように、短期移動平均線が長期移動平均線を下から上に抜けると、「**ゴールデンクロス**」で、上昇トレンドのサイン、長期移動平均線が短期移動平均線を上から下に抜けると、「**デットクロス**」で、下降トレンドのサインといわれています。

なぜこういった動きになるかというと、動きの敏感さは、価格⬇短期ＭＡ⬇長期ＭＡの順になります。例えば株価が下がり始めると、次に短期移動平均線が下がり始め、その後を追って長期移動平均線が下がり始めます。したがって、このような動きになります。

これらのサインの注意点も、グランビルの法則と同じで、**遅れて出ることも多く、「ダマシ」は付きもの**ですし、期間の長さの選び方が重要なのも同様です。

移動平均線のまとめ

移動平均線はテクニカル指標の王道であり、色々な使い方が可能で、時間をかけて深く習熟することが必要ですが、とりあえず覚えていただきたいのは次の３つです。

移動平均線は価格変動の「傾向」を見るものであり、移動平均線付近では、価格が反発（反落）したり加速したりすることもあり、さらに、価格と移動平均線との間に大きな乖離がある場合には、「やがて戻る」という特徴があることです。

株価だけではなくて、ＦＸの通貨ペアの値動きでも、同じです。

4-10 ダウ理論の法則を知る

ローソク足が織りなす価格の動きには、模範的な一定の法則があります。それらの法則の中で最も有名な１つが、「ＮＹダウ」にその名を残す米国のチャールズ・ダウ氏が考案した「**ダウ理論**」です。ダウ理論は６つの法則から成り立つといわれています。

ダウ理論の6つの基本法則

法則1——価格はすべての事象を織り込む

私たちは、ネット証券やスマホ証券に口座を持ち、スマホやタブレット、ＰＣでログインしてチャートを見ながら売買タイミングを計ります。必ず「現在の時点の最新の価格」というものがチャートの右端に表示されるわけですが、その時点で世の中に起こっている「様々な思惑や期待」などは、**すべて現在の価格に織り込まれている**という考え方があります。

私たちが知らない早耳情報も、これから発表される重要なニュースや新商品などへの期待も、様々なファンダメンタルズ情報も、「現在の価格」に織り込まれていると考えます。

この法則があるので、テクニカル分析だけでも勝ち続けているトレード投資家が数多くいるわけです。

●法則2――トレンドには3種類がある

２つ目の法則は、「トレンドには３種類がある」ということ。その３つは、１年から数年続く「**長期トレンド**」と、３週間から３カ月程度継続する「**中期トレンド**」。そして、３週間未満の「**短期トレンド**」です。

トレンドとは、上げ下げを繰り返しながら上昇したり、下降したりするものですが、本書では、「**波動**」という、１つのトレンドを構成している波のようなもっと短い考え方も紹介しています。

●法則3――主要トレンドには3段階がある

３つ目の法則は、主要（長期）トレンドには３段階があるということです。

まずは、「**先行期**」といいます。

例えば、下降トレンドが上昇に転じる場合などは、一般の投資家がまだまだ下げに恐怖を感じているような時期ですが、先陣を切って買い注文をする投資家が発生する時期です。主に機関投資家やプロのトレーダーがここに参入します。

図表26｜主要トレンドの3段階の例（ワークマン）

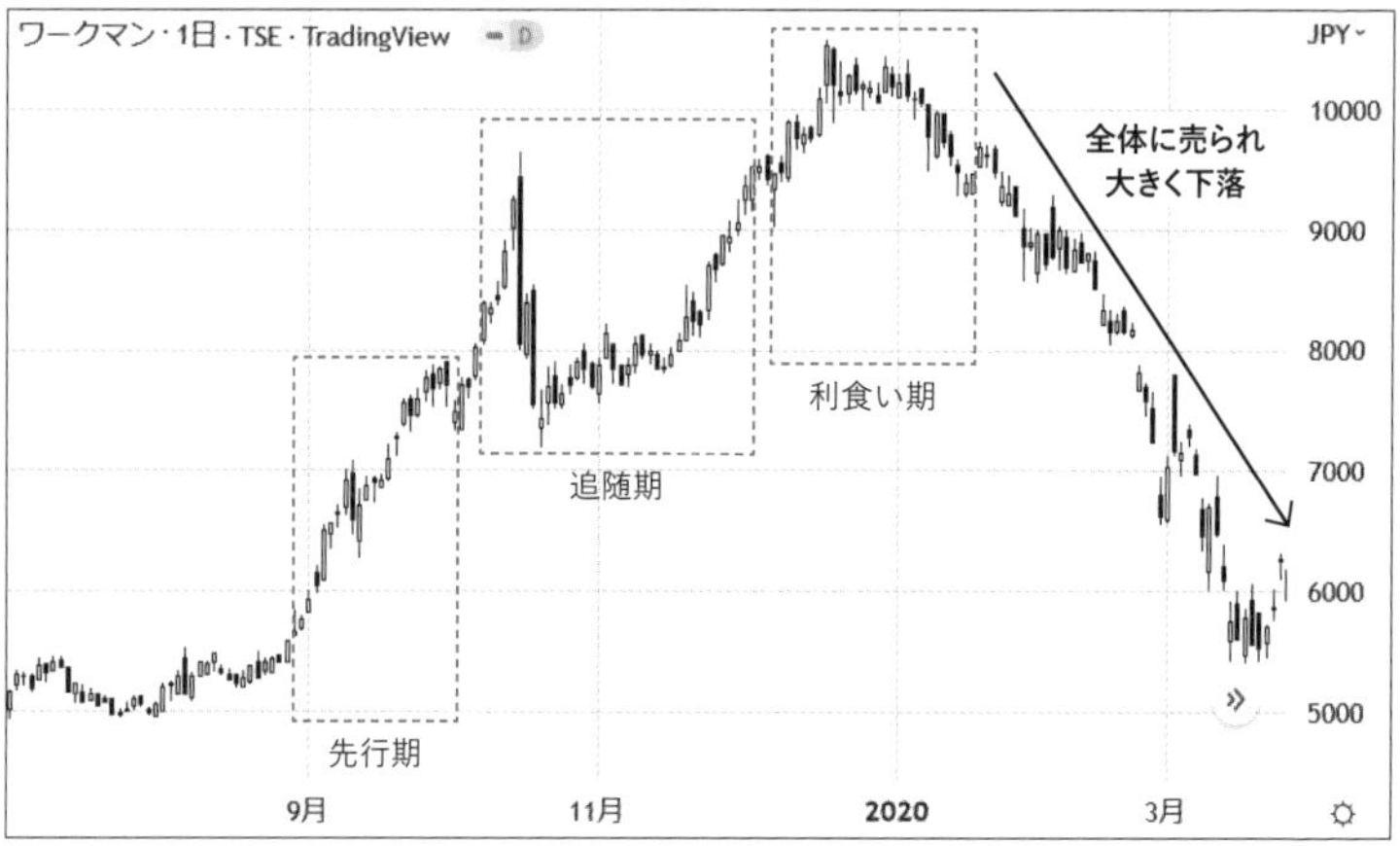

チャート提供：TradingView（https://jp.tradingview.com）

この場合、先行期が始まると価格は上昇に転じてきます。ここに追随する形で、多くの投資家が買い注文を入れるようになり、値動きも活発になる時期です。これを「**追随期**」といいます。

3段階目ですが、上昇トレンドが発生してから時間が経過し、先行期に注文した投資家たちが十分に含み益を手に入れた頃に、「**利食い期**」が到来します。

株であれば、普段株をやっていない人も株を買い始めるような株価が上がりきった時期や、トレンドが発生してからだいぶ時間が経つと生じるタイミングであり、この後で株価は急落することが多く、注意を要します。

上図は、作業服チェーンの**ワークマン（7564）**の例です。2019年9月から買われ始めて人気化し、急上昇しました。10月半ばの９０００円越えからいったんは売られて下がりましたが、８０００円割れからの「押し目買い」で再度買われ、12月半ばには1万円越えまで上昇しました。

しかし、２０２０年に入ると利食いから断続的に売られ、コロナ禍も加わり、3月半ばには６０００円を割るまで下落しました。

●法則4——価格は相互に確認されねばならない／法則5——トレンドは出来高でも確認されねばならない

４つ目、５つ目の法則については、少し専門的な解説になりますが、「より高い精度でトレンドをとらえるには、複数業種や異なる時間軸でも、同じように上昇を示す」ことなどが確認されなければならないことや、「本格的なトレンドが発生する時には出来高も大きくなり、出来高増が伴わない上昇は失速する可能性が高い」ということです。これらも覚えておきましょう。

●法則6——トレンドは明確な転換サインが出るまで継続する

最後の６つ目の法則は、トレンドは一度発生すると継続するもので、その終わりには「明確な転換サイン」が生じるというものです。

まず、上昇トレンドが継続する場合、ローソク足の更新とともに、上がり下がりをしなが

図表27｜上昇トレンドとその転換

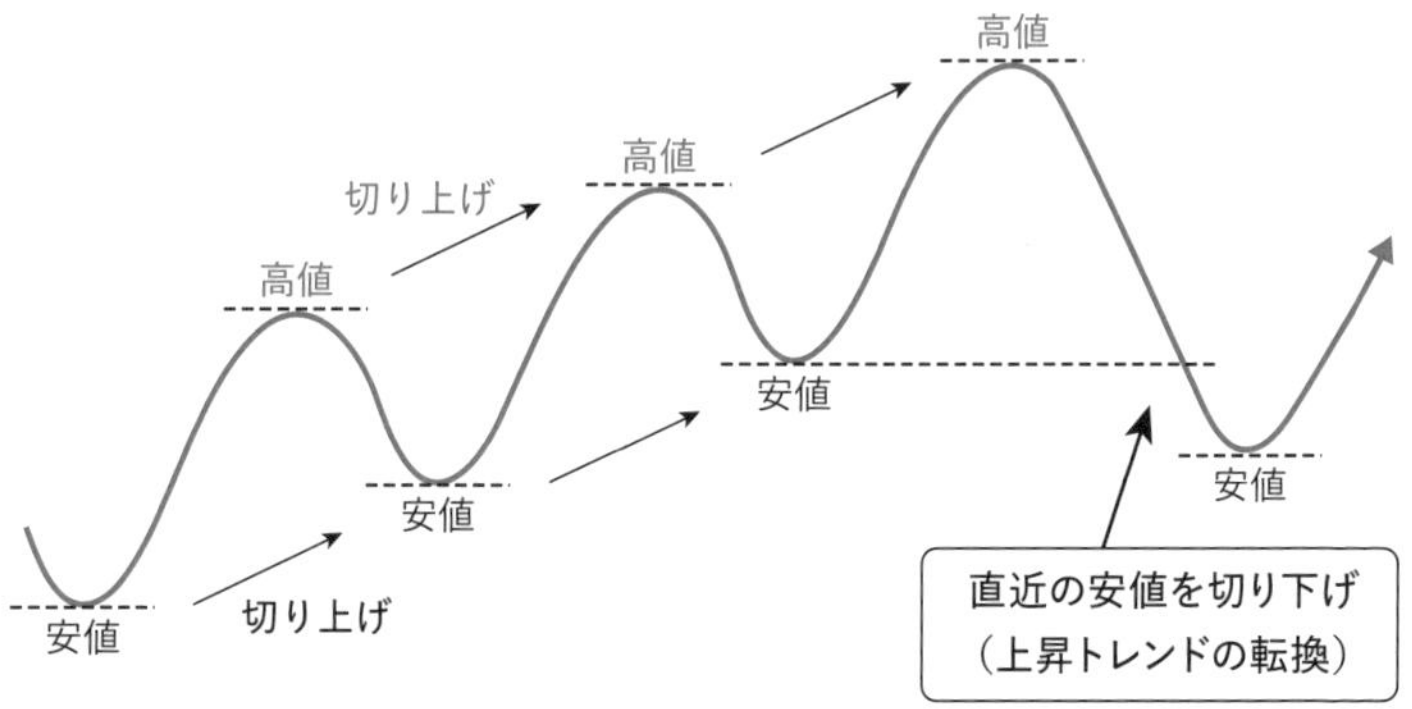

高値を更新できず切り下げても、安値を切り下げない限りは、上昇トレンドはまだ継続中と見る。

らではありますが、それまでの高値と安値を明確に切り上げて（高値を更新し安値を切り下げず）いきます。

そして、**上昇トレンドの終了は、明らかに直近の安値を切り上げずに切り下げるという明確な価格の動きが生じること（転換サイン）が出るまでは無く、上昇トレンドは継続中**だと見るわけです。

つまりは、仮に**高値をいったん切り下げたとしても、安値を切り下げない限りは、上昇トレンドはまだ継続している**と解釈するわけです。

次に、下降トレンドが継続する場合、それまでの安値と高値を明確に切り下げて（安値を更新し高値を切り上げず）いきます。

そして、**下降トレンドの終了は、明らかに**

図表28｜下降トレンドとその転換

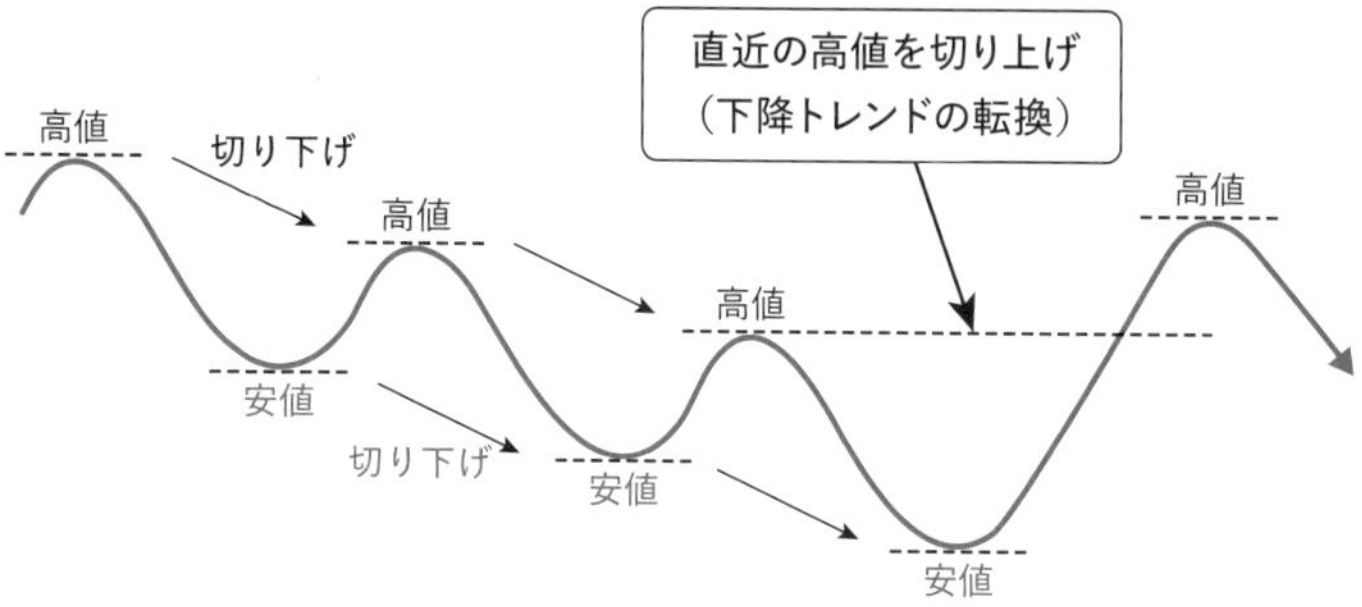

安値を更新できず切り上げても、高値を切り上げない限りは、下降トレンドはまだ継続中と見る。

直近の高値を切り下げずに切り上げるという明確な価格の動きが生じること（転換サイン）が出るまでは無く、下降トレンドは継続中だと見るわけです。

時に、急落や暴落があることで、トレンド終了のサインとなることもあります。

ダウ理論は今もチャート分析の基本

ダウ理論のように、値動きには模範的な動きがあるということを覚えておくと、「それに反する動きをした時に注意する」ようになります。

模範的な値動きを把握しておくことで、トレードのルールが確立され、より安定した利益につながります。現在でも十分通用する相場の教養として、このような理論に触れることも大切です。

4-11 過去のチャートで利益獲得をイメージする

本書のここまでの復習ですが、トレード投資家が狙うべき値動きとして、「トレンド（波動）継続、トレンド（波動）転換、もみ合い放れ」の3パターンがあります。

ローソク足やチャートの形状によって、6～7割の確率で上昇や下降が予想できるサインがあるという説明もしました。そして、当たり外れを繰り返しながら、6～7割の局面に集中して勝負をすることで、時に3連敗、4連敗しながらであっても利益を伸ばすことができるということも、本書の序盤でお伝えした重要ポイントです。

さらに、「いくらの投資資金でいつまでにいくら稼げるのか」という点についても、39ページで説明した「ATR」（平均的な値動き）を事前に把握することで、実現しやすくなるというテーマもありました。

これらを実際に「できる」ようにするためには、売買の練習が不可欠です。

しかし、いきなり実際に大きな資金を投じるのは危険ですから、最初は「過去のローソク足」で練習することをオススメします。

トレーディングビューを使ってみる

「**トレーディングビュー**（TradingView）」（https://jp.tradingview.com）という素晴らしいツールがあります。

これはアメリカの会社が開発したＷＥＢサービスですが、パソコンでもスマホでもタブレットでも、インターネットがつながっていれば利用でき、アプリもあります。

ネットで「トレビュー」などと検索すると、すぐに出てくるのでわかりますが、無料でアカウントを開設して、好きな銘柄のチャートを自在に表示することができます。

もちろん、証券口座やＦＸ口座で使えるチャートでも良いですが、TradingViewなら**日本株**、**米国株**、**ＦＸ（為替）**、**ＥＴＦ**、**株価指数**、**暗号資産**、**先物**、**債券利回り**、**経済指標など**、膨大な数の銘柄をワンストップで表示することができます。使いこなすとプロ顔負けの分析などもできるので、大変オススメです。

TradingVierwは無料でも使えます。無料バージョンは機能制限がありますが、まずは無料バージョンから使ってみることで十分です。有料バージョンも高くはないですし、年間契約だと割引にもなりますので、慣れてきたら検討してみると良いでしょう。

図表29は、日本の「**長期金利**（**10年物国債利回り**）」の推移を表示した例です。

図表29｜日本の10年物国債利回りをラインチャートで表示した例

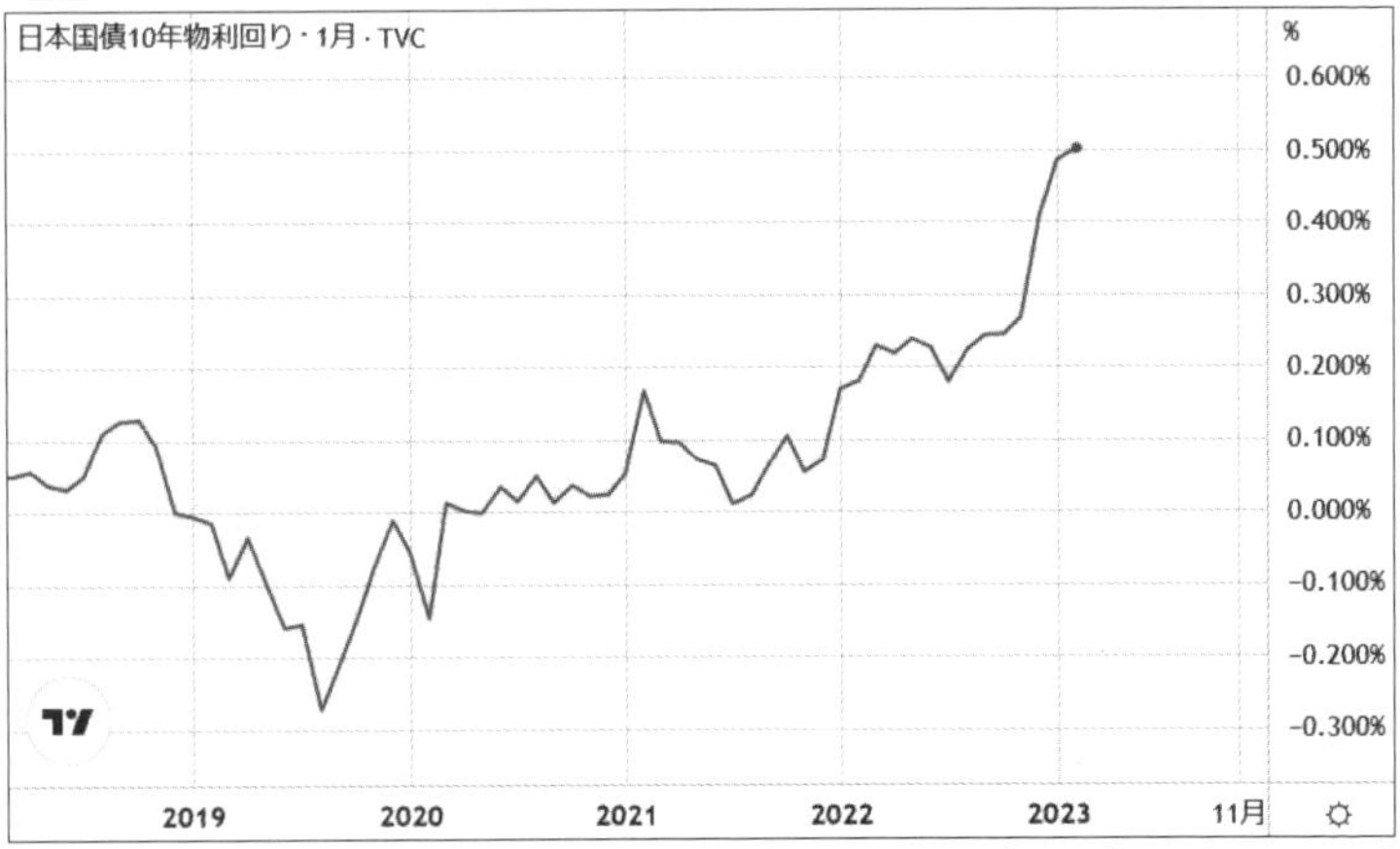

チャート提供：TradingView（https://jp.tradingview.com）

過去のチャートを使ってローソク足を１本ずつ動かして、「波動」を利益に変える疑似体験を１００回、２００回と数多く行うことは重要です。数をこなすことで、自分の「苦手な局面」がわかりますし、たとえ連敗を繰り返してもうまく損切りすれば、大きな波動を取って黒字に戻せるという体感も、イメージできるようになります。

実際に投資をすると、ポジションを持った瞬間に刻一刻と、証券会社やＦＸ会社の管理画面の「評価損益」が変動します。

どうしても損益ばかりに目がいきがちですが、損失が少し拡大しただけで「チャートの形だと今はまだ「待ち」なのに手仕舞う」といった、ルール無用の売買にならないためにも、練習はとても大切です。

第5章

値動きの読み方と売買の知識

5-1

値動きの典型的な形を頭に入れておく

株でもＦＸでも、価格の動きは様々あるように見えますが、トレーダーが利益を取りやすい局面はあらかじめ決まっています。また、値動きの典型的な形というのもいくつか決まっています。ここでは、覚えておくと役立つ値動きの形を解説します。

上昇の継続と下降の継続

まず、覚えておきたい値動きの形は、「**上昇の継続**」と「**下降の継続**」の形です。

図表1は上昇トレンドと下降トレンドです。一見、ばらつきのあるローソク足に見えますが、ジグザグしながら上がり、ジグザグしながら下がるという特徴があります。上昇や下降が継続する「証」は必ずジグザグしながら、一定の横ばい期間などがありながらも、短い時間で高値更新、安値更新をしていくことです。

例えば、自分が上昇の方向に買いポジションを持っている時に、一時的に下がることは必

図表1｜上昇トレンドの継続／下降トレンドの継続

チャート提供：TradingView（https://jp.tradingview.com）

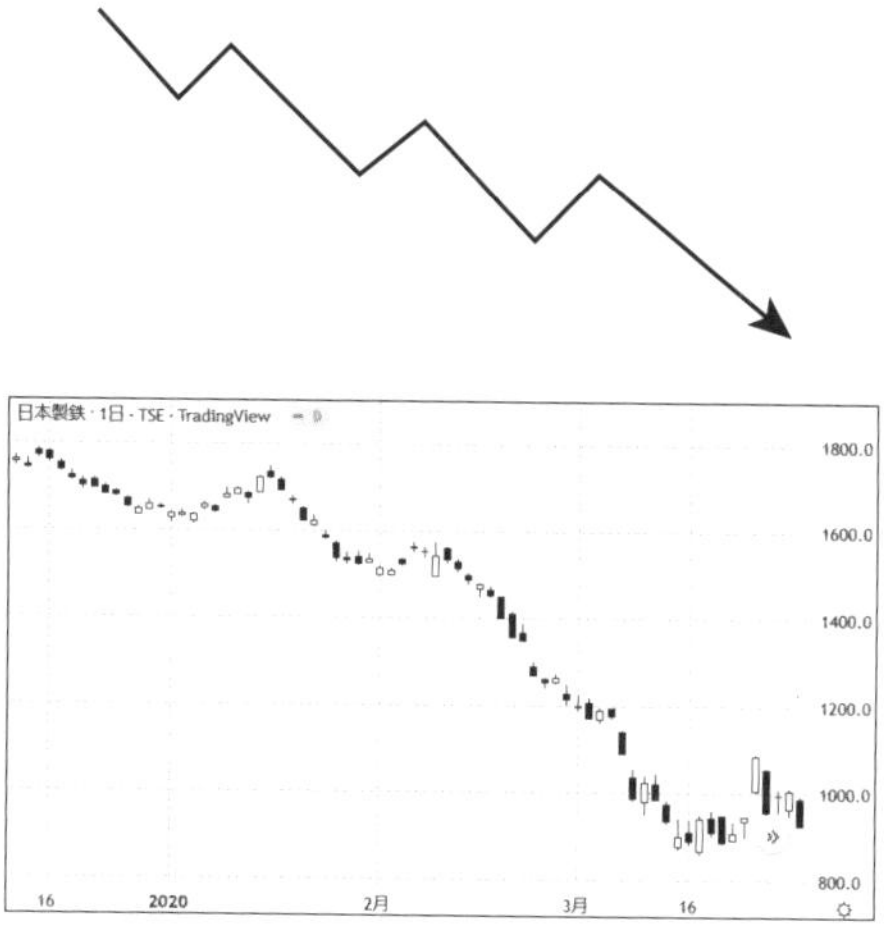

チャート提供：TradingView（https://jp.tradingview.com）

ずあります。その時このトレンドをしっかり取ろうという方針ならば、目先の損失がこわくて決済するのではなく、「高値をすぐに更新するか否か」と判断できるまで、保有して待つことが重要です。

もちろん、最低限確保したい値幅を獲得した瞬間に利益確定することは自由ですが、大きな値幅を狙う場合には「待ち」も必要な行動です。

トレンドの転換

122ページの「ダウ理論」でもやりましたが、上昇トレンドや下降トレンドもいつかは終わりを迎えます。その時、左図のように、「上昇トレンドが下降トレンドに転換」したり、「下降トレンドが上昇トレンドに転換」したりすることがあります。

図表2｜上昇（下降）トレンドから下降（上昇）トレンドへ

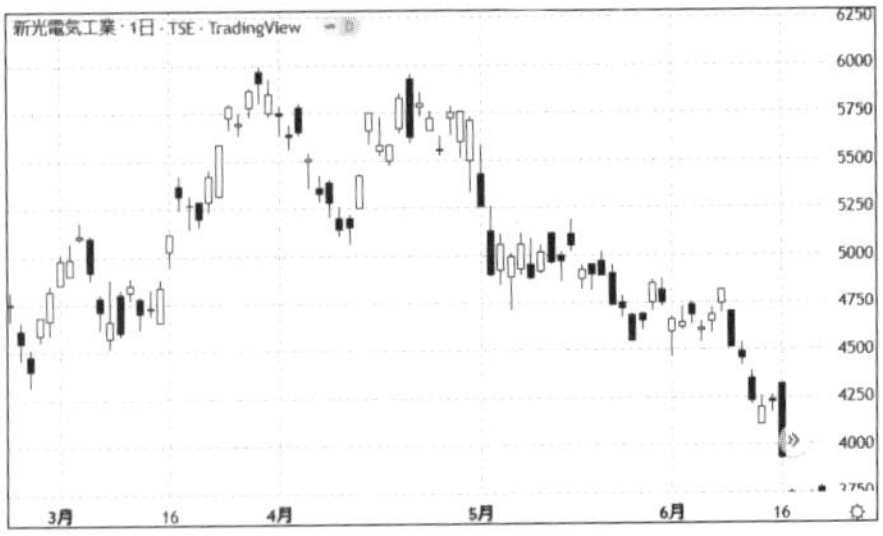

チャート提供：TradingView（https://jp.tradingview.com）

チャート提供：TradingView（https://jp.tradingview.com）

このように、トレンドの転換（または波動の転換）は、「転換したのではないか」と思ったらすぐに、注文することがセオリーです。

この場合の外れは、転換サインだと思ったら「トレンドや波動が継続してしまった」という失敗例がほとんどですが、その場合はすぐにトレンドや波動の継続の方向にポジションを注文し直すことで（**ドテン**売買といいます）、損切りを的確に行ってすぐさま利益獲得に転じることができます。

これも、値動きの典型的な形を知っていればこそ、できることです。

急騰や急落後の半値戻し／3分の1戻し

トレードをやっていると、トレンドでも、もみ合いでもなく、突然、価格が急騰したり、急落したりすることがあります。急騰や急落が発生すると、その後に起こるパターンはいくつかしかありません。

1つ目は、**そのまま急騰した方向にじりじりと価格が動いていく**パターンです。

2つ目は、「**半値戻し**」といって、急騰した価格の半分程度、再び戻る値動きがあるパターンです（次ページの図表3）。

半値戻しは「半分ほど」戻るものですが、そのほかに、1／3ほど戻るパターンなどもありますし、急騰や急落した値動き幅のすべてが戻ることもあります。

もみ合い放れからトレンドへ

最後に、もみ合い放れ（90ページ）の時によくある値動きの形をお知らせします。

図表3｜急騰（急落）後の半値戻し

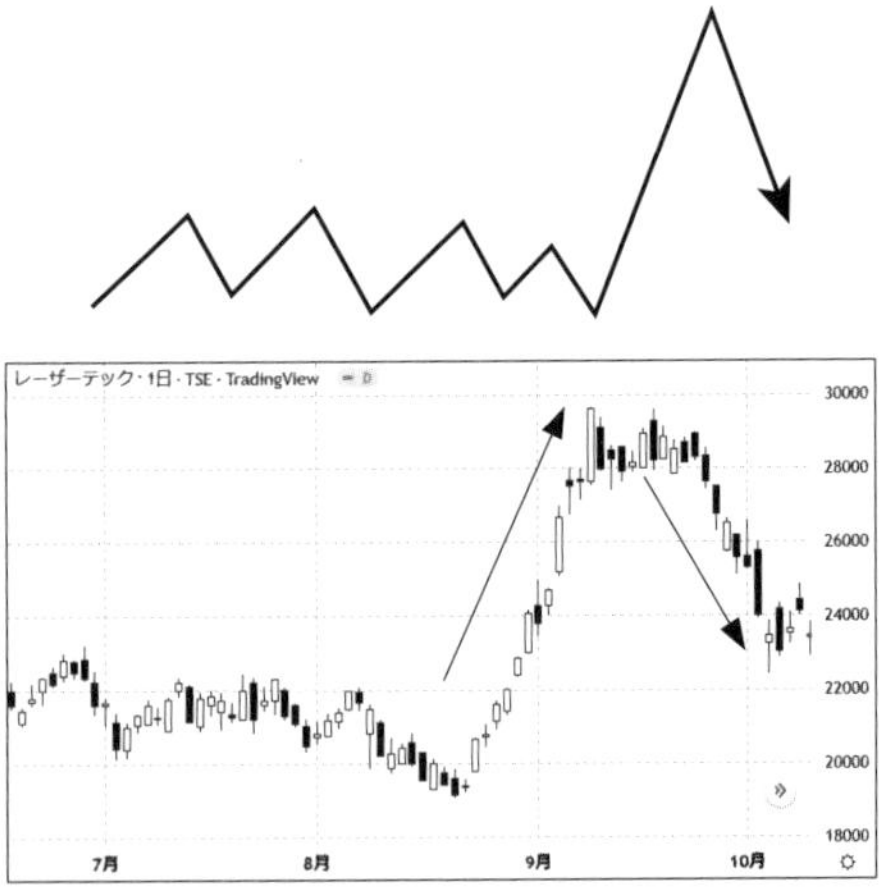

チャート提供：TradingView（https://jp.tradingview.com）

図表4｜もみ合い放れからの上昇

チャート提供：TradingView（https://jp.tradingview.com）

長い期間もみ合いが生じた後、もみ合い放れが生じると、トレンドが発生することも多いです。

しかし、もみ合いを形成する高値（レジスタンス）を上抜けたり、または安値（サポート）を下抜けした後に、「いったん戻ってから再度反転」する値動きはしばしばあります（図表4）。

チャートを見ていてもみ合いの状態だった時、ずっと眺めて待っていれば、ほぼ必ず上か下かに価格が大きく動きます。しかし、もみ合い放れは「一歩待って」から、注文する方が成功確率は高いでしょう。**もみ合いは予想以上に継続することが多い**からです。

一方、トレンドの継続や波動の継続、トレンドの転換や波動の転換が生じた場合には、「一歩早く」注文をすることをオススメします。
待てば待つだけ勝てる、というものでもないからです。

5-2 ローソク足1本で優位性を示すパターン

株でもFXでも、覚えておくべきローソク足のパターンがあります。このパターンに該当する局面では価格の上げ下げに優位性が発生するので、必ず覚えておくようにしましょう。

なお、モデルケースを図で示しますが、あくまで理想形です。実際にトレードする際にはあまり厳密にはこだわりすぎず、ニュアンスで判断するようにしてください。

大陽線の場合

図表5の①は、ヒゲのない大陽線の価格変動です。始値から終値までの推移を見た時、一本調子で上昇し、価格幅も大きい場合には大きな陽線となります。これを「**大陽線（陽の丸坊主）**」といい、基本的にはその後にさらに上昇の確率が高いと見るローソク足です。

例えば、直前に②や③のような値動きが生じていた場合には、大陽線などが発生すると、その後上昇の兆しを感じ取ることができます。

図表5｜大陽線の価格変動と読み取り例

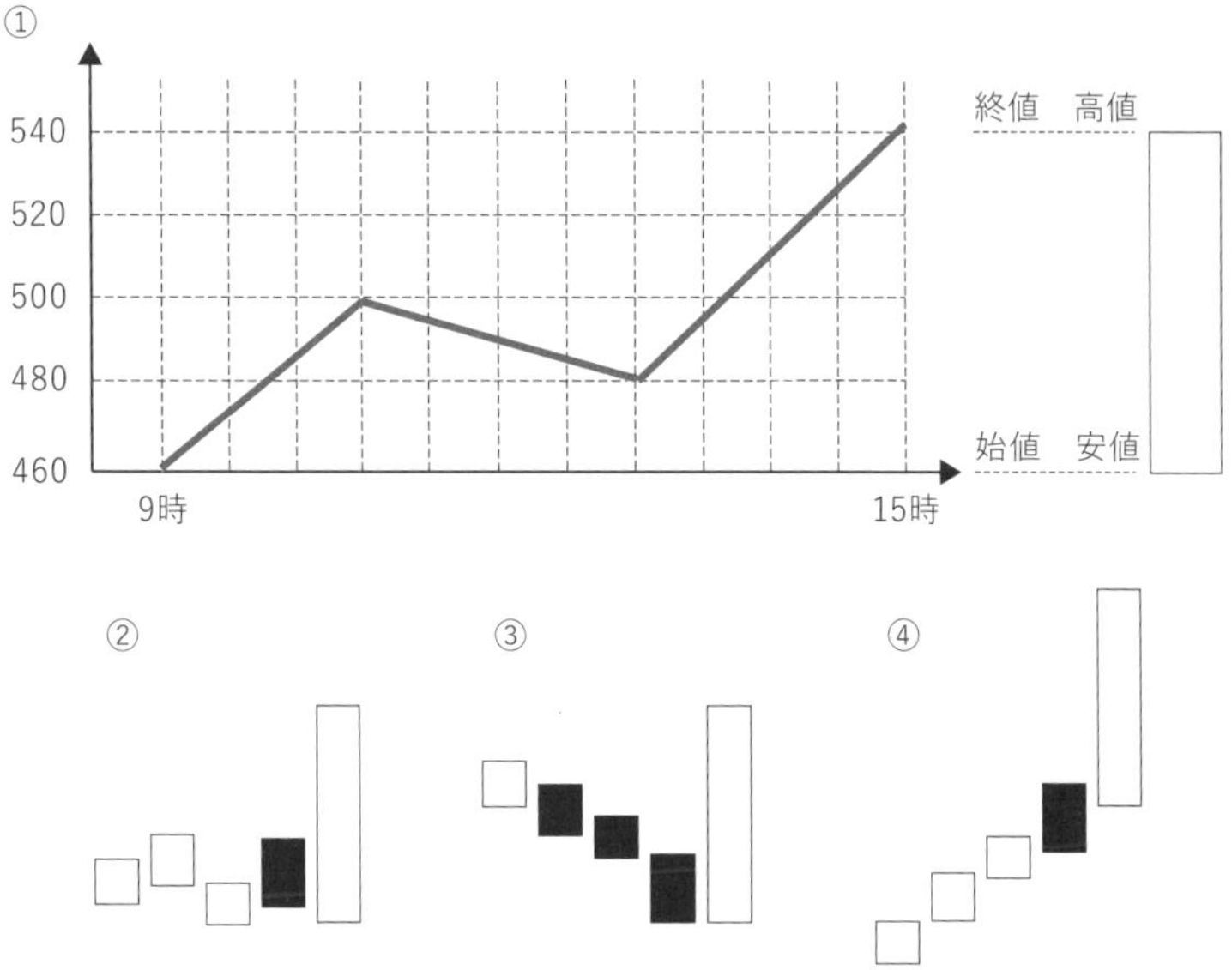

②は横ばい状態だった価格変動から急激に一本調子で上昇が始まったことを示し、③は下落状態だった価格変動から下げ止まり、上昇に転じるきっかけを感じることができます。

いずれもその後は、買い注文を実行するチャンスです。

しかし、④はまた異なります。それまで上昇を続けていた場合、最後に精一杯の上昇を示した形となっています。

最後の力を振り絞るような価格変動のイメージです。この場合は、力尽きてその後下落する可能性が濃厚になります。

図表6｜上影陽線の価格変動と読み取り例

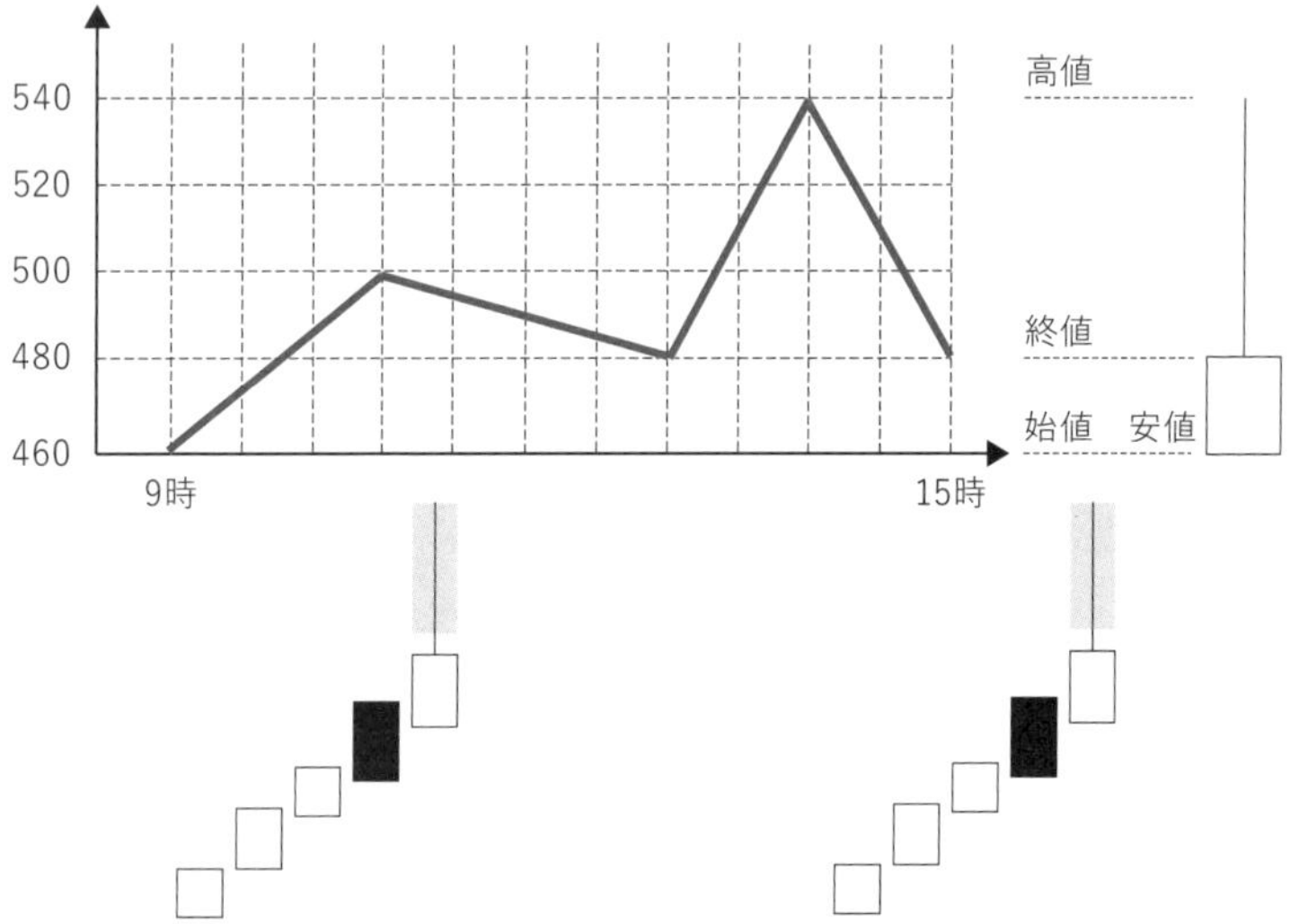

※上昇が継続した後の長い上ヒゲ。上に抵抗ラインがあり転換する可能性

ようするにローソク足は、**その価格変動の特徴を背景にして、形だけではなく出現場所によっても、その後「上がるのか下がるのか」を判断するためのヒントになる**ということです。

上影陽線／下影陰線の例

図表6は、上影陽線の価格変動を示したものです。

陽線ですが、終値の直前に大きく下落しています。それが「**長い上ヒゲ**」となって、ローソク足にも表れています。

長い上ヒゲは、陽線だが最終的には大きく下落して終値を迎えたという意味で、**上に壁があり売り**

図表7｜下影陰線の価格変動と読み取り例

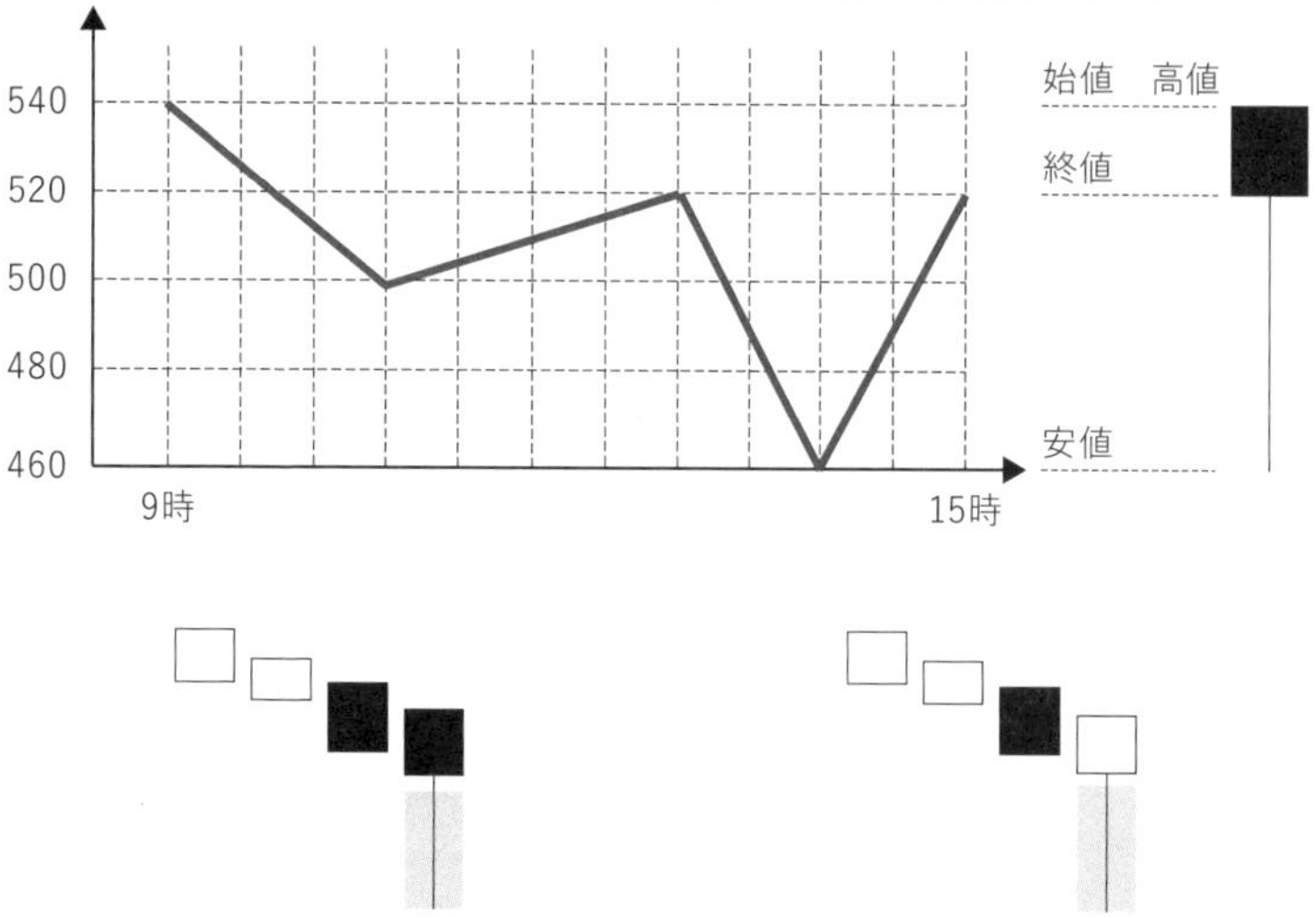

※下降が継続した後の長い下ヒゲ。下に支持ラインがあり転換する可能性

勢力が強く、転換する可能性があることを示しています。「上値が重い」とも表現します。

つまり、上昇が続いた後で長い上ヒゲが出たら、その次のローソク足は下がる可能性がそれなりに高い、ということに注意すべきということです。

次に、図表7は、下影陰線の場合です。陰線ですが、終値の直前に大きく上昇した形です。それが「**長い下ヒゲ**」となっています。長い下ヒゲは、陰線ではあるが最終的には大きく上昇して終値を迎えたという意味で、**下に壁があり買い勢力が強く、転換する可能性**

図表8｜十字線の価格変動と読み取り例

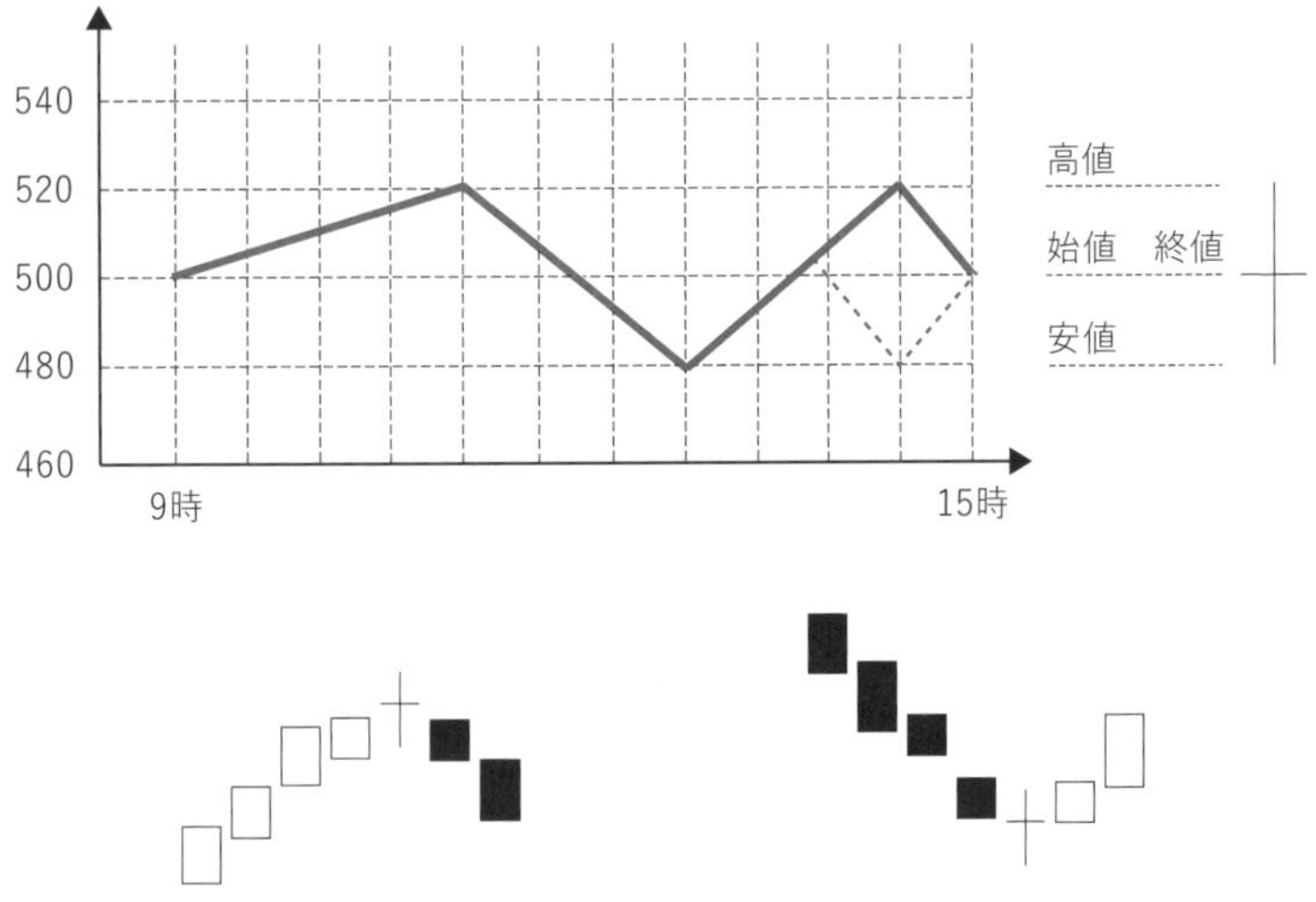

※上昇（買い方優位）／下降（売り方優位）からの転換を暗示

があることを示しています。「下値が堅い」とも表現します。

　下降が続いた後で長い下ヒゲが出たら、その次のローソク足は上がる可能性がそれなりに高い、ということに注意すべきということです。

十字線の場合

　始値と終値が全く同値の場合に、ローソク足は十字の形になります（図表8）。これを「**十字線**」と呼びます。十字線は市場におけるその銘柄の**買い方と売り方の勢力均衡**を示します。

　例えば、下降継続中の相場では、下降しているだけあって、売り注

図表9｜チャートに現れたそれぞれの例

チャート提供：TradingView（https://jp.tradingview.com）

文をしている投資家の方が多い（売り方が強い）ということがわかりますが、突如、十字線が出てきたとしたら、買い方と「売り買い」が同等になったということですから、それをきっかけに上昇に転じることもあるのです。

価格の転換のサインになる1つが、十字足の出現だということです。

まとめ

このように、ローソク足1本であってもその時間軸には様々な価格変動のストーリーがあり、そのストーリーによって上げ下げの優位性を察することができます。

出現後、次に出るローソク足以降で的確な対処を心がけましょう。

図表10｜ローソク足の形と意味

名前	形	見方と特徴
大陽線		基本的に上昇に向けたサインで、次のローソク足も高値、安値を切り上げる上昇が期待される形。ただし、大陽線でも高値圏で出現し、上ヒゲが目立つ場合には、下がることもあるので注意が必要。
大陰線		基本的には下落に向けたサインで、次のローソク足も高値、安値を切り下げる下降が多い形。「上げ100日、下げ3日」という相場格言通り、大陰線の後は、大きく急な下げの場合も多いので注意する。
小陽線／小陰線		上昇幅／下落幅ともに小幅で、様子見観が強い。
上影陽線 （上ヒゲが長い陽線）	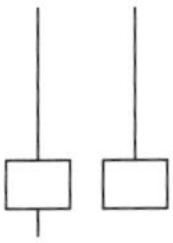	一時的に上げ幅を拡大するが、持続しないで戻されて終値を迎える形。高値圏で発生すると上昇トレンドや波動の転換サインとなり、「下げ波動」の始まりとなることも多い。
下影陽線 （下ヒゲが長い陽線）	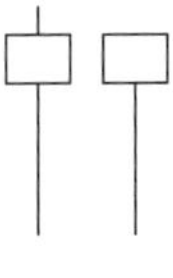	一時的に大きく下がるが、あっという間に上昇に転じる「底堅さ」を暗示する形。底値圏、下げ波動や下降トレンドの押し目などでも出現することがあり、上昇に転じる合図となることも多い。

名前	形	見方と特徴
上影陰線 （上ヒゲが長い陰線）		基本的には下がる兆候を暗示し、高値圏で出現すると下降に転じる可能性が高い形。上昇トレンドの途中でも、一時的な下げで出現することは多い。
下影陰線 （下ヒゲが長い陰線）		底値圏、高値圏での出現は「波動転換」のサインとなる形。高値圏では下落へ、底値圏では上昇への転換となることが多い。
十字線 （寄引同事線）		始値と終値が同値で、売り買いが拮抗している形。高値圏でも安値圏でも出現すると、波動やトレンドが転換することが多いので、注意すること。同時に波動が転換すれば、次以降のローソク足の形状はチャンスとなる可能性がある。
トウバ （寄引同事線）		始値と終値と安値が同値で長い上ヒゲの形。高値圏で出現すると、次のローソク足以降に下落を示唆する。
トンボ （寄引同事線）		始値と終値と高値が同値で長い下ヒゲの形。安値圏で出現すると、次のローソク足以降に上昇を示唆する形。

5-3

ローソク足の組み合わせで優位性を示すパターン

ローソク足2本以上から察知できる、上昇／下落の優位性のサインがあります。複数のローソク足から判断できるもので、ローソク足を眺めていてそのパターンの途中過程の形状を発見したら、パターンが成立するまで待って、注文、決済するのも一手です。

日本生まれのテクニカル分析

ローソク足の組み合わせの呼び名は、**酒田五法**（庄内酒田の相場師、本間宗久が考案したとされる相場手法）など、日本生まれのテクニカル分析手法から来たものです。株の場合は「窓」を開けることは珍しくありませんが、週末を除き24時間取引のＦＸの場合だと、窓を開けずに似たような形となることがあります。しかし予測できる値動きは同じです。

●はらみ線

1本目のローソク足に対して、次のローソク足が「高値は安く、安値は高く」、母が子を身ごもっているような形。上昇、下落に関する方向感がない形なので、次の1本まで保有を

図表11｜優位性を示すローソク足の組み合わせ①

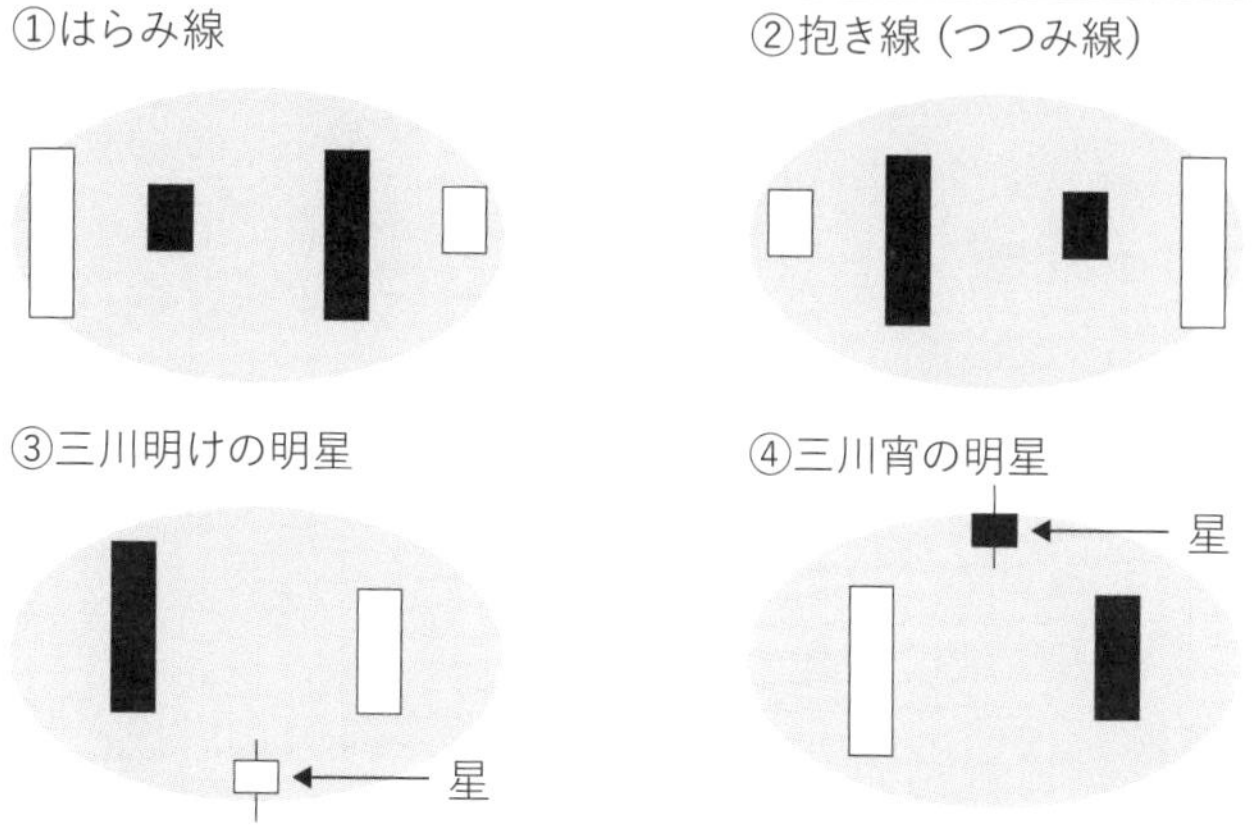

しながら様子を見るサイン。

●抱き線（つつみ線）

1本目のローソク足に対して、次のローソク足が「高値は高く、安値も安い」という形で、1本目のローソク足に対して、2本目がつつみ、抱いているような形。最新のローソク足が陽線であれば、その後上昇サインとなり、陰線であれば、下降サインとなる。

●三川明けの明星（上昇転換のサイン）

長い陰線の後、窓を開けて下がって下ヒゲの目立つ陽線となり、その後、窓を開けて陽線が発生して上昇が継続していく。波動の転換などでよくある形。

●三川宵の明星（下降転換のサイン）

長い陽線の後、窓を開けて上がって上ヒゲの目立つ陰線となり、その後、窓を開けて陰線が発生して下落が継続していく。波動の転換など

図表12｜優位性を示すローソク足の組み合わせ②

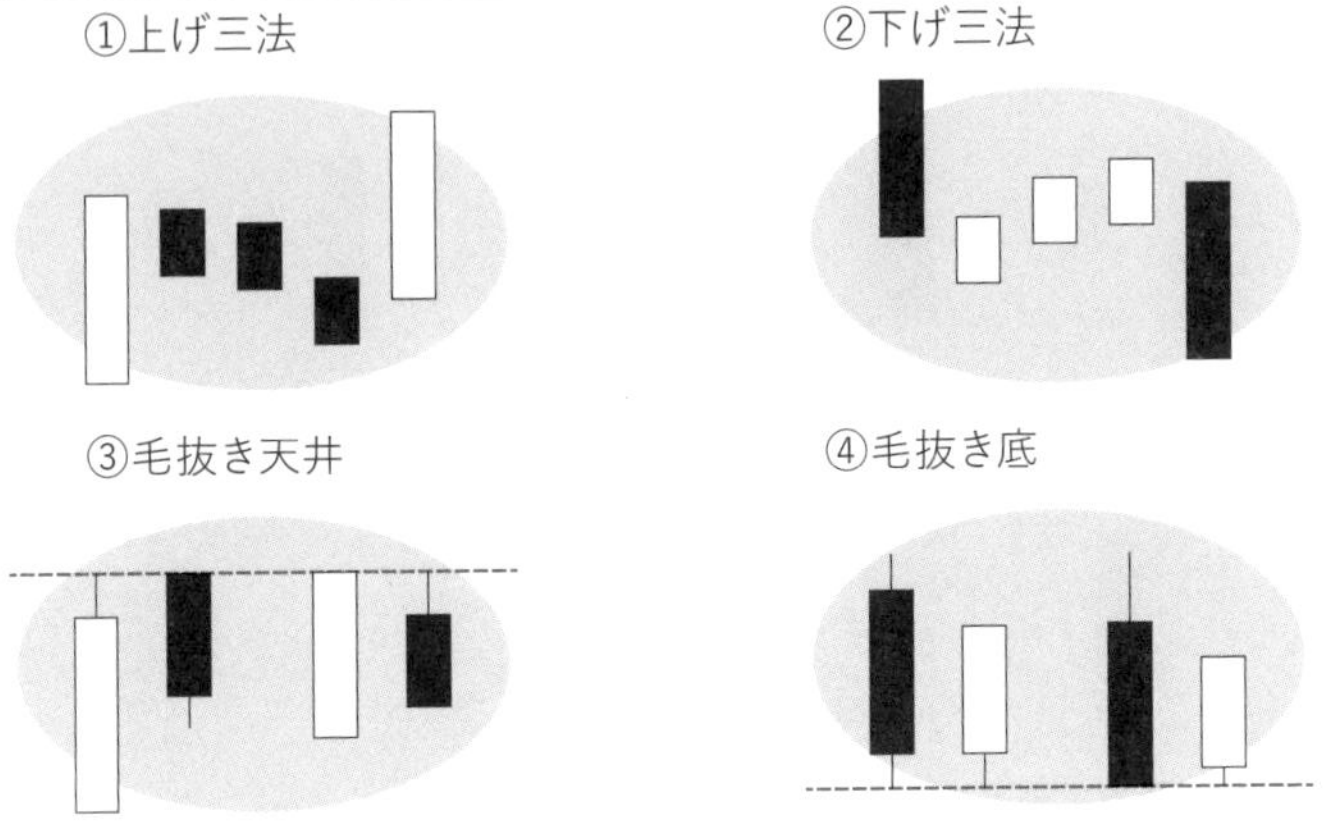

でよくある形。

●上げ三法（小さなもみ合い放れ）

上昇過程で現れる大陽線が発生後、３本程度の調整があり、最初の大陽線の高値を力強く抜ける大陽線が発生して上昇が継続していく形。

●下げ三法（小さなもみ合い放れ）

下落過程で現れる大陰線が発生後、３本程度の調整があり、最初の大陰線の安値を力強く抜ける大陰線が発生して下降が継続していく形。

●毛抜き天井（小さなダブルトップ）

前の足と次の足について、高値が同じ位置で止まり、その後下降に転換する形。特に高値圏で発生すると、下降に転換する確率は高くなる。前後２本、どちらが陰線でも陽線でも下降に転じるサインとなる。

●毛抜き底（小さなダブルボトム）

前の足と次の足について、安値が同じ位置で止まり、その後上昇に転換する形。特に底値圏で発生すると、上昇に転換する確率は高くなる。前後2本、どちらが陽線でも陰線でも上昇に転じるサインとなる。

図表13｜チャートに現れた組み合わせの例（日清食品HD）

チャート提供：TradingView（https://jp.tradingview.com）

まとめ

ローソク足の複数の組み合わせは、名前を丸暗記しないといけないかと、難しい印象を持たれる方も多いと思います。しかし、本質的には、**波動の転換、波動の継続、もみ合い放れの形を暗示している**ものです。

チャートを長く見て、数十本、数百本のローソク足の形からこれらを判断することもできますが、**ローソク足1本単位、または数本であっても判断することができ、優位性がある局面を発見できるのだ**ということを、覚えておいてください。

5-4 レジスタンスラインとサポートライン

レジスタンスラインとサポートラインは、トレードをする上で覚えておくべきチャートの形状で最も重要だと断言しても、過言ではないものです。

レジスタンスラインとサポートライン

過去のある一定の高値を結んだ水平なラインを「**レジスタンスライン（上値抵抗線）**」といいます。

下から上昇してきた価格がレジスタンスラインに当たると、売られて下落することが多く、再度上昇してきたところでまたこのラインではね返されて下落する、といった動きがよく見られます。**この価格帯から上には、売り勢力（売り注文）が待ち構えているライン**ということなのです。

しかし、何度か挑戦して上に抜ければ、今度は一気に買われて急上昇することが確率的に高いため、非常に重要なラインです。

図表14 レジスタンスラインとサポートライン

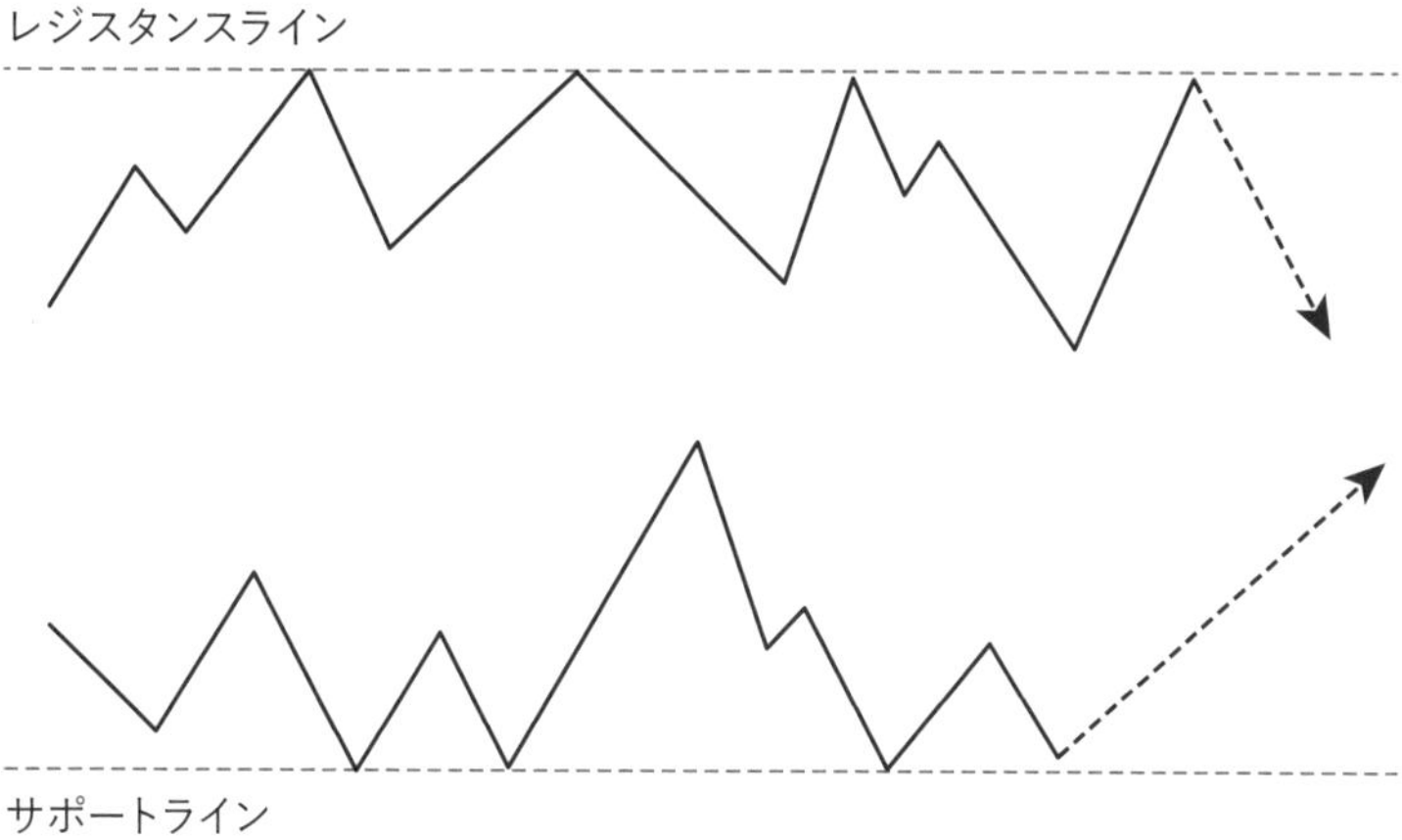

次に、過去のある一定の安値を結んだ水平ラインを「**サポートライン（下値支持線）**」といいます。

下降してきた価格がサポートラインに当たると、買われて上昇することが多く、再度下降してきたところで、またこのラインで反発して上昇する、といった動きがよく見られます。**この価格帯から下には、買い勢力（買い注文）が待ち構えているライン**ということなのです。

しかし、何度か反発しても下に抜ければ、今度は一気に売られて急落することが確率的に高いため、非常に重要なラインです。

●レジスタンスラインの例

次の図表15は、**日揮ＨＤ（１９６３）**の例です。２０２１年9月から２０２２年2月に

図表15 レジスタンスラインの例（日揮HD）

チャート提供：TradingView（https://jp.tradingview.com）

かけてですが、上値は1150〜1170円のあたりを上抜けず反落し、このラインが上値抵抗線となっています（①②）。

しかし3月に入ると、③でこのレジスタンスラインを越え、数日もみ合った後で一気に急上昇しています。

また、下値は④⑤⑥のように、940〜960円のあたりで反発しており、このラインが下値支持線となっています。

●サポートラインの例

図表16は、**武田薬品工業（4502）**の例です。2021年の4月から10月にかけて、下値は3600円のラインまで下がると反発し、このあたりが下値支持線となっています（①〜⑤）。

しかし10月に入ると、⑥でこのサポート

図表16｜サポートラインの例（武田薬品工業）

チャート提供：TradingView（https://jp.tradingview.com）

ラインを割り、一気に急落しています。

また、上値は⑦〜⑪のように、３８００〜３８５０円のあたりで反落しており、このラインが上値抵抗線となっています。

●重要なレジスタンス（サポート）ライン

レジスタンスラインやサポートラインは無数に存在するものですが、重要なラインと、それほどでもないラインというものがあります。

図表15と図表16でも見られますが、重要なレジスタンスやサポートは、価格の値動きがそのラインではね返されて、そこで波動やトレンドが転換することが多いです。

しかし、そのラインを突破して抜けると、大きな上昇トレンド（下降トレンド）が発生するポイントにもなります。

大きく利益を出せるチャンスのポイントでありながら、大きな損失になる可能性もあるポイントでもあるので、重要なレジスタンスやサポートを早く見つけることです。

✓ レジスタンスラインやサポートラインの見つけ方

重要なレジスタンスラインやサポートラインを見抜くには、いくつかの条件があります。特に重要な優先事項を４つ紹介します。

①現在の価格から近い場合（直近ローソク足10本以内の高値と安値）は要注意
②過去に何度も反発（反落）しているラインは要注意
③年単位、四半期など長期で見た場合の最高値・最安値は要注意
④キリが良い節目の価格（１００円、５００円、１０００円単位の株価や１００pips幅のレートなど）は要注意

なぜ、サポートラインやレジスタンスラインで価格が大きく動くことが多いのかというと、投資家の心理を想像するとわかりやすいでしょう。例えで説明してみます。

１週間前あなたは、３０００円の株を買いました。その株が５０００円になったら、２０

００円幅を利益にして決済したいと思い描いていたとします。その後、思惑通り株価が上昇して４８３０円になった時、突然その株が４０００円まで急落したとします。

まだ、含み益があることと、その株はまだまだ再上昇する予想があるため、保有を続けることにしましたが、やはり再上昇して４８３０円に迫ろうとしています。あなたは、５０００円になるまで持ちますか、それとも、４８３０円で売って決済してしまうでしょうか。

この場合、「**直近の高値**」を意識する投資家は多く、以前急落した価格である４８３０円を目標株価として、決済の売り注文をする投資家は多いのです。

すると、４８３０円という価格で、再度急落する可能性が高くなります（これが後述する「**ダブルトップ**」を形成する背景になります）。

レジサポ付近では売り買いの攻防

このように重要なレジスタンスやサポート（高値・安値）のラインは、多くの投資家に意識され、その時点で「**売り買いの攻防**」は激化しています。そのためレジサポ付近では価格変動が大きくなります。

また、図表15でも図表16でもそうですが、**レジスタンスラインとサポートラインで挟まれた値幅で、レンジを形成するケースも多いです。**

5-5 ダブルトップとダブルボトム

トレード投資家にとって、絶好のトレードチャンスは「波動の継続」「波動の転換」そして、「もみ合い放れ」の3つのパターンであることは、既に何度も説明してきました。

初心者でも狙いやすいダブルトップとダブルボトム

その上で、「ダブルトップ」や「ダブルボトム」というチャートの形状は、「トレンド転換」を暗示するものであり、発生頻度も成功確率も高く、狙いが外れた場合の損切りタイミングもわかりやすいものです。初心者トレード投資家にとっても、「このタイミングだけに焦点を絞っても、安定的な利益が狙える」というものなので、是非覚えておいてください。

ダブルトップ

ダブルトップは、高値圏で2回の天井をつけて下落に転換するパターンです。2回目の天井から下落し始めたところで、その後の下落幅を利益にできるタイミングを暗示してくれま

図表17｜ダブルトップの例（大阪チタニウムテクノロジーズ）

チャート提供：TradingView（https://jp.tradingview.com）

す。

上図のように、価格が上昇してきて、ある時点で高値をつけて下落していきます。この時点で1回目の天井ができます（①）。その後、下落が止まり直近の高値に向かって再び上昇し、1回目の天井のラインと同水準で2回目の天井をつけて下落していきます（③）。

この時点では、②で反転したところで上昇トレンド途上の「押し目買い」のタイミングという判断をするトレーダーも多いのですが、上昇トレンドが継続するか否かは、その後に1回目の天井（直近の高値①のライン）を越えた時に、初めて確定することです。その後の選択肢は、次の2つしかありません。

●買いポジションがある場合

もし、1回目の天井を越えるようであれば、上昇トレンドの継続と判断し、買いポジションを保有したままで利益を積み重ねていきます。

一方、天井のラインにはね返されて下がるようだったら（③）、売って手仕舞う必要があります。

●買いポジションを持っていない場合

②の押し目買いの時点で買い注文をしていない場合、直近の高値のラインで上昇が止まって下落に転じたタイミング（A）で、新規の売り注文をして下げ波動を狙うこともできます。株であれば、信用取引の空売りとなります。

また、その後の展開としては、②のライン（ネックラインとも呼ばれます）がサポートとなり、上昇に転じる可能性があるので、慎重派の方は②のラインをさらに下抜けたタイミング（B）で売り注文をすることもできます。

以上がダブルトップの説明ですが、次のダブルボトムは底値圏で逆のことが起こり、「買いタイミング」を示唆するものです。

図表18 | ダブルボトムの例（米ドル円5分足）

チャート提供：TradingView（https://jp.tradingview.com）

ダブルボトム

ダブルボトムは、安値圏で2回の底をつけて上昇に転換するパターンです。2回目の底から上昇し始めたところで、その後の上昇幅を利益にできるタイミングを暗示してくれます。

上図のように、価格が下落してきて、ある時点で安値をつけて上昇していきます。この時点で1回目の底（①）ができます。

その後、上昇が止まり（②）、直近の安値に向かって再び下落し、1回目の底のラインと同水準で2回目の底（③）をつけて上昇していきます。

ダブルボトムでは、②の高値のラインがレジスタンスライン（ネックラインとも呼ばれます）となります。

買いのエントリーチャンスとしては、③で2回目の底をつけて上昇した直後（A）や、ネックラインを越えた直後（B）になります。もし、ネックラインを越えてから一時的にもみ合いで下落し、今度はネックラインをサポートとして反転上昇したとすれば、そこもチャンスとなります。

その他のパターン

稀に、図表19のように3回の天井をつけて下落に転じる「**トリプルトップ**」や、3回の底をつけて上昇に転じる「**トリプルボトム**」もあります。

また、2回目の天井が一段高くなる「**ヘッド&ショルダーズトップ**」や2回目の底が一段低くなる「**ヘッド&ショルダーズボトム**」もあります。

ダブルトップとダブルボトムは、トレンド転換のエントリータイミングではありますが、実は「トレンド継続の兄弟」でもあります。「トレンドが継続するなら、1回目の天井（底）を更新してからだ」という局面で、継続しなかった場合の下落（上昇）がまさに、ダブルトップ（ダブルボトム）であり、トレンド転換となるからです。

「こうなったら間違いだ」というケースがわかりやすく、パターンを覚えてルールを守れば損失が拡大しにくいので、初心者には最初に覚えてほしいチャートパターンといえます。

図表19｜初心者にも狙いやすいチャートパターン

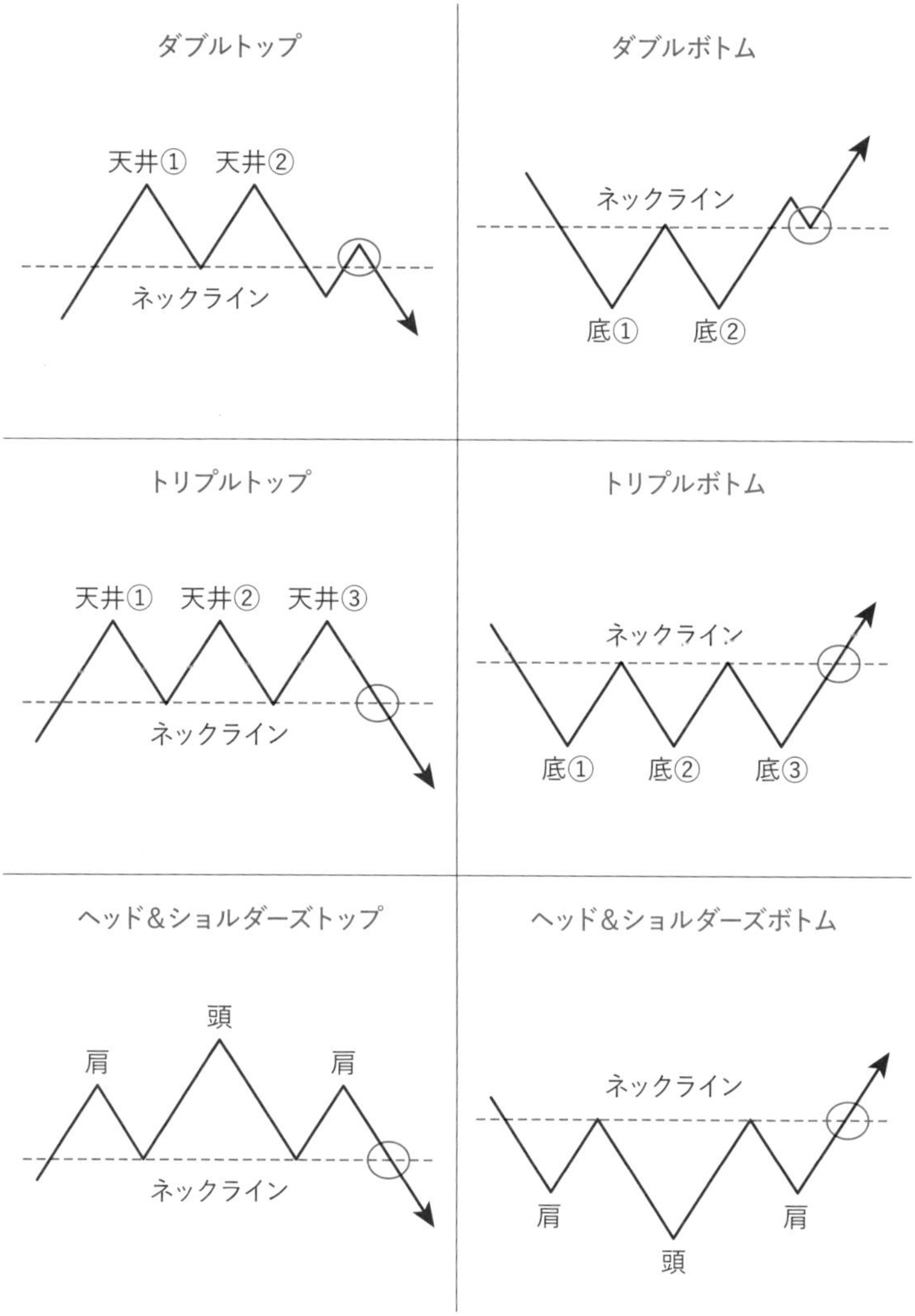

5-6 トレンドとトレンドライン

これまで、レジスタンスラインやサポートラインは、そのライン付近で大きな価格変動が起こりやすく、反転したり、ラインを抜けて価格変動が加速したりするという点で、とても重要だという話をしました。

チャートにトレンドラインを引く

それ以外にも、一定のライン付近で価格が反転したり、抜けると加速したりするラインがあります。それを「**トレンドライン**」といいます。

● 上昇トレンドライン

トレンドラインは、**上昇相場であれば安値と安値を結んだ線で、「右上がり」**になります。安値はいくつもあるので、どの安値と安値を選び結ぶかによって、トレンドラインは投資家の数だけ、それぞれ意識されるようになります。

左図のように、安値を結んだ「上昇トレンドライン」はサポートラインの役目をするので、

図表20｜上昇トレンドラインと下降トレンドライン

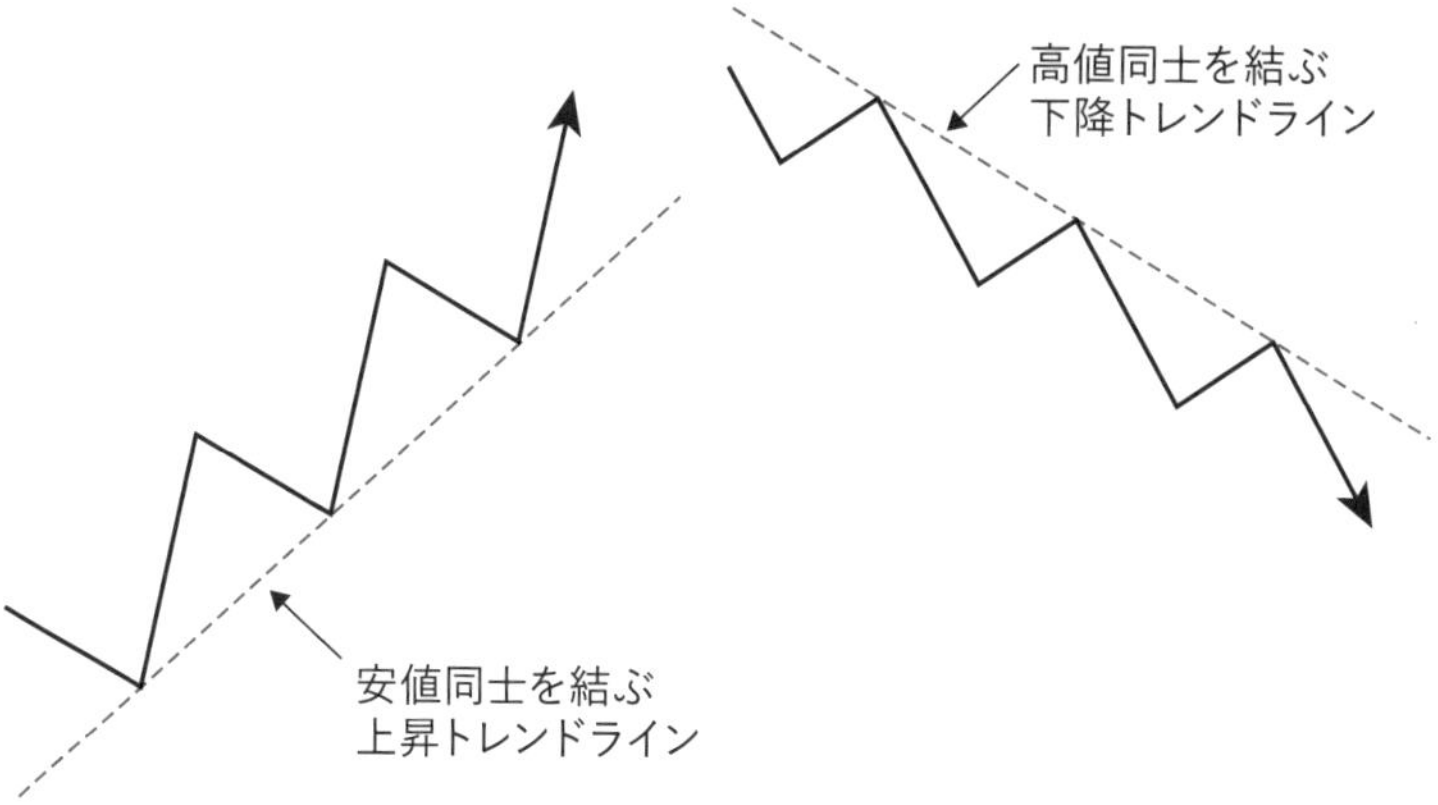

価格が下落してもそこで反発して上昇することも多く、**このラインを下抜けすることが下降に転じるサイン**となります。

●下降トレンドライン

一方、**下降相場のトレンドラインは、高値と高値を結んだ線で、「右下がり」**になります。

高値を結んだ「下降トレンドライン」は、レジスタンスラインの役目をするので、価格が上昇してもそこで反転して下落することも多く、**このラインを上抜けすることが上昇に転じるサイン**となります。

次ページの図表21は**マクセル（６８１０）**の２０２０年８月から２０２１年２月にかけてのチャートですが、きれいな上昇トレンドとなっています。

図表21｜典型的な上昇トレンドの例（マクセル）

チャート提供：TradingView（https://jp.tradingview.com）

ただ、いつもこのようなきれいなラインになるとは限りませんので、ある程度見た目で引いていきます。

トレンドは上げ波動と下げ波動からできている

1つの「上昇トレンド」を例に説明すると、上図の**マクセル（6810）**のように、上げ下げを繰り返しながら、上昇していくものです。

本書で何度か説明していますが、上昇トレンドの途中にも、必ず「**上げ波動と下げ波動**」が生じます。

そして、その短い上げ波動や下げ波動を利益に変えるためにも、トレンドラインを有効活用することができます。

トレンドラインは図表21のような引き方

図表22｜波動単位で細かくラインを引いた例（東京電力HD）

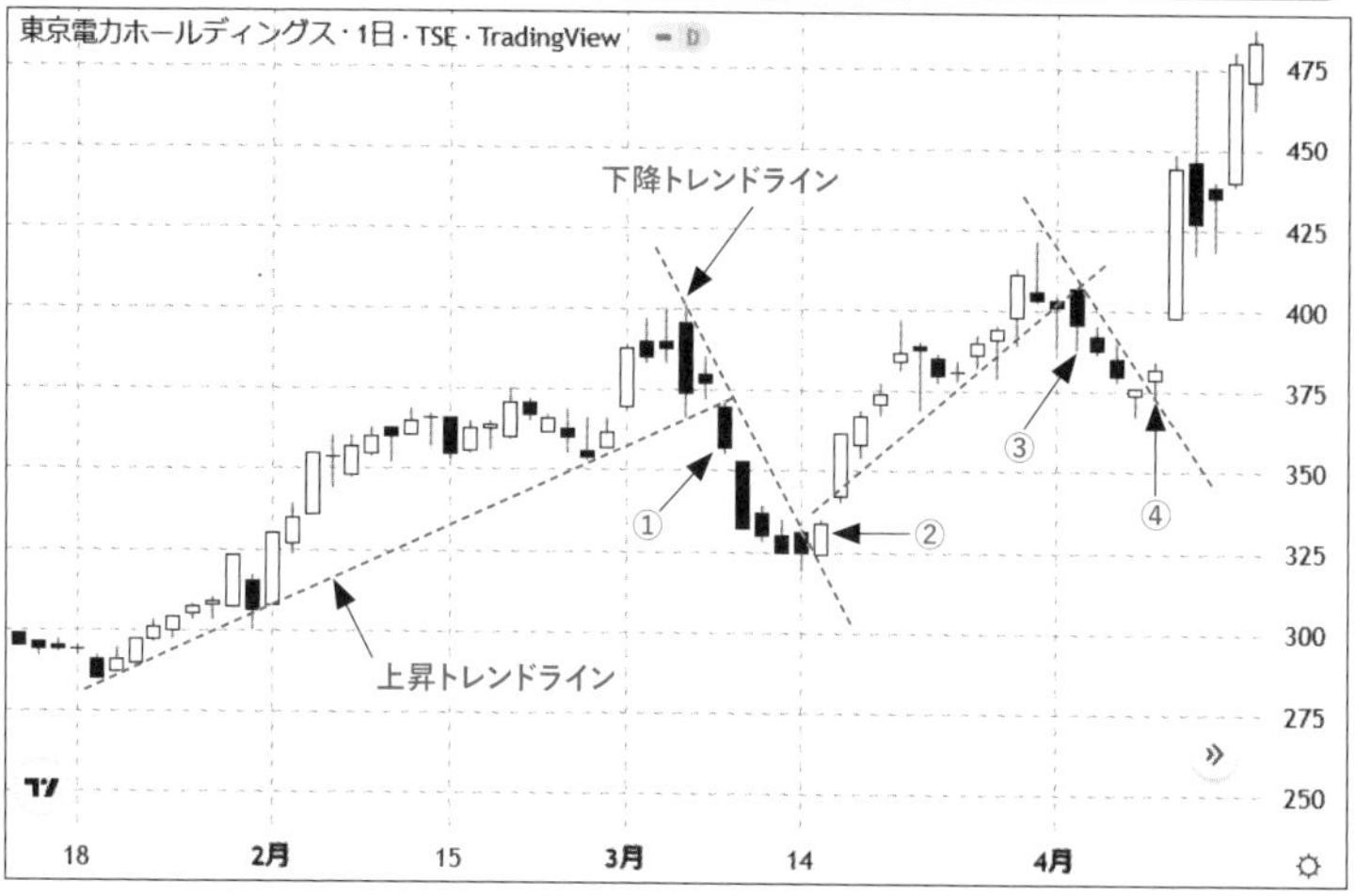

チャート提供：TradingView（https://jp.tradingview.com）

が一般的ですが、その期間中で最も鋭利なV字形状となる安値を細かく結ぶ方が、より多くの投資家に意識されるようになり、サポートラインに見られやすいです。

例えば、上図は**東京電力HD（9501）**の例ですが、図中の①のように安値を結んだ上昇トレンドラインを強い陰線で下抜けする場合があります。その時がまさに、新規の売り注文のサインとなります。

もし、もっと前から買いポジションを持っていた場合は、上昇トレンドラインの下抜けということで下げ波動の始まりとなりますから、①のポイントは決済のポイントになります。

次に、図をご覧いただくと①の箇所から下げ波動がその後続くわけですが、次第に下げの勢いも弱くなります。その後、上昇に転じるタイミングがあれば、新規の買い注文を狙っていきたいわけですが、その合図となるのが②となります。

②は急激な下降のトレンドラインを上抜けたタイミングとなり、ここで新規の買い注文を狙うことができます。もし、①の時点で新規の空売り注文をしていたら、②は決済のポイントになります。特に、急激な下げがあった後のトレンドラインの上抜けは、下降から上昇への転換点となることが多いです。③も上げ波動の転換、④も下げ波動の転換となります。

トレンド継続中の波動の転換も狙える

このようにトレンドラインを短めにこまめに意識することで、**1つの上昇トレンドの中でも、上げ波動だけでなく下げ波動も利益にする**ことができます。

また、長く続いた上昇トレンドは、最後に大きな下落を伴うことも多いですから、リスクヘッジの意味でも波動単位での売買を意識することで、急落による損失を回避できることもあります。

トレンドラインの上抜けや下抜けは「トレンド転換」だけでなく、「波動の転換」も意識するポイントです。外れた場合は「波動の継続」となり、損切りラインも明確になります。

5-7 もみ合い放れと三角保ち合い

トレード投資家が狙う価格変動は、トレンド転換（波動転換）、トレンド継続（波動継続）、そして、もみ合い放れでした。

本節のテーマとなる「もみ合い放れ」は、トレンド継続やトレンド転換と違って、すばやく注文と決済の判断をするのではなく、「待つ」ことで利益を大きく狙えるポイントです。

一定の値幅で上下を繰り返すもみ合い

もみ合いとは、ある一定の高値と安値の間で価格が上げ下げを繰り返しながら、継続していく特性があります。第4章の88ページでも説明しましたが、トレンドには、上昇トレンドと下降トレンドの2つがあり、後は**もみ合い（レンジ、保ち合いとも呼ばれます）**しかありません。

上昇トレンドや下降トレンドは、発生を確認したらなるべく早く注文し、外れたらすぐさま損切りする心構えが重要ですが、もみ合いは一度発生すると長く続く特徴があります。で

図表23| 移動平均線を引くともみ合いがわかりやすい（武田薬品工業）

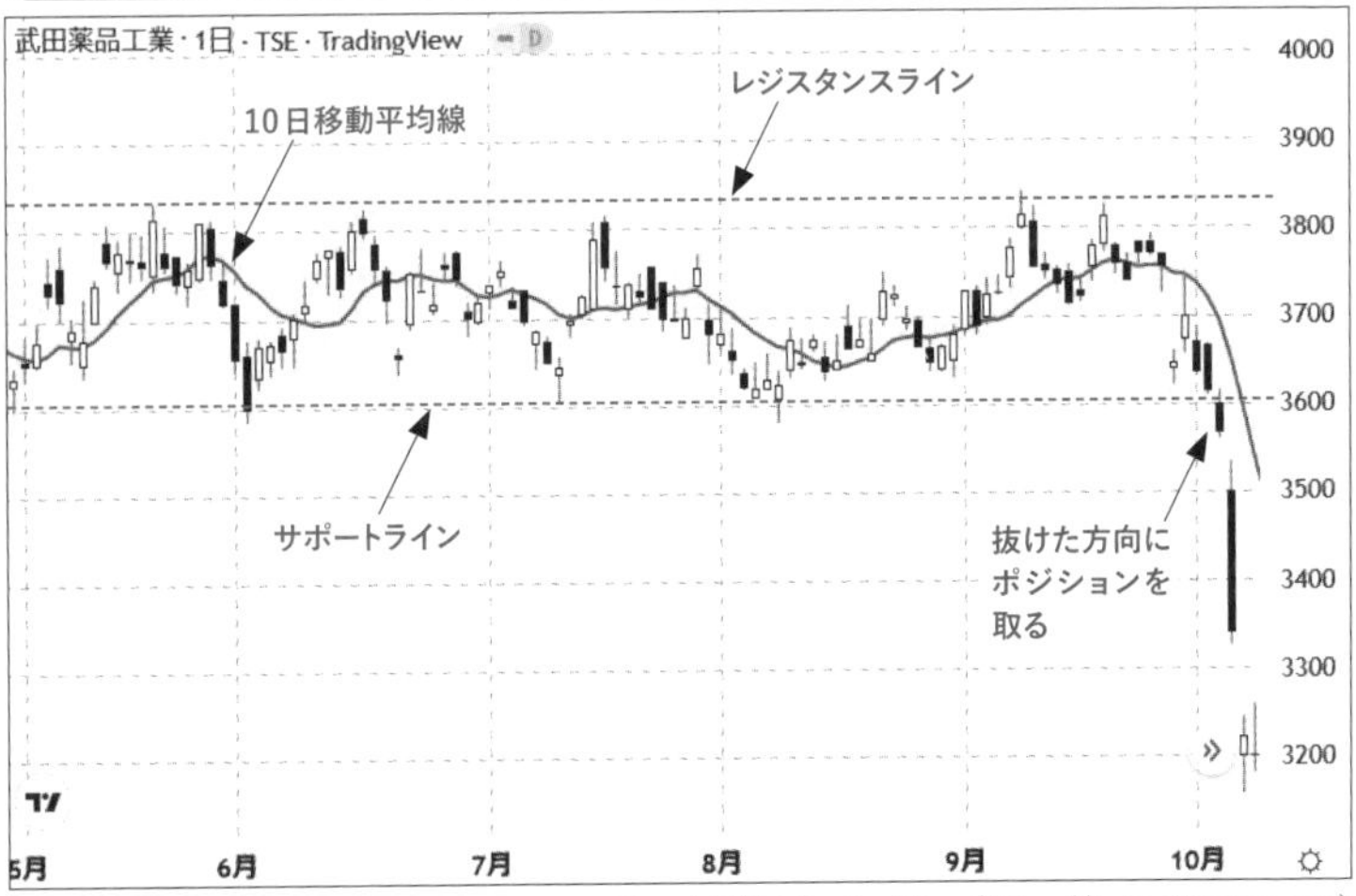

チャート提供：TradingView（https://jp.tradingview.com）

すから、「もみ合い」に明確に決着がつくまで、根気よく待つことが大事です。

焦って注文しても、**「ダマシ」**といって、またすぐに逆方向に振れて、もみ合いが継続することが数多くあるからです。

もみ合いの見つけ方

もみ合いの場合は、**ある一定の高値がレジスタンスライン、安値がサポートラインとなってチャートに現れる**ので、ラインを引いてみたりして実際に意識して見れば発見できます。ただ、それ以外にも発見する方法があります。

上図は**武田薬品工業（4502）**に見られた典型例ですが、移動平均線をチャートに表示してみました。

すると、図表23のように移動平均線が横

図表24｜レジスタンスライン突破後は一気に上昇（TOKAIホールディングス）

チャート提供：TradingView（https://jp.tradingview.com）

ばいの状態であり、その**横ばいの移動平均線に対して、ローソク足が上下にまたぐような形で動いている場合**があります。

　この場合はまさに、高値と安値に挟まれた「もみ合いの形状」となります。

もみ合い放れを狙う

「もみ合い放れ」は買い方と売り方の長い期間の攻防に決着がついて、上昇か下降のいずれかの方向に大きく動き出すサインになります。

　もみ合い放れの新規注文には注意すべき点があります。もみ合い放れの後に起こる値動きは2パターンあります。

　例えば、もみ合い放れが上に抜けた場合だと、1つ目は抜けた後に、そのまま一気

図表25｜上抜け後にいったん横ばいになってから再度上昇（川崎汽船）

チャート提供：TradingView（https://jp.tradingview.com）

に株価がスルスルと上昇していくパターンです。

前ページの図表24は**TOKAIHD（3167）**の例です。レジスタンスライン（360円）に近づくと何度もはね返されてかなり期間を要していますが、突破した後は一本調子で上昇しています。

もう1つは、これもよくあるパターンなのですが、要注意の値動きをします。

上図は**川崎汽船（9107）**の例ですが、一定のもみ合い期間を経て、上昇に転じるもみ合い放れの際によくあるのは、「**重要なレジスタンスラインを抜けた後に、一時的に横ばいまたは下落があり、その後再び上昇していく**」というパターンです。このもみ合い放れのケースが多いのです。

①の囲まれた部分は、久しぶりの高値を越えた後に数日間横ばいしていますが、この期間に下落を心配して売り決済をする投資家はたくさんいます。

レジスタンスラインを抜けた後に、ワンクッションあってから上昇する形が多いので、一歩待つ心がけが大事です。

新規注文は一歩遅れるくらいで良い

この動きは、明確に高値のレジスタンスラインを抜けたので、すぐに飛びついて買い注文を入れると一時的に下がるわけですから、「次の瞬間、含み損になる」ということで、投資家心理を惑わせる値動きです。

惑わされないためには、「このケースはよくある」と覚えておくか、「一歩遅く注文する」ことを心がけることです。もみ合いが長いほど相場のエネルギーが貯まっているので、一歩遅れたとしても、方向が当たれば利益が十分に取れる期待大ということもその理由です。

三角保ち合い

もみ合いの仲間に、「**三角保ち合い**」というチャートの形があります。これは、目立つ高値、安値を結んだラインが三角形の形状になり、その頂点に向かって値動きが収束していき、どちらかに放れるパターンです。

これも、上抜けと下抜けがあり、その後にチャンスが発生するサインとなります。

図表26｜三角保ち合いから上放れ（米ドル円）

チャート提供：TradingView（https://jp.tradingview.com）

上図の米ドル円の①の上抜けは、エントリーサインですが、抜けた後に一時的に②のように下落し、その後反発して再上昇していくような価格変動になることも多く、型を理解しておくと良いと思います。

時間をかけて高値は切り下がり、安値も切り上がり、上と下のトレンドラインを引いた時に、まさに「三角」の形状になっている状態を指します。

また、図表26のように、一方は水平で、一方だけが切り上がる（切り下がる）パターンもあります。

5-8 チャートパターンとエントリー・エグジット

第5章では、株やFXなど、投資対象に関わらず覚えておくべきローソク足やチャートの形状について、説明してきました。

典型例を覚えておき敏感に異変を感じ取る

典型的な形として覚えておくことで、「典型的、標準的ではない状況をおかしいと感じ取る」ことができます。実際の相場は「生き物」ですから、様々な値動きを見せることがあります。

おかしいと感じた場合には、既に注文した理由が崩壊していることがよくありますので、確実に損切りして大損しないよう注意することができます。

最終節では、「トレンド（波動）の継続、トレンド（波動）の転換、もみ合い放れ」に加え、第5章全体のチャートの形状に合わせた、典型的な形と売買タイミングの例を紹介します。

図表27｜チャートの形状の典型例と売買タイミング

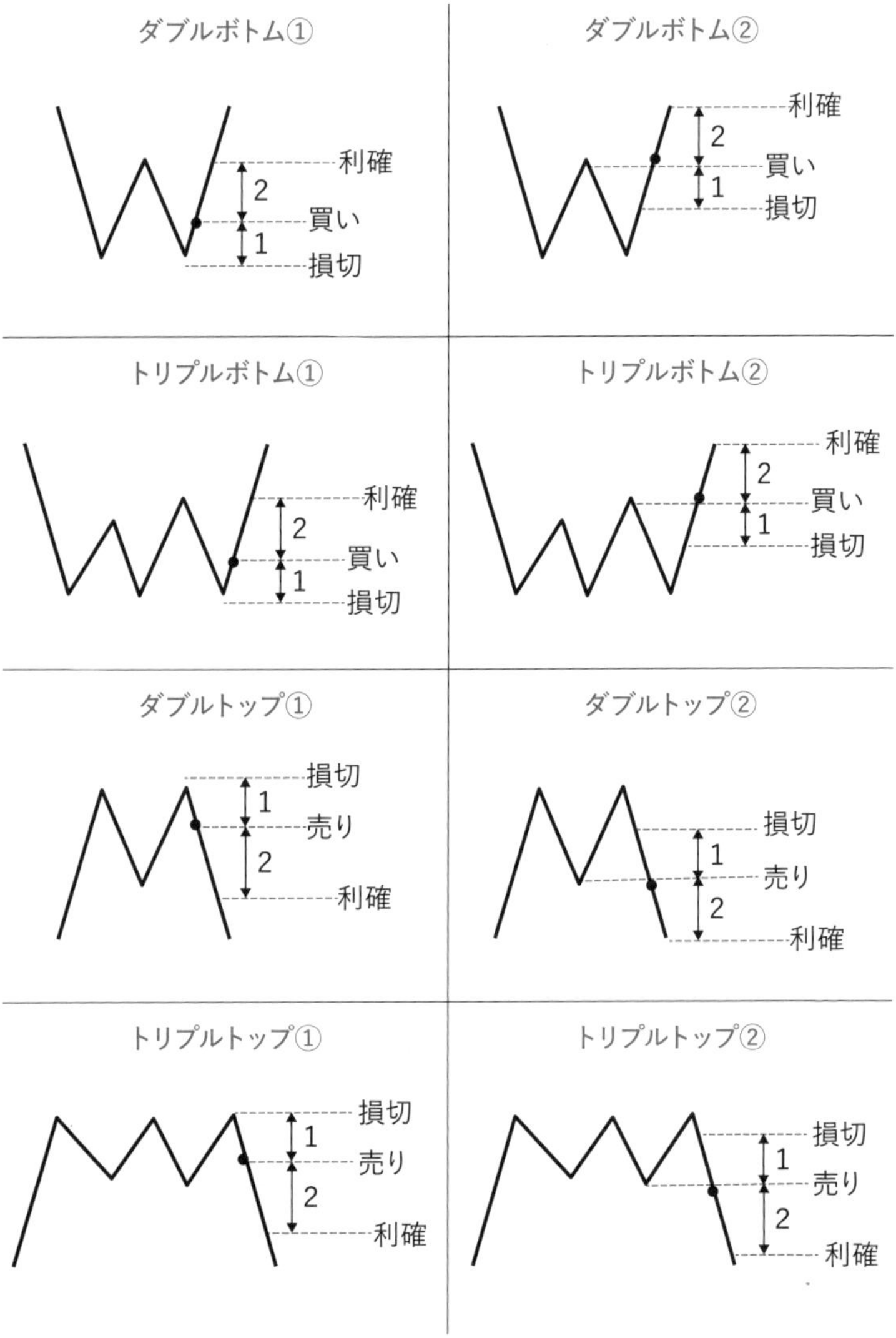

ヘッド&ショルダーズボトム①

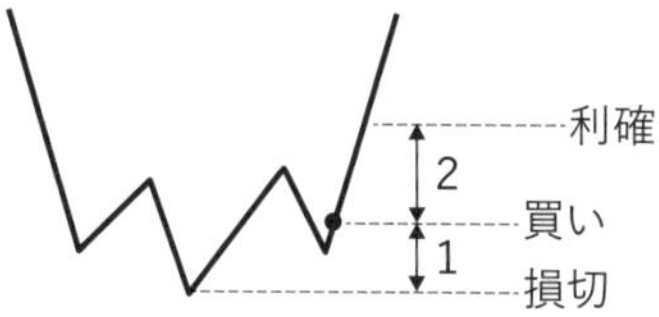

ヘッド&ショルダーズボトム②

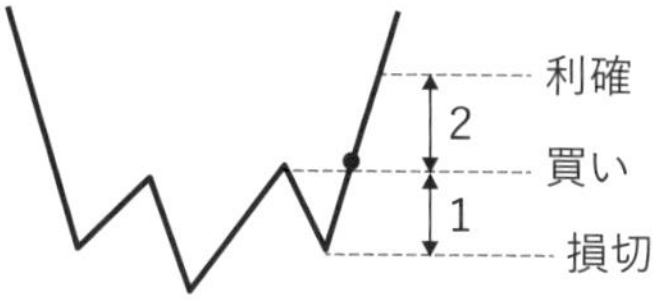

フォーリングエッジ

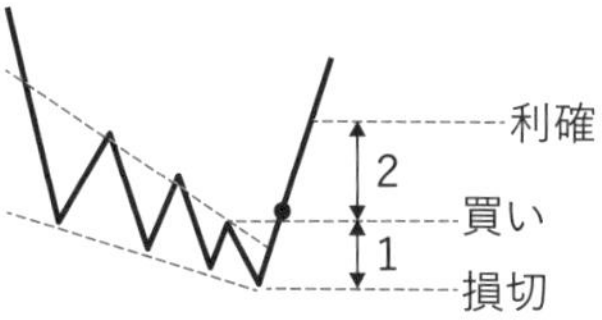

ライジングエッジ

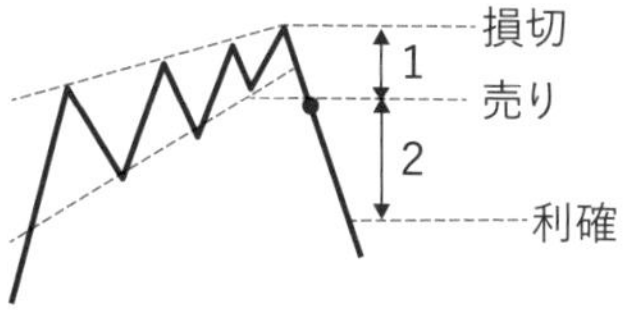

三角保ち合い①

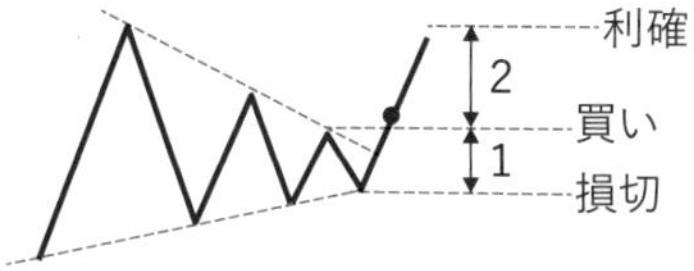

三角保ち合い②

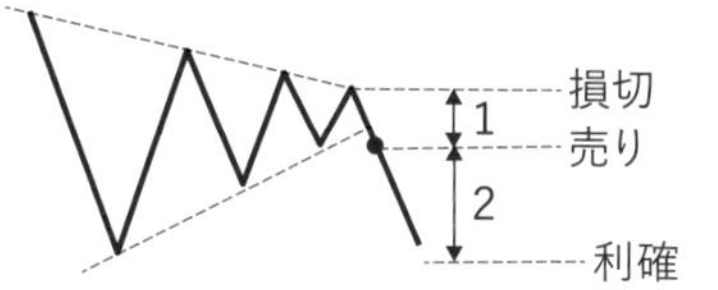

三角保ち合い変化系①
(アセンディング・トライアングル)

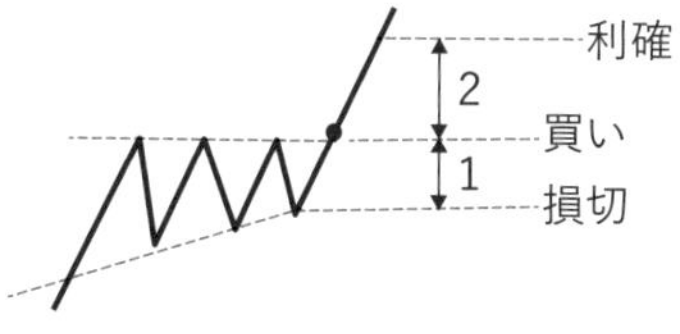

三角保ち合い変化系②
(ディセンディング・トライアングル)

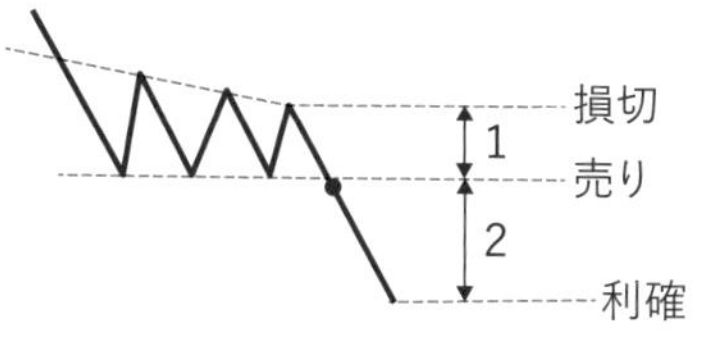

COLUMN

エリオット波動

相場のパターンには、一定のサイクルがあり、そのサイクルを繰り返しながら動いていく、という再現性の高い法則がいくつかあります。もちろん、すべての価格の動きがこれに当てはまるわけではありませんが、基本的な価格の動きではあり、大数の法則を活かす上で確率的に優位な判断をすることができるので、「型」として覚えておいた方が良いと思います。

波動の型の1つとして覚えておきたいのが「エリオット波動」です。エリオット波動は、米国の経済学者であるラルフ・ネルソン・エリオット氏が確立した理論で、「推進波」「修正波」という2つの用語があります。

例えば、上昇トレンドの時、エリオット波動の基本形からすれば、「5つの波動を描いて上昇し、3つの波動を描いて下降」という形になります。具体的にいえば、左が「推進5波」で、右が「修正3波」という具合です。

①上げ波動発生	⑥転換し、下げ波動が発生
②転換し、下げ波動発生	⑦転換し、上げ波動が発生
③転換し、上げ波動発生	⑧転換し、下げ波動が発生
④転換し、下げ波動発生	
⑤転換し、上げ波動発生	

特に、①から⑤は、「上げ波動の上げ幅が大きく、下げ波動の下げ幅が小さい」、⑥から⑧は、「上げ波動の上げ幅が小さく、下げ波動の下げ幅が大きい」という形になるのが基本形です。覚えておくと良いと思います。

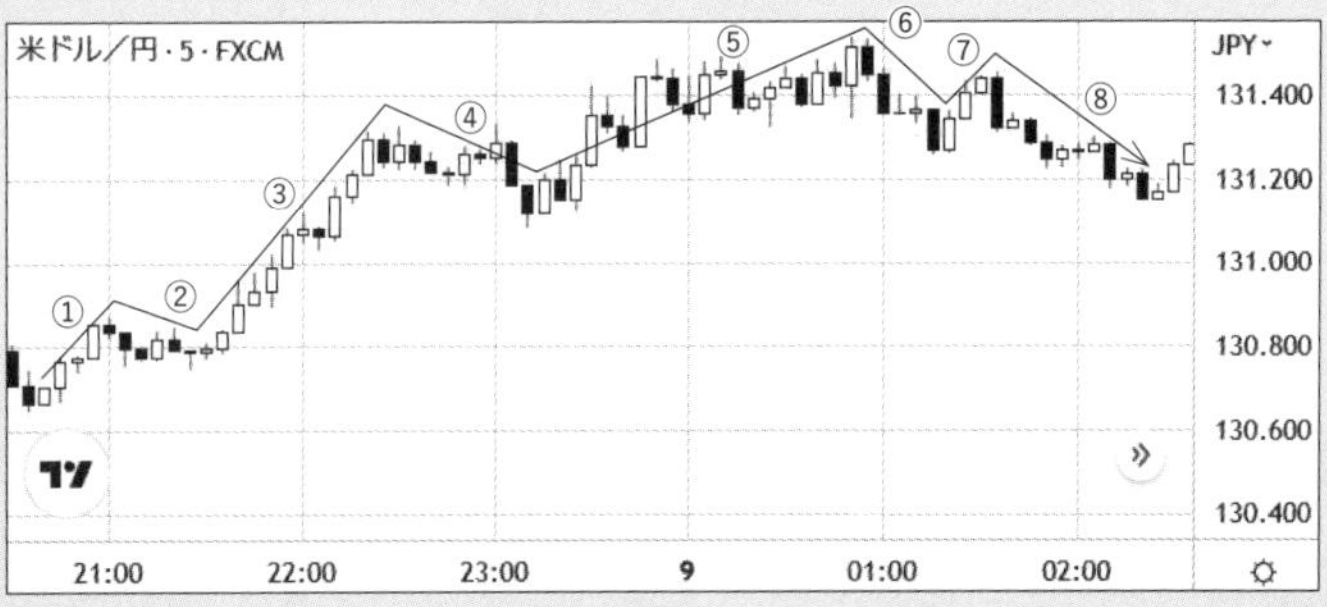

チャート提供：TradingView（https://jp.tradingview.com）

第6章

日本株トレードの実践テクニック

6-1 空売りを使って下げでも利益を狙う

第6章では、株トレードに絞って話をします。

これまで説明したトレードの基本やテクニックに加え、株式市場特有の話やトレードをする上でも知っておくと有用なファンダメンタルズの知識もお話しします。

慣れてきたら信用取引口座も作成する

上がる株を探すことは、株式投資の基本であり王道です。

しかし、信用取引の「**空売り**」という注文方法ができるようになれば、「これから下がる株」でも利益を獲得することができます（図表1）。

信用取引とは、簡単にいえば「証券会社に資金や株を借りて、売買を行う」取引のことです。これを使うメリットは、自分が預けた投資用資金に対し、約3・3倍の資金で取引ができるようになることです。

図表1｜上げは買い、下げは空売りで利益を取る（東邦チタニウム）

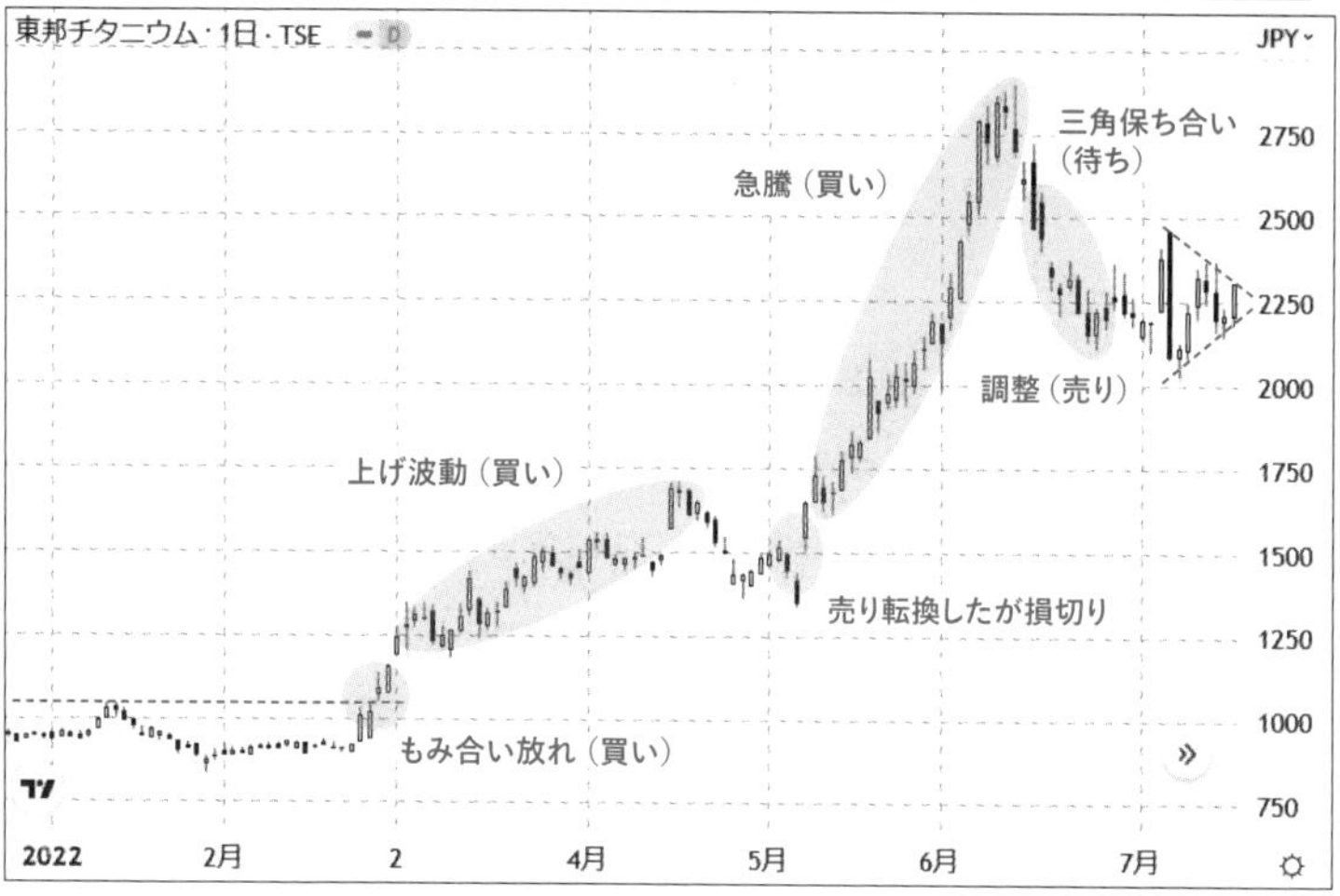

チャート提供：TradingView（https://jp.tradingview.com）

注意点は、借りてきて売買をするわけですから、当然**一定期間後には返済をしなくてはなりませんし、また借りるには金利もかかる**ということです。

返済というと、借金のようなネガティブなイメージを持たれる方も多いと思いますが、借金というしくみ自体は金融の世界には普通にある有用なしくみで、商売をするにも不動産投資をするにも、お金にレバレッジをかけて利益を大きく生み出すために有効活用できるものです。

使用法を間違えず正しく使うことで、利益化の速度が圧倒的に早まります。

上げは買い、下げは空売り

トレード投資家にとって大切なことは、上がるタイミング、下がるタイミングをチャートの形状によって見極めていくことだと、本書では説明してきました。新規注文をする際は、上がると思えば買い注文を行い、下がると思えば空売り注文を行います。

そして株式投資の場合、トレード投資家は「**日足**」を基本として取引することをオススメします。資金が数百万円単位、またはそれ以上になるような場合には、3分足などの「分足」でも取引はできますが、この場合は**デイトレード**になります。

いずれにしても、狙いを定めるのは「株価の波動」です。

波動は、数本から10数本程度のローソク足が、波のうねりのように上げ下げしていきます。数本から10本程度の上げ波動があり、その後数本から10本程度の下げ波動があるという具合です。

もし、上昇トレンドがある場合には、上げ波動は10本程度、下げ波動は3～4本というように、**上げ幅の方が長く伸びがある形**で、上げ下げの波は動いていきます。

反対に下降トレンドの場合は、**下げ幅の方が長く伸びがある形**で、波は動いていきます。

そして、たとえ上昇トレンドの途中であっても、下降には特に注意が必要です。「上げは100日、下げ3日」という格言にもあるように、「上昇は緩やかで、下降は急だ」ということがごく普通にあるからです（図表2）。

図表2｜下げの方が急になりやすい

チャート提供：TradingView（https://jp.tradingview.com）

急落があることを前提にして、やはり「空売りができるように練習していく」ことは、トレード投資家にとって重要です。

日足で1本ずつ毎日チェック

日足を取引に使い、1日1本ずつ、必ずチャートをチェックすることをオススメします。チャートを1日1回チェックし、波動が継続すれば保有し、波動が転換すれば決済するなどの判断を毎日行います。

株式投資の場合は、投資対象銘柄の決算発表日や重要なニュース、日経平均の動き、前日の米国市場の値動きや経済指標の発表などによって、想定外の「窓を開ける」という特性がありますが、基本的には第5章で説明した典型的な波動トレードの考え方を活かすことができます。

6-2 出来高急増銘柄からチャンスを探す

投資を行う上で信頼できる情報は**事実**です。あらゆる投資情報の中で事実とされるものは、実はそう多くはありません。プロのアナリストの予想もネット上に溢れる勝ち組投資家の投資手法も、あなたが実際に株で利益を上げるためには「参考」程度にしかなりません。

投資の世界の事実と呼ばれる情報の中で、最も信頼できる事実は、上がっているのか下がっているのかという「値動きそのもの」です。

問題は、「いつ波動が発生するのか」という点です。もちろん、1つの銘柄をじっと観察しその期間も数カ月単位に及べば、流動性が高い健全な銘柄なら波動はほぼ必ず発生することになりますから、利益を上げるチャンスは出てくるでしょう。

出来高と売買代金の変化を見る

これから波動が発生する銘柄候補を、どのように絞り込むのかという点ですが、そのヒントが「**出来高**」にあります。

図表3｜出来高が上昇すると株価も大きく動く（東邦チタニウム）

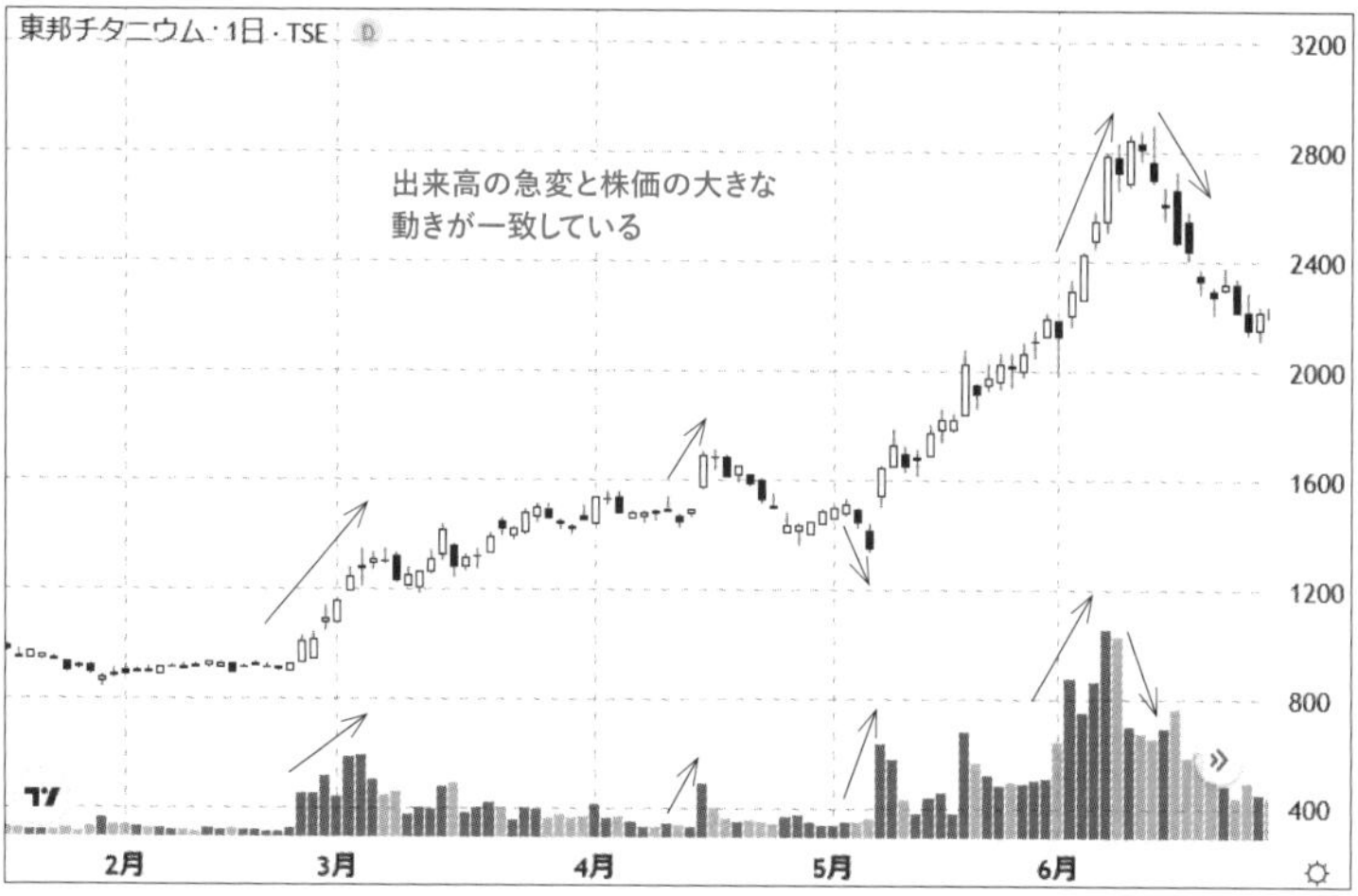

チャート提供：TradingView（https://jp.tradingview.com）

出来高は、投資情報の中でも信用できる事実に関する情報です。それは実際に株式の売買が成立したことの証だからです。例えば、ある銘柄の買い注文が１０００株、売り注文が１０００株あって売買が成立すると、出来高は１０００株となります。

上図は**東邦チタニウム（５７２７）**の２０２２年の例です。実際に**その株が買われた時または売られた時に、そのボリュームが大きければ高い出来高が記録**されます。

また、株に対する資金ボリュームを表すもう１つの事実の情報に、「**売買代金**」があります。

売買代金は株価×出来高で計算されます。例えば、株価１００円のある銘柄の出来高が５０００株の場合、売買代金は50万円になります。

図表4｜久々に高い出来高を記録（川崎汽船）

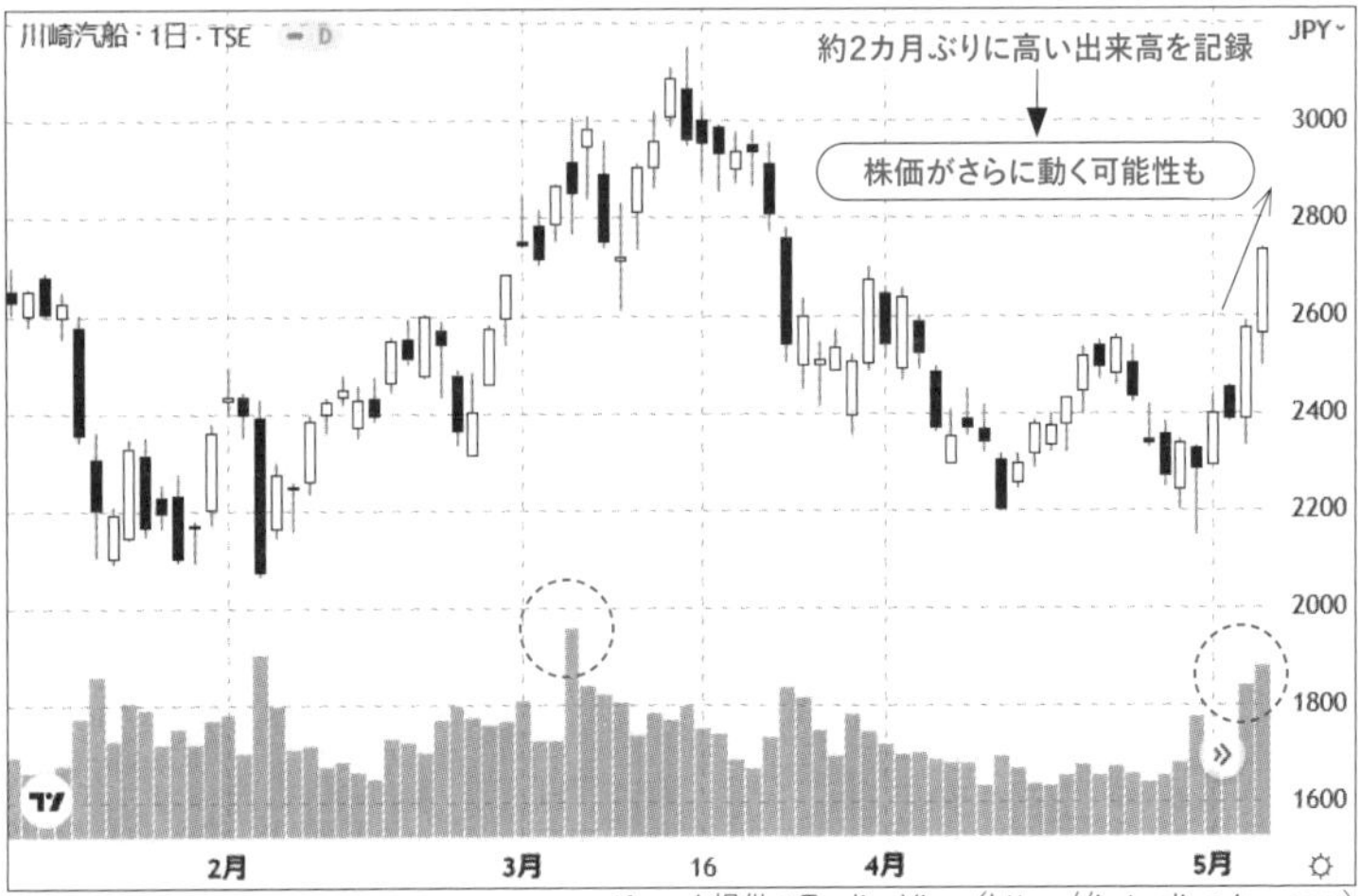

チャート提供：TradingView（https://jp.tradingview.com）

出来高と株価の関係

出来高と株価の関係は、次の4パターンに分類されます。

まず、**①出来高が急増し株価が上昇する**というパターンは、その銘柄への資金の流入を意味します（図表4）。その銘柄を買いたいという投資家が多いため、買い注文数も増え、買値も上昇してきたと考えられます。

そして、**②出来高は通常程度だが、株価が上がる**ということもあります（図表5）。この場合は、株価は上昇しているけれども買い注文数は増えておらず、流入する資金自体は増えていないことを意味しており、実は**この先の一時的な下落を暗示**しています。

図表5｜1月ほど株価上昇後に頭打ちとなり、出来高も減少傾向（川崎汽船）

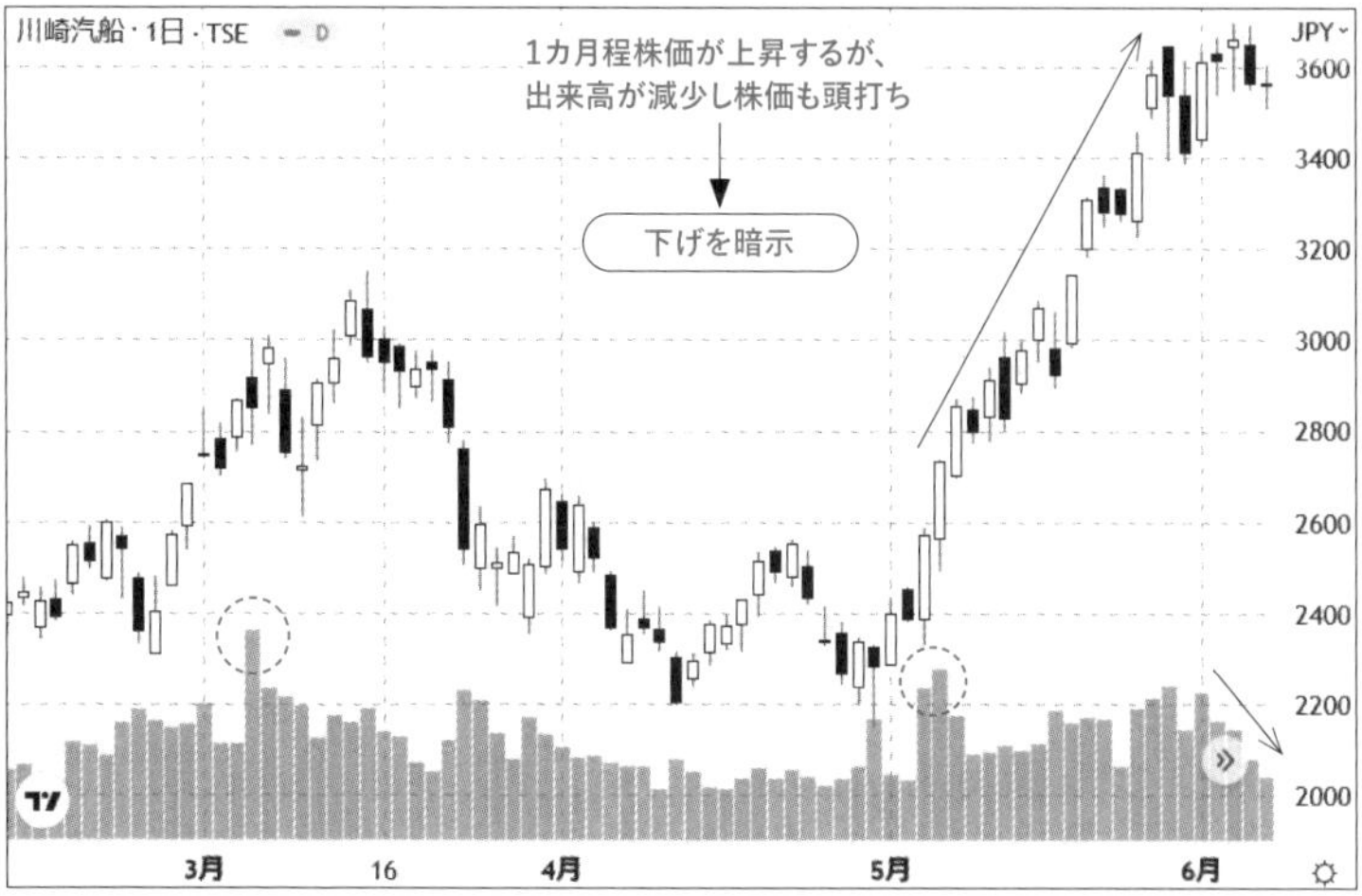

チャート提供：TradingView（https://jp.tradingview.com）

図表6｜出来高急増とともに急落（川崎汽船）

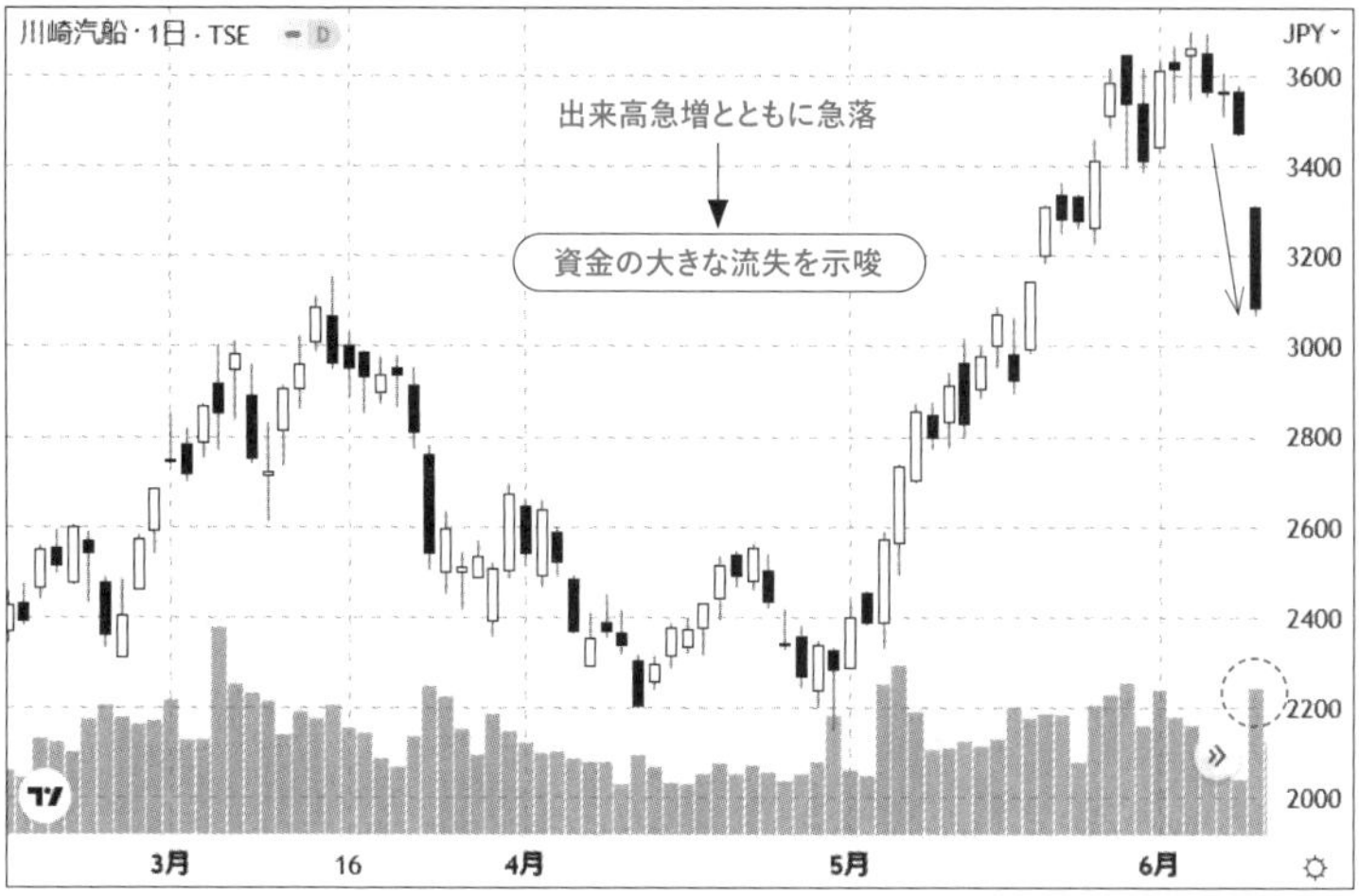

チャート提供：TradingView（https://jp.tradingview.com）

図表7｜出来高と株価の関係

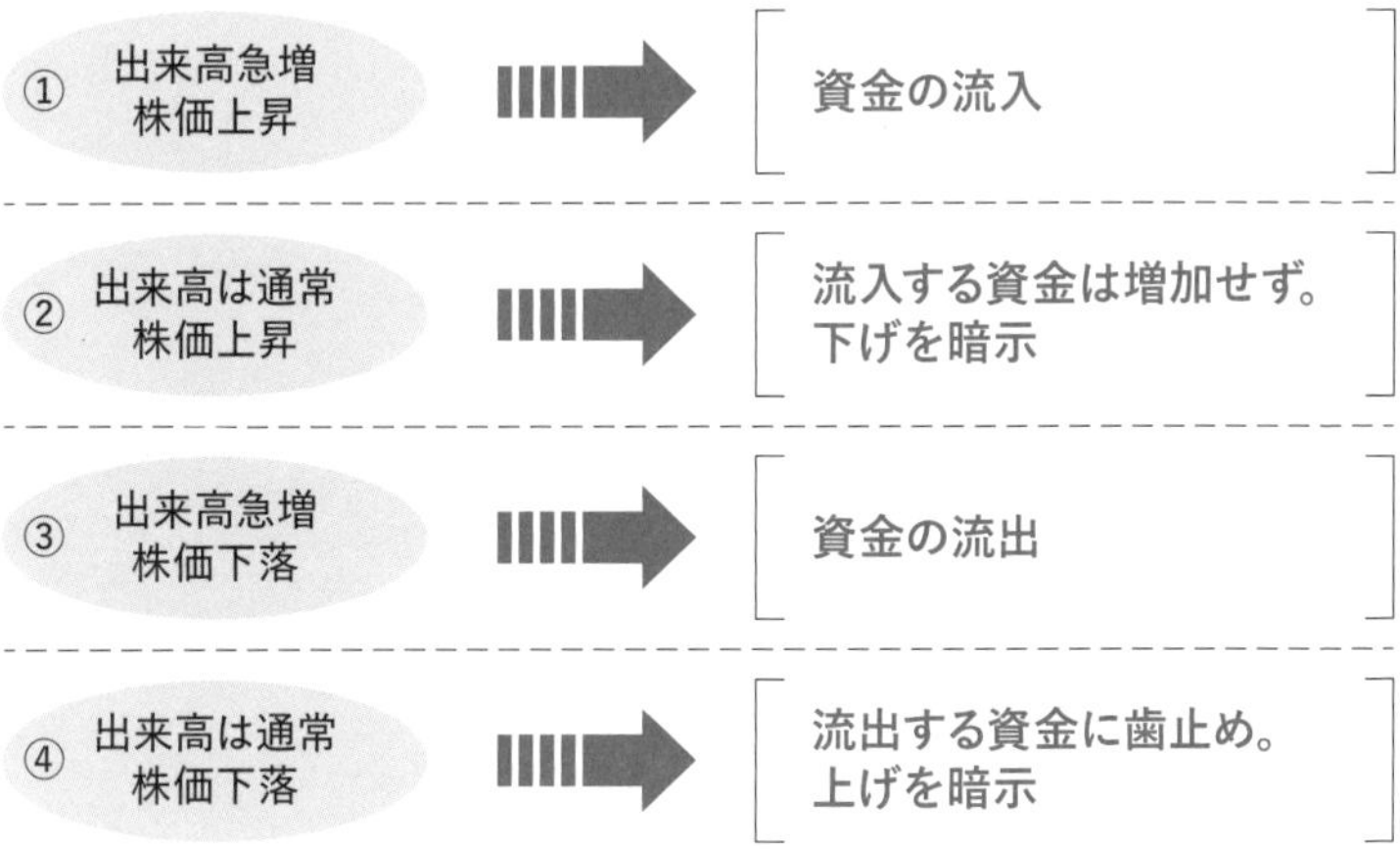

また、**③出来高が急増し、株価が下がる**というパターンもあります（前ページの図表6）。これは、資金の流出を意味します。その銘柄を売りたいという投資家が多いため、売り注文数も増え、売値も下落してきたと考えられます。

出来高が急増したからといって、買えば稼げるというわけではないので、その点は注意してください。

最後に、**④出来高は通常程度だが、株価が下がる**ということがあります。これは、それまで流出していた資金に歯止めがかかり、この後の一時的な上昇を暗示しています。

そして、トレード投資家として株式投資をされる方に、この出来高は何の役に立つかというと、まさに「これから株価が動く銘柄の予測」に有効活用できるということです。

実際に、出来高が急増したその日から数日の時を経て、上げ波動または下げ波動、もみ合い放れが生じることが多々あります。

最後に1点、誤解しないでいただきたいのは、「市場全体のその日の出来高急増銘柄を探す」のではなくて（通常は人気の大型株銘柄が出来高・売買代金ランキングの連日上位にいます）、**「久しぶりに高い出来高を記録した」**という銘柄にチャンスがあるということですので、ご注意ください。

なお、この該当する銘柄について、自動スクリーニングができる無料ツールを開発したので、次のＱＲコードからご利用ください。

https://toushi-gp.jp/bk/

6-3 トレードに役立つ銘柄分析①「決算短信」

上場企業は、株主や投資家向けに自社の業績や財務の状況、今後の業績見通しなどを開示し、広報活動を行っています。これを**ＩＲ**（Investor Relations）といいます。

決算短信とは？

企業のホームページにＩＲ情報のページがあり、そこで「決算短信」「四半期報告書」「有価証券報告書」「業績ハイライト」といった決算説明資料のほか、「中期経営計画」「コーポレート・ガバナンス報告書」なども公表しており、誰でも入手して見ることができます。

その中でトレード投資家にとって重要なのは、**決算発表日**に発表される「**決算短信**」になります。

決算短信は、上場企業の株価形成に大きく影響する企業の業績や財務状況などについてまとめたもので、四半期毎３カ月に１回公表されます（第１・２・３四半期決算短信および本決算短信）。

図表8｜決算短信の例（ソフトバンク）

SoftBank

2023年３月期　第１四半期決算短信〔ＩＦＲＳ〕（連結）

2022年８月４日

上場会社名　ソフトバンク株式会社　上場取引所　東
コード番号　9434　URL　https://www.softbank.jp/
代表者　（役職名）代表取締役 社長執行役員 兼 CEO　（氏名）宮川　潤一
問合せ先責任者　（役職名）執行役員 財務経理本部 本部長　（氏名）内藤　隆志　（TEL）03-6889-2000
四半期報告書提出予定日　2022年８月10日　配当支払開始予定日　―
四半期決算補足説明資料作成の有無　：有
四半期決算説明会開催の有無　：有

（百万円未満四捨五入）

1. 2023年３月期第１四半期の連結業績（2022年４月１日～2022年６月30日）

(1) 連結経営成績（累計）　（%表示は、対前年同四半期増減率）

	売上高		営業利益		税引前利益		四半期利益		親会社の所有者に帰属する四半期利益		四半期包括利益合計額	
	百万円	%	百万円	%	百万円	%	百万円	%	百万円	%	百万円	%
2023年3月期第1四半期	1,361,999	0.4	247,111	△12.7	221,869	△18.6	149,783	△11.6	128,542	△14.9	182,505	2.8
2022年3月期第1四半期	1,356,574	15.7	283,099	1.1	272,462	5.9	169,410	0.8	150,964	△0.8	177,566	3.4

	基本的１株当たり四半期利益	希薄化後１株当たり四半期利益
	円 銭	円 銭
2023年3月期第1四半期	27.28	26.95
2022年3月期第1四半期	32.18	31.49

(2) 連結財政状態

	資産合計	資本合計	親会社の所有者に帰属する持分	親会社所有者帰属持分比率
	百万円	百万円	百万円	%
2023年3月期第1四半期	12,783,558	2,861,269	1,627,597	12.7
2022年3月期	12,707,913	2,888,346	1,675,200	13.2

2. 配当の状況

	年間配当金				
	第１四半期末	第２四半期末	第３四半期末	期末	合計
	円 銭	円 銭	円 銭	円 銭	円 銭
2022年３月期	―	43.00	―	43.00	86.00
2023年３月期	―				
2023年３月期（予想）		43.00	―	43.00	86.00

（注）直近に公表されている配当予想からの修正の有無　：無

3 2023年３月期の連結業績予想（2022年４月１日～2023年３月31日）

（%表示は、対前期増減率）

	売上高		営業利益		親会社の所有者に帰属する当期利益		基本的１株当たり当期利益
	百万円	%	百万円	%	百万円	%	円 銭
通期	5,900,000	3.7	1,000,000	1.4	530,000	2.4	112.79

（注）直近に公表されている業績予想からの修正の有無　：無

決算短信の主な記載情報

- 売上高、営業利益、経常利益、税引き前利益、1株当たり当期純利益などの経営成績
- 総資産、純資産、自己資本比率などの財務状態
- キャッシュ・フローの状況
- 配当の状況
- 今期の業績予想
- 主な注記事項　など

出所：ソフトバンク株式会社HP（https://www.softbank.jp）

決算発表日に注意

企業は主に決算発表日に、**会社の業績予想や配当予想の修正を行い、その結果によっては株価が窓を開けて大きく動くことがあります。**

ですから、ポジションを持っている銘柄や、これから狙いたい銘柄の決算発表予定日は把握しておき、特に注意しなければなりません。その日の前後を避ける手もありますし、逆に発表後の動きを狙うのもありだと思います。

また、そのほかにも、大型案件の受注、自社株買い、M&A、株式分割、不祥事や不正の発覚など、予期しないニュースで株価が大きく動くこともあります。

図表9｜四半期決算発表により株価が大きく動いた例（田中化学研究所）

チャート提供：TradingView（https://jp.tradingview.com）

上図は**田中化学研究所**（**４０８０**）の例です。

２０２２年7月29日（金）、２０２３年３月期第１四半期決算発表日の夕方に、「決算短信」が公表されました。結果は、売上高が対前年同期比56・４％増の１５２・５億円、経常利益も同期比３・６倍の11・５億円などと、いずれも大幅に上方修正されました。

これを受けて、週明け8月１日の株価は大きく窓を開けて始まり、その後も約１カ月半で株価が２０００円を超えるなど、急上昇しました。

なお、左図のように、決算発表予定日は企業のＩＲページで公表されていますし、証券口座のサイトでもわかります。

図表10｜決算発表スケジュールの概ねの例（3月決算企業）

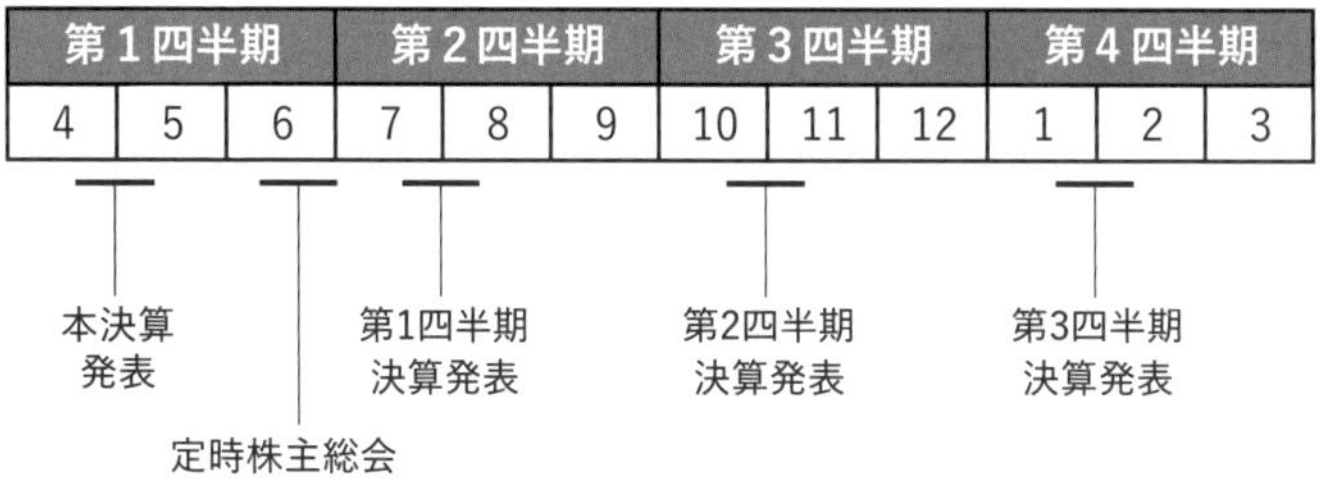

※図は概ねの時期であり企業により異なる

図表11｜証券口座でも決算カレンダーが見られる（楽天証券）

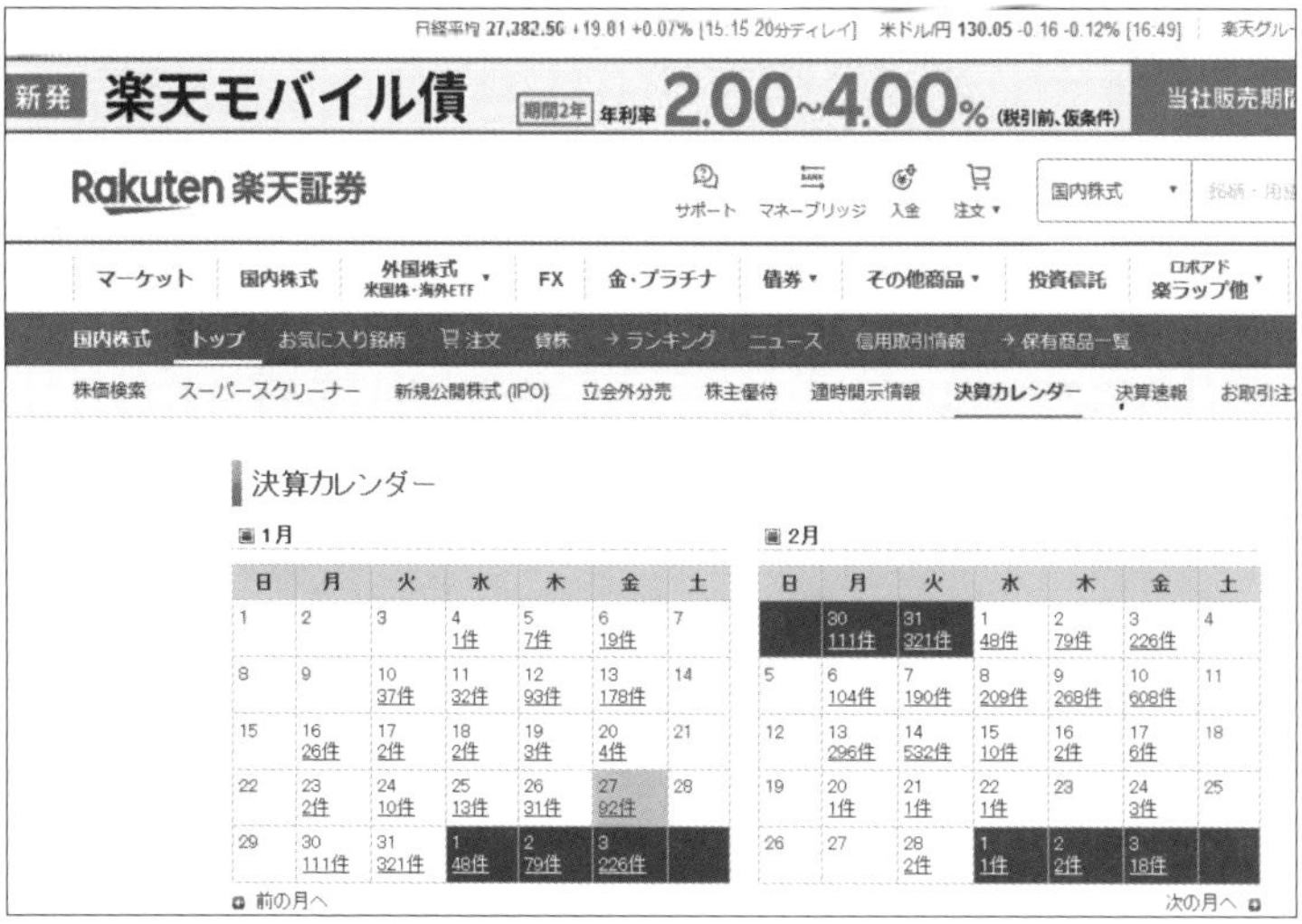

出所：楽天証券（https://www.rakuten-sec.co.jp）

6-4 トレードに役立つ銘柄分析②「会社四季報」

株式投資家にとってバイブル的な本があります。それは東洋経済新報社が発行する「**会社四季報**」です。

会社四季報とは?

会社四季報の創刊は昭和11年と古く、以来長年にわたり投資家から親しまれてきました。3月、6月、9月、12月の**年4回発行**され、全上場企業約３９００社の分析情報が掲載されています。会社四季報を参考にしながら買う銘柄を決める投資家も多く、市場への影響が大きいといわれている会社情報誌で、定価は各２４００円（税込）となっています。

また、決算期で最も数が多い3月決算企業の確定した「前期実績」や「**今期業績予想**」などが最初に掲載される**3集夏号**（6月中旬発行）が、最も注目される傾向があるといわれています。

図表12｜会社四季報の概要と特徴

- 発行元は東洋経済新報社（創刊は1936年）
- どんな会社を誰が所有し、業績はどうか、安全か、株価は割安かなど、全上場企業を分析しコンパクトに収録
- 株式投資家のバイブル的存在で市場への影響が大きい
- 3月（2集春号）、6月（3集夏号）、9月（4集秋号）、12月（1集新春号）の年4回発行
- 3月決算企業が約7割のため、3集夏号が一番注目されやすい傾向がある
- 12月の1集新春号はサプライズが出やすい

四季報情報でさらに「情報」を強化

会社四季報の一番の特徴は、「**四季報予想**」として、記者による今期と来期の2期分の独自業績予想があることです。

トレード投資家が実践する投資は、中長期保有ではなく、数日から数週間程度の短期的な波動を狙うスイングトレードですが、**上場企業が発表するIR情報に加え、会社四季報で得られるような企業の情報を知っておくことも重要**です。

前節で説明したように、年4回の決算発表のタイミングや会社四季報発売のタイミングなどをまたいで銘柄を保有している場合、株価が窓を開けて上下する銘柄もあります。

会社四季報を読むことで、短期的な業績や会社予想以上の業績推移を発見することもできるので、参考になります。

図表13｜会社四季報の誌面

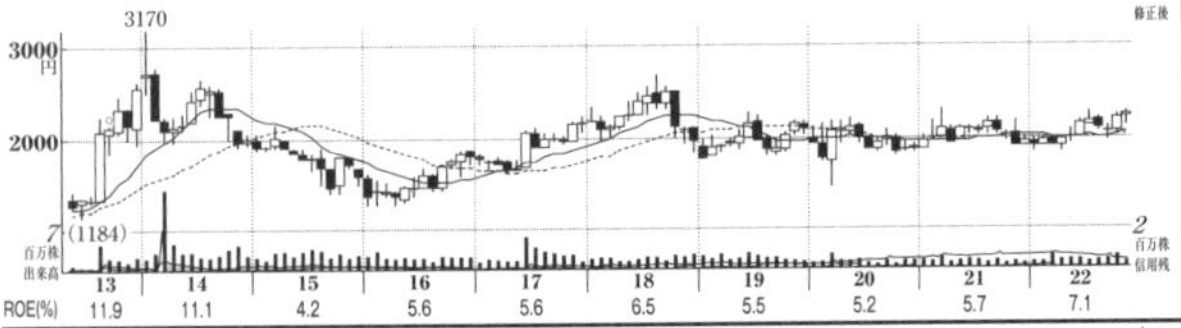

株価指標

予想PER	(倍)
〈23.3〉	14.8
〈24.3〉	14.0
実績PER	
高値平均	31.9
安値平均	23.8
PBR	1.64
株価(11/28)	2285円
最低購入額	22万8500円

【医薬品】

4559 ゼリア新《しん》薬《やく》工業《こうぎょう》

⬆前号比増額　😊会社比強気

【決算】3月【設立】1955.12【上場】1998.12

【特色】製薬中堅。医療用は消化器系中心。滋養強壮剤「ヘパリーゼ」も柱。スイス企業買収で海外展開

【連結事業】医療用医薬品62(19)、コンシューマーヘルスケア38(18)、他0(37)【海外】41 〈22・3〉

【独自増額】医療用柱の潰瘍性大腸炎薬「アサコール」は高用量製剤の販売寄与。感染症治療薬「ディフィクリア」大幅伸長。一般用「ヘパリーゼ」も回復傾向。研究開発費後ずれでも前号より増益幅拡大。増配。24年3月期は海外で感染症治療薬成長続く。

【浸　透】「ディフィクリア」は欧州の第1選択薬推奨が追い風、自社販売網強化も奏功。海外売上高比率は22年度上期で47%に。

年月	【資本異動】	万株
89. 3	無1:0.05	403
91. 8	分1→10	4,092
98. 5	分1→1.1	4,843
00. 3	消却	4,829
13.10	分1→1.1	5,311

東証P	高値	安値
98~20	**3170**(14)	**775**(11)
21	2309(3)	1870(1)
22.1~11	2297(11)	1837(1)

	高値	安値	出来万株
22. 9	2117	**1984**	158
10	2234	2046	216
#11	**2297**	2135	114

【総還元性向】105.0%(3期平均119.3%)
【増減配回数】増7 減0 据3 無0
【四半期進捗率】3期平均43.6%
今期84.2%(+40.6pt)

【業種】医薬品
時価総額順位 22／37社
【比較会社】4534 持田製薬, 4548 生化学工業, 4551 鳥居薬品

【株式】10/31 53,119千株
単位 100株 貸借 優待
時価総額 1,213億円

【財務】〈連22.9〉	百万円
総資産	134,407
自己資本	61,581
自己資本比率	45.8%
資本金	6,593
利益剰余金	52,059
有利子負債	54,050

【指標等】		〈連22.3〉
ROE	7.1%	予11.0%
ROA	3.2%	予 5.1%
調整1株益		―円
最高純益(14.3)		5,277
設備投資	1,459	予4,300
減価償却	4,700	予5,100
研究開発	4,789	予5,000

【キャッシュフロー】	億円
営業CF	89(68)
投資CF	▲28(▲174)
財務CF	▲48(111)
現金同等物	115(96)

【株主】単12,095名〈22.9〉	万株
自社(自己株口)	897(16.8)
(有)伊部	474(8.9)
日本マスター信託口	362(6.8)
三菱UFJ銀行	210(3.9)
森永乳業	184(3.4)
伊部幸顕	159(2.9)
三井住友銀行	140(2.6)
みずほ銀行	140(2.6)
りそな銀行	118(2.2)
あいおいニセイ同損	94(1.7)

〈外国〉5.6%〈浮動株〉8.0%
〈投信〉3.3%〈特定株〉52.7%

【役員】(会)伊部幸顕 (社)伊部充弘 (副社)遠藤広和 (取)小森哲夫* 野本亀久雄* 森元誠二* (常監)高見幸二郎 石山佳治 (監)中由規子* 紙透大*

【連結】ティロッツ, F.T.ファーマ, ズィーピーディー

【業績】(百万円)	売上高	営業利益	経常利益	純利益	1株益(円)	1株配(円)
連18. 3	64,568	4,830	5,089	4,157	80.7	34
連19. 3	61,831	3,737	3,295	3,454	69.6	34
連20. 3	60,426	4,094	3,879	2,925	62.6	34
連21. 3	55,442	3,442	3,175	3,119	67.7	34
連22. 3	59,532	6,366	5,935	3,961	87.8	35
連23. 3予	66,000	8,500	8,500	6,800	154.0	36
連24. 3予	70,000	9,000	9,000	7,200	163.1	36
連22.4~9	33,712	5,894	5,182	3,998	90.4	18
連23.4~9予	35,000	6,000	6,000	4,800	108.7	18
会23. 3予	66,000	7,000	7,000	5,600	(22.5.11発表)	

【配当】	配当金(円)
21. 3	17
21. 9	17
22. 3	18
22. 9	18
23. 3予	18
23. 9予	18
24. 3予	18
予想配当利回り	1.58%
1株純資産(円)〈連22. 9〉	1,395 (1,236)

【本社】103-8351東京都中央区日本橋小舟町10-11 ☎03-3663-2351
【支店】東京, 大阪, 札幌, 仙台, 名古屋, 中四国, 福岡
【工場】埼玉, 筑波【研究所】埼玉
【従業員】〈22.9〉連1,734名 単854名(42.9歳)年707万円
【証券】上東京P 幹野村, 三菱Uモル, みずほ, 東海東京 名三井住友信 監あずさ【銀行】三菱U, みずほ, 三井住友, 三井住友信, りそな
【仕入先】中央商工, 京都薬品工業
【販売先】メディセオ, スズケン

出所：「会社四季報2023年1集」（東洋経済新報社）

●会社四季報の誌面構成

会社四季報の企業紹介のページの読み方については、別途「公式ガイドブック」もありますのでそちらに譲りますが、上図のように、月足のチャート、主要な株価指標、**会社四季報の業界担当記者によるコメント**、さらには、株主構成、財務指標、資本移動、企業業績の推移などが一目でわかる構成になっています。

特に、欄外の「**前号比矢印**」と「**会社比マーク**」は必見で、上向きの矢印と笑顔のマークは株価上昇の兆

図表14｜業績予想の修正記号

■四季報営業利益予想と会社営業利益予想の乖離率

境界	記号	内容
	☺☺大幅強気	乖離率が30％以上
+30％		
	☺会社比強気	乖離率が３％以上30％未満、または会社予想がゼロで四季報予想が黒字
+3％		
▲3％		
	会社比弱気☹	乖離率が▲３％以上▲30％未満、または会社予想がゼロで四季報予想が赤字
▲30％		
	大幅弱気☹☹	乖離率が▲30％以下

■前号からの営業利益の修正率

境界	記号	内容
	大幅増額 ↑↑	30％以上の増額
+30％		
	前号比増額 ↑	5％以上30％未満の増額またはゼロから黒字
+5％		
	前号並み →	5％未満の増額・減額
▲5％		
	前号比減額 ↓	5％以上30％未満の減額またはゼロから赤字
▲30％		
	大幅減額 ↓↓	30％以上の減額

出所：「会社四季報2023年1集」（東洋経済新報社）

しともなり得ます。

●定期購読するとオトク

トレードにも役立つ会社四季報の活用法には、多少のテクニックがあります。

会社四季報は、書店でもネットでも買えますが、発行元に「定期購読」を申し込む方法もあります。

すると、1年（4冊）で税込9240円、2年（8冊）で税込1万8260円となり、割引にもなります。送料は無料です。

定期購読すると、一般の書店等の発売日の1日前に手に入ります。特に発売日前日の夕方16時～18時頃などに、自宅指定便で届く傾向があります。詳細は発行元にご確認ください。

●業績予想の修正記号をチェック

そして、1日前に会社四季報を受け取った場合に、すぐさまチェックすべきは「**前号からの営業利益の大幅修正銘柄**」です。

194ページの図表13のように、欄外に四季報の営業利益予想を前号の予想と比べ、変化の傾向を示す矢印が記載されています。

もちろん、利益を保証する内容ではありませんが、発売日に多くの投資家が会社四季報を入手し、そこに記載されている情報を基に買う銘柄を選定するわけですから、最も注目度が高い業績予想の大幅修正銘柄を半歩先に買うことができるのは、チャンスということになります。

それ以外にも図表13のように、「四季報予想と会社予想に乖離がある時」などは「会社比マーク」がつき、株価が上下する要因にもなり得ますし、営業利益増益率が20%を超えると株価が上がりやすいなどの傾向もあり、参考になります。マークの見方など詳しくは、図表14や会社四季報の先頭にある「四季報の読み方」をお読みいただきたいと思います。

●証券口座があれば見られる証券会社が多い

会社四季報の情報は、証券会社のネット取引口座でも最新号の数字自体はたいてい見られ

図表15｜四季報予想と会社予想を比較

	【業績】(百万円)	売上高	営業利益	経常利益	純利益	1株益(円)	1株配(円)	【配当】	配当金(円)
	連18. 3	64,568	4,830	5,089	4,157	80.7	34	21. 3	17
	連19. 3	61,831	3,737	3,295	3,454	69.6	34	21. 9	17
	連20. 3	60,426	4,094	3,879	2,925	62.6	34	22. 3	18
	連21. 3	55,442	3,442	3,175	3,119	67.7	34	22. 9	18
	連22. 3	59,532	6,366	5,935	3,961	87.8	35	23. 3予	18
①	連23. 3予	66,000	8,500	8,500	6,800	154.0	36	23. 9予	18
	連24. 3予	70,000	9,000	9,000	7,200	163.1	36	24. 3予	18
	連22.4~9	33,712	5,894	5,182	3,998	90.4	18	予想配当利回り	1.58%
	連23.4~9予	35,000	6,000	6,000	4,800	108.7	18	1株純資産(円)<連22. 9>	
②	会23. 3予	66,000	7,000	7,000	5,600	(22.5.11発表)		1,395	(1,236)

出所：「会社四季報2023年1集」（東洋経済新報社）

①四季報予想で増収増益かどうか

・売上が増加し、営業利益が増加 ➡ 株価は上昇に優位性
・売上が減少し、営業利益が増加 ➡ 株価の上下に優位性なし
・売上が増加し、営業利益が減少 ➡ 株価の上下に優位性なし
・売上が減少し、営業利益が減少 ➡ 株価は下落に優位性

②四季報予想と会社予想

・四季報の予想 ＞ 会社の予想 ➡ 株価は上昇に優位性
・四季報の予想 ＝ 会社の予想 ➡ 株価の上下に優位性なし
・四季報の予想 ＜ 会社の予想 ➡ 株価は下落に優位性

る所が多いので、ＰＣやスマホでも気軽に情報が得られます。

財務の情報もありますので、利子をつけて返済しなくてはならない「**有利子負債**」と「**自己資本**」や「**利益剰余金**」を比較し、企業の安全性を測る等、**決算短信とともに読む練習をすることも長い目で見てスキルアップに役立ちます。**

波動を狙うスイングトレードをする場合でも、数日から数週間の保有期間はありますから、会社四季報の活用法について覚えておいて損はありません。

6-5 信用取引と空売りを使えるようになる

第1節で、「下げは空売りで狙う」ことを取り上げましたが、ここではその基になる「信用取引」のしくみと使い方について説明します。

信用取引のしくみとメリット

株式投資には2つの取引方法があり、１つは現物取引でもう1つが信用取引です。

現物取引は、自分が証券会社に入れた資金で株を買う通常の取引のことです。例えば30万円あったとすると、１００円の株を３００株までは買うことができますが、１０００株買うには１００万円が必要になります（手数料は省略）。

●空買いができる

信用取引を利用すると、証券会社に入れた資金を「担保」にしてお金を借りることで、最大で約3・3倍（委託保証金率30%の場合）までの取引ができるようになり、これを「**空買い**」といいます。右の例だと、30万円の資金があれば１０００株買えるようになります。

図表16｜空売りのしくみ

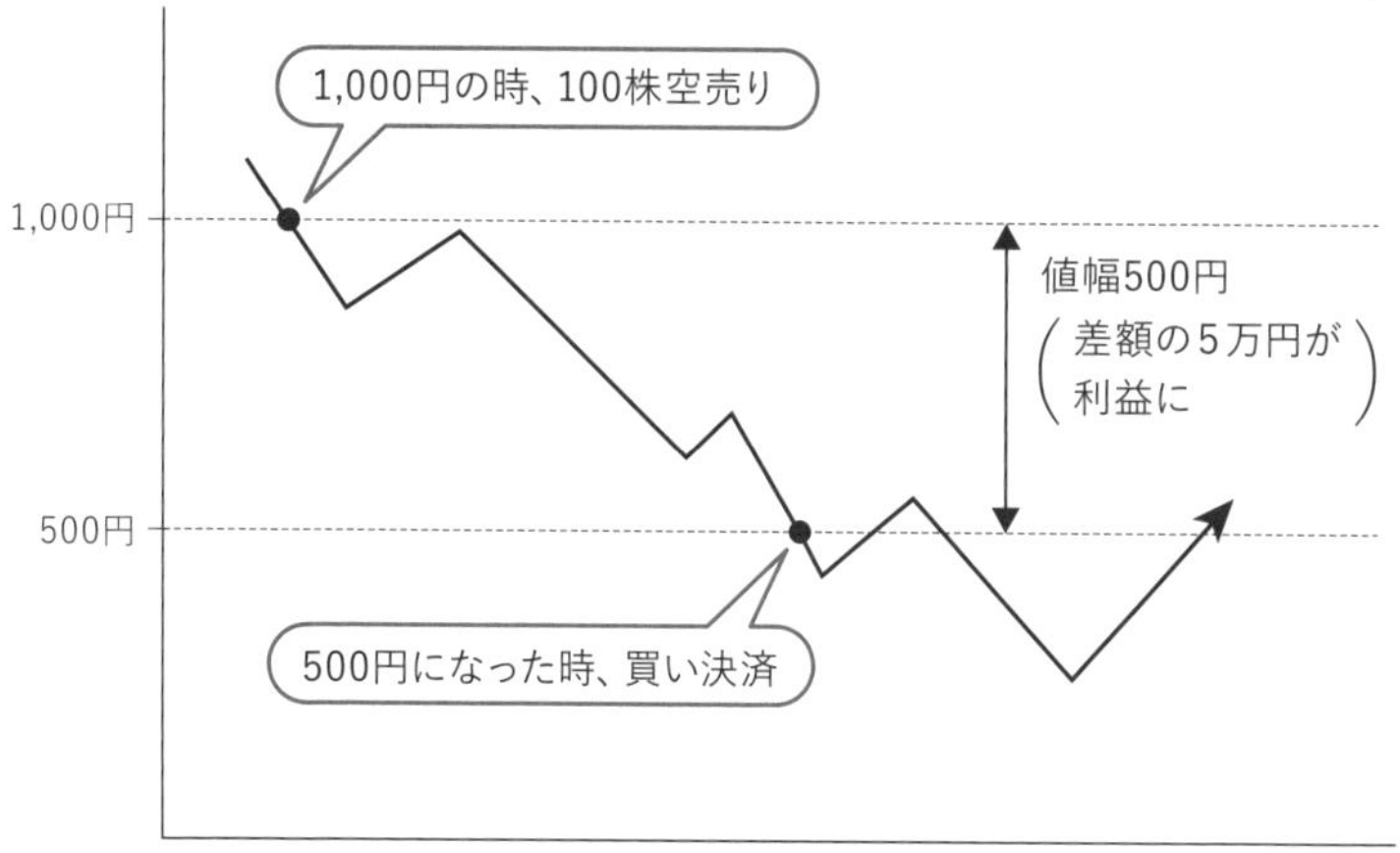

「利益＝数量×値幅」という利益の公式を見てもわかるように、利益を大きくするには、数量（資金量）がより多い方が有利です。その点でも信用取引によってレバレッジを使い、より多くの資金を投じて利益を上げようとする個人投資家も多いのです。

●空売りができる

次に、信用取引を使うと、自分が株を持っていなくても、証券会社からその株を借りて売り、後から買い戻すことで返済が完了する「**空売り**」という取引ができます。

波動トレードにおいても、上げ波動の銘柄が下げ波動に転じる時など、売り注文を新規で行い、思惑通りに株価が下落したらその後に買い注文で決済することで、**売値と買値の差を利益にできる**のです。

図表17｜制度信用取引と一般信用取引

	制度信用取引	一般信用取引
買付代金/売付株式	証券会社から借入（保証金を差入）	証券会社から借入（保証金を差入）
取引対象銘柄	取引所が選定	証券会社が選定（原則全上場銘柄）
期限	最長6か月	証券会社が決定
取引コスト	委託手数料、金利、貸株料、品貸料、他	委託手数料、金利、貸株料、品貸料、他
品貸料	取引所が決定	証券会社が決定
配当金	配当金相当額を売方⇒買方に支払	証券会社が定めたルールで処理
株主の権利	原則、金銭処理 議決権、株主優待は対象外	

※ 制度信用から一般信用、一般信用から制度信用というような途中での変更はできない。
※ 制度信用の場合のみ、証券会社は貸借取引を利用することができる。

出所：「信用取引制度の概要」（株式会社東京証券取引所株式部／ 2022年4月）より抜粋

この担保を「**委託保証金**」といいますが、現金だけでなく、自分の保有株も「**代用有価証券**」として一定割合分、委託保証金にすることができます。

なお、信用取引をするには、証券口座に加え**信用取引口座**の開設が必要になります。

また、信用取引には、取引所が条件を設定する「**制度信用取引**」と証券会社ごとに条件にやや違いがある「一般信用取引」があります。

初心者は、慣れるまでは標準的な制度信用取引の方が良いと思いますので、こちらの例で説明します。

信用取引にかかる主なコスト

空買いは借りた資金に対し「**金利**」がかかり、空売りは借りた株に対し「**貸株料**」がかかります。この時売建てした株が不足し調達しにくい状態になると、「**品貸料（逆日歩）**」という追加のコストがかかる場合があります。なお、制度信用取引の場合、これらは取引所が決定します。

売建てできる銘柄

株式トレードの場合には、上昇を狙う買い注文に加えて、下降を狙う新規の空売り注文ができるようになることをオススメしていますが、すべての銘柄で空売りができるわけではありません。

制度信用取引では、制度信用取引を行える銘柄を「**制度信用銘柄**」、そのうち買建て・売建ての両方ができる銘柄を「**貸借銘柄**」といい、いずれも証券取引所等が定める基準を満たした銘柄に限られます。

全上場企業３８０５銘柄（２０２２年末）のうち、制度信用銘柄が３７９０（99・６％）、貸借銘柄が２３１４（60・８％）となっています。

決済と返済

信用取引は、お金や株を借りてする取引ですから返済期限があります。**制度信用取引の場合は最長６カ月以内に証券会社に返済しなくてはなりません。**また、委託保証金率が最低基準を下回ると、それが回復するまでの額の**追加保証金の入金**を求められます。

図表18｜現引きと現渡し

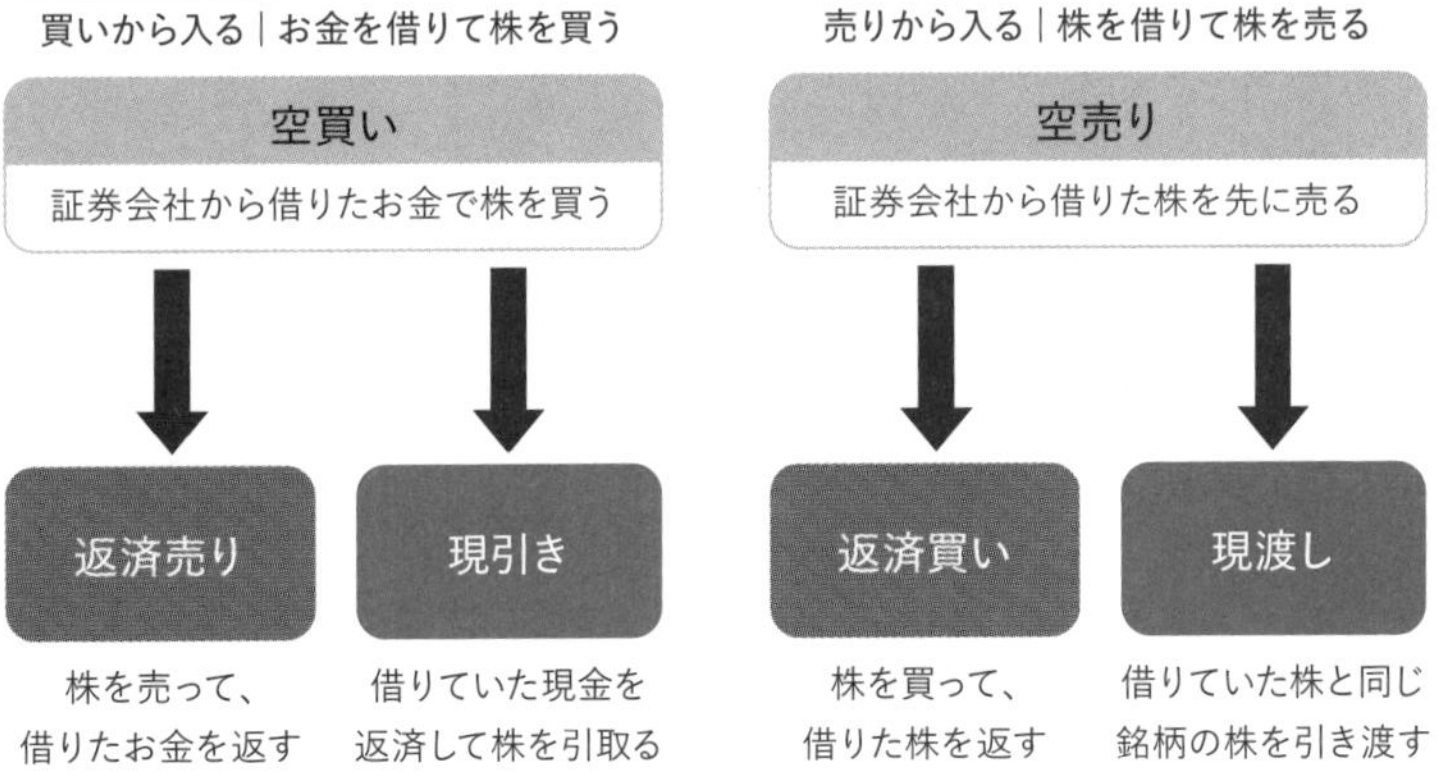

返済のしかたは、空買いなら返済売り、空売りなら返済買いというように、「**反対売買**」により決済するのが一般的です。

ただ、上図のように、買建てした株を売らずに現金で返済して引き取る「**現引き**」、売建てした株を買い戻さずに保有する現物株を引き渡して決済する「**現渡し**」という方法もあります。

決済した際に含み損が出ていれば、その分は損失になるのは現物取引と同じです。

使いこなすとメリットは大きい

180ページで述べたように、「上昇は緩やかで下落は急」という価格変動の特徴もあるので、短期間で大きな利益を狙うチャンスが増えます。

実際に、一定期間で到来する**○○ショック**と呼ばれる状況では、世界中の株価が一斉に下落することはよくあります。リーマン・ショック（67

ページ参照）、チャイナショック、**コロナショック**など、過去の例はたくさんあります。

個別銘柄でも、増担保規制になった時、重要な安値を割った時、明らかな大幅業績ダウンが明かされた時、大きな不正や不祥事が発覚した時など、損切りしてでも売らなくてはならない出来事があります。投資家が一斉に買いたいという出来事は限られますが、投資家が一斉に「売りたい」という出来事は多いのです。

その場合でも、空売りができるトレード投資家は利益を狙えますし、**下がるおそれのある保有株を空売りしてリスクヘッジに使う**こともできます。「上げる局面と下げる局面をフラットに見る眼が自ずと養われる」というメリットもありますので、ぜひ余裕資金で少額からチャレンジしてみることをオススメします。

徹底したリスク管理が必要になる

信用取引はいいことばかりではなく、レバレッジ取引ですから、思惑が外れて株価が狙いと反対方向へ動くと損失も大きくなり、リスクも高いといえます。**特に空売りの場合は、失敗した時の損切りをより厳格に行うなど徹底したリスク管理が必要です。**

そのほか、取引に制限がかかる場合があるなど、制度上の注意事項は色々とありますし、コストもあります。詳細は証券会社のＨＰのほか、コールセンターなどで確認することをオススメします。また、日本取引所グループ（ＪＰＸ）のＨＰの公表情報も参考になります。

6-6

トレードに役立つ銘柄分析③「信用残と増担保規制」

信用取引の利用者は、9割以上が個人投資家となっています。

前節で説明した通り、制度信用取引で新規の注文をすると、通常は「必ず」6カ月以内に決済をしなくてはなりません。空買いなら売り、空売りなら買いの反対売買をします。

そして、この期限内に必ず決済をしなくてはならない制度信用取引のしくみを使って、株価の上げ下げの1つのサインを見出すことができます。

信用残とは？

「**信用残**」という用語があります。これは、信用取引で注文された「買い保有中」と「売り保有中」のポジションがどれほどあるのかを表すものです。買いポジションの残高が「**買い残**」、売りポジションの残高が「**売り残**」です。

例えば、買い残が多い場合、それは基本的には新規買いからそれぞれ6カ月以内に反対売買をして売り決済をしなくてはならない買いポジションがたくさんあることになります。売

図表19｜信用取引情報の例（YAHOO!ファイナンス）

信用取引情報

信用買残 用語	710,300株 (01/27)	信用売残 用語	21,700株 (01/27)
└ 前週比 用語	+31,800株 (01/27)	└ 前週比 用語	+6,300株 (01/27)
信用倍率 用語	32.73倍 (01/27)		

出所：YAHOO!ファイナンス（https://finance.yahoo.co.jp）

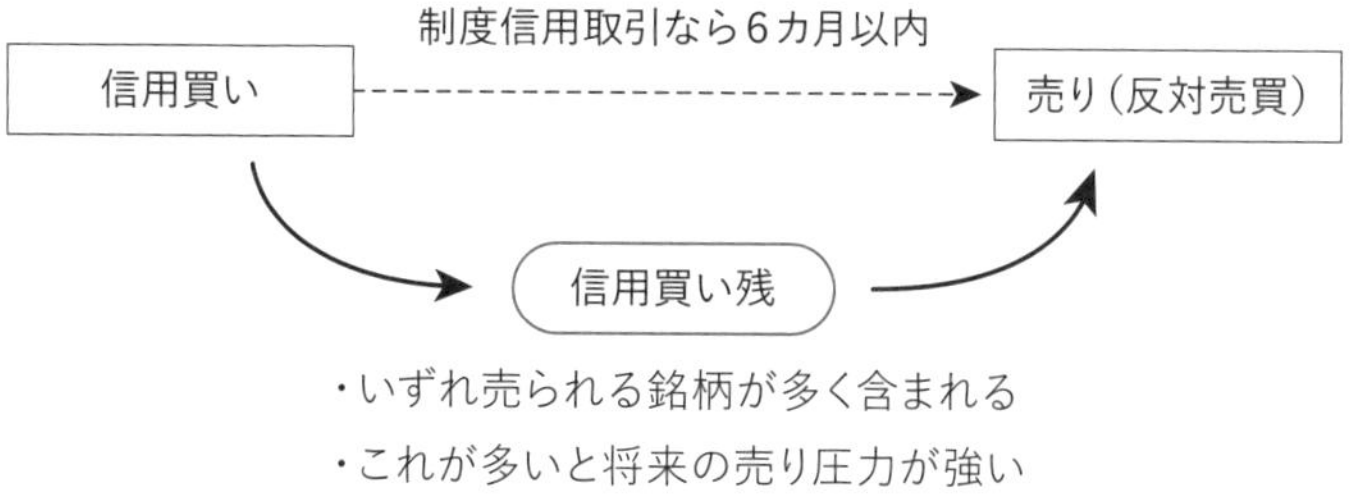

り残が多い場合は、逆にそれぞれ6カ月以内に買い決済をしなくてはならない売りポジションがたくさんあるということです。

制度信用取引の6カ月という期限については、最長まで保有する人もいますから、「将来の下げ圧力が強い」「将来の上げ圧力が強い」ということを暗示します。

●買い残と売り残の増減を見る

この信用残のデータは、一般信用も含め日本取引所グループ（ＪＰＸ）のＨＰで週1回「**銘柄別信用取引週末残高**」として公表され前週比も見られますので、前週と比較し増えたか減ったかがわかります。

また、証券口座のサイトでも、制度信用取引と一般信用取引（決済期限は証券会社が決定）の合計の週末残高や「**信用倍率**」が見られますし、ＹＡＨＯＯ！ファイナンスでは、**信用残の時系列データ**も見られます。信用倍率というのは、買い残を売り残で割った値で、一般にこれが1倍を超えると買いが強い、1倍未満だと売りが強い、1倍付近だと均衡している、という見方になります（前ページの図表19）。

ただ、単にどちらが多いかということではなく、どれくらいのボリュームがあるかを見ることが必要です。

増担保規制とは？

信用取引が盛んに利用される銘柄の中には、急騰銘柄が発生することがあります。信用取引は通常、自己資金（委託保証金）の約3・3倍までの取引ができますが、信用取引の過度な利用があると認められる銘柄について、証券取引所によって**通常は30％の委託保証金率およびその現金比率が引き上げられることがあります。**

これは「**増担保規制**」と呼ばれ、信用取引によって過熱感の出た銘柄の新規注文を抑制するために、銘柄単位で行われる証券取引所の規制の1つです（図表20）。

増担保規制に指定された銘柄は、通常時よりも委託保証金率が上がり、その結果通常より現金が多く必要となるということで、新規の買いをする投資家が減る傾向があります。

● 増担保規制をトレードに活かす

ある銘柄が増担保規制銘柄に指定されると、その後は上昇力が弱まり株価の下落に転じる

図表20｜信用取引に関する規制等（増担保規制）の指定銘柄を公表（JPX）

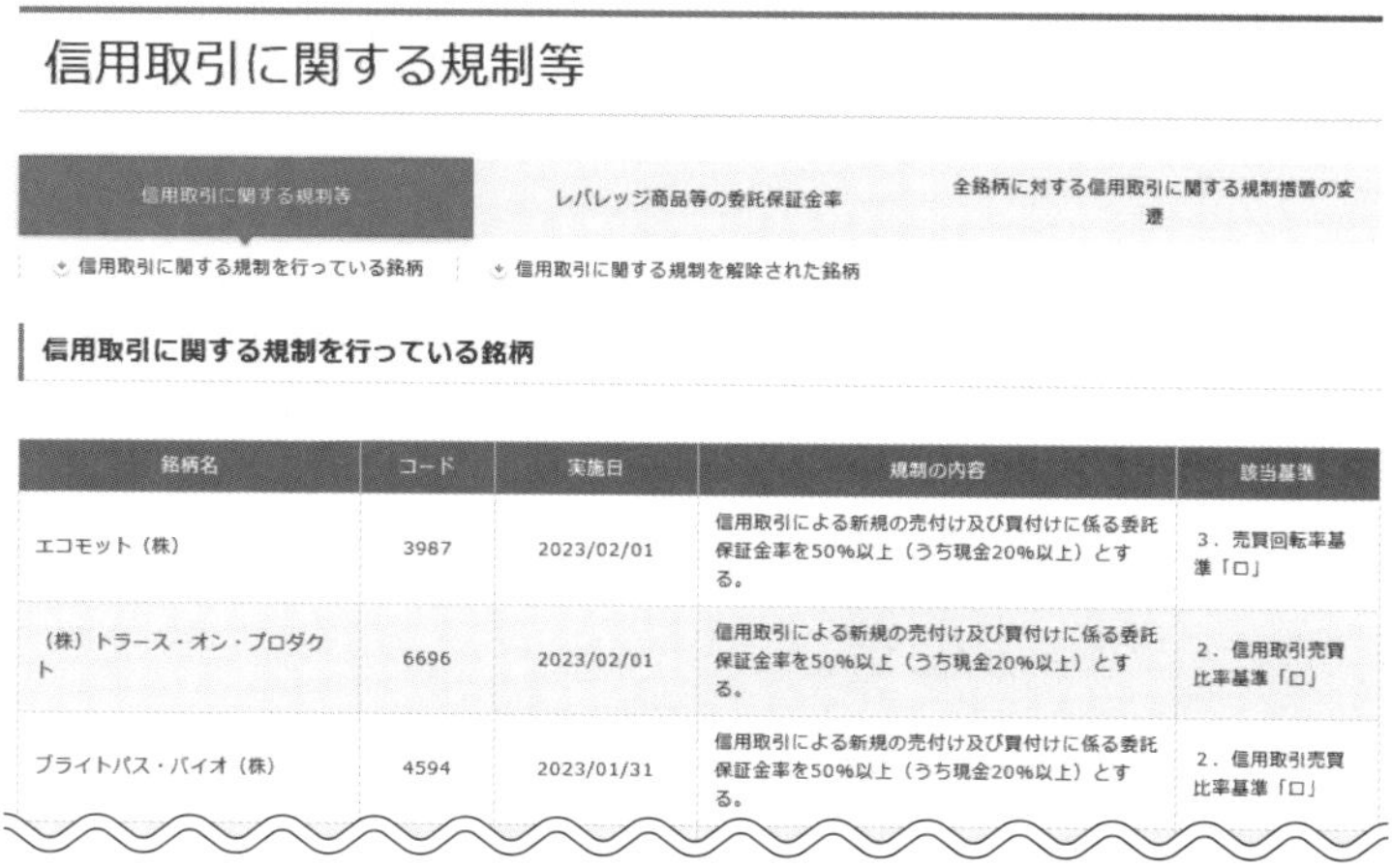

信用取引に関する規制等

信用取引に関する規制等　レバレッジ商品等の委託保証金率　全銘柄に対する信用取引に関する規制措置の変遷

信用取引に関する規制を行っている銘柄　信用取引に関する規制を解除された銘柄

信用取引に関する規制を行っている銘柄

銘柄名	コード	実施日	規制の内容	該当基準
エコモット（株）	3987	2023/02/01	信用取引による新規の売付け及び買付けに係る委託保証金率を50%以上（うち現金20%以上）とする。	3．売買回転率基準「ロ」
（株）トラース・オン・プロダクト	6696	2023/02/01	信用取引による新規の売付け及び買付けに係る委託保証金率を50%以上（うち現金20%以上）とする。	2．信用取引売買比率基準「ロ」
ブライトパス・バイオ（株）	4594	2023/01/31	信用取引による新規の売付け及び買付けに係る委託保証金率を50%以上（うち現金20%以上）とする。	2．信用取引売買比率基準「ロ」

出所：日本取引所グループHP（https://www.jpx.co.jp）

図表21｜増担保規制指定後に下落した例（ダブル・スコープ）

チャート提供：TradingView（https://jp.tradingview.com）

ことも多いので、たとえ現物取引した保有株でも増担保規制がかかるか否か、ということはポジション保有中には特にチェックしておかなくてはなりません（前ページの図表21）。

一方で、増担保規制に指定された銘柄であっても、一定期間が経過すると規制が解除されることがあります。増担保規制が解除された銘柄の中には、新規の買いが増えて株価が上昇する場合もあります。

このように増担保規制の指定や解除は、株価の値動きに影響を与える可能性があり、それが結果として損失につながる場合もありますので、その点は注意が必要です。

その他の規制や注意喚起も知っておく

信用取引には増担保規制以外にも、規制や注意喚起があります。

例えば、「**日々公表銘柄への指定／解除**」は、規制ではありませんが、信用取引残高の公表を日々行うことで投資家に注意を促すためのものです。「日々公表銘柄」は、16時を目安に前営業日までの分が公表されています（図表22）。

また、空売りについても、株不足で株の調達が難しくなった銘柄について、段階的に「貸株注意喚起」、「貸株申込制限」、「貸株申込停止」といった注意喚起の指定や制限がかかる場合がありますし、また「空売り価格の規制」がかかる場合もあります。これらも該当銘柄が証券取引所より日々公表されていますので、見ておくと良いでしょう。

図表22｜信用取引に関する日々公表等（JPX）

信用取引に関する日々公表等

日々公表銘柄 ｜ 特別周知銘柄

日々公表銘柄 ｜ 日々公表銘柄を解除された銘柄

日々公表銘柄

「日々公表銘柄」は、信用取引残高の公表を日々行うことにより投資者に信用取引の利用に関して注意を促すためのものであり、信用取引に関する規制措置を実施している銘柄ではありません。

銘柄名	コード	指定日
※エコモット（株）	3987	2023/01/30
ミナトホールディングス（株）	6862	2023/01/30
（株）ＤＮＡチップ研究所	2397	2023/01/27
※（株）ｐｌｕｓｚｅｒｏ	5132	2023/01/27
※（株）トラース・オン・プロダクト	6696	2023/01/26
（株）テノ．ホールディングス	7037	2023/01/26
（株）サンオータス	7623	2023/01/26

出所：日本取引所グループHP（https://www.jpx.co.jp）

トレード投資家においては、信用残高の上昇や増担保規制は、その後の波動が発生するチャンスになるともいえますが、トレードの際にはストップ安やストップ高を頻繁につける出来高が少ない銘柄、すなわち「流動性が低い銘柄」などは大きなリスクが伴います。

その点は十分に注意してください。

6-7

日本株デイトレで使える「板読み（気配値）」

株式投資をする上で、覚えておきたい注文方法が2つあります。

それは成行（なりゆき）注文と、指値（さしね）注文です。成行注文とは、「いくらでもいいので今すぐ買いたい（売りたい）」という方法です。

指値注文とは、「いくらになったら買い注文を入れる」「いくらになったら売り注文を入れる」という具合に、いわば**価格を指定して予約を出す注文方法**です。

板情報で気配値を見る

そして、どの価格にどれほどの注文が入っているか、という情報を一目で見ることができるのが「**板情報**」です。

板情報の読み方としては、左図のように、まず真ん中の列に株価があり、その両側に「買い数量」と「売り数量」が並びます。基本的には、板には「買い」と「売り」それぞれ10個程度の株価が**現在値**を挟んで表示され、リアルタイムで動いていきます。投資家はこの「**気

配値」（けはいね）を見ながら指値を出したり、今出している指値価格を変更したりするわけです。

このように板情報は、価格別や注文全体で、買い注文が多く入っているのか、売り注文が多く入っているのかという、チャートにも表れない**短期的な上昇または下降のパワーのどちらが優勢かを知ることができます。**

図表23｜板情報（気配値）を読む

売りたい人の注文（59,000〜5,600）／買いたい人の注文（1,800〜35,000）

売り	気配値	買い
59,000	OVER	
9,800	1,039	
4,000	1,038	
5,200	1,037	
5,600	1,036 ―②	
	①― 1,035	1,800
	1,034	3,200
	1,033	3,900
	1,032	2,400
	UNDER	35,000

①1,035円で1,800株の買い注文が予約
②1,036円で5,600株の売り注文が予約

上値が重い板＝上昇しにくい印象

売り注文が多い
下落パワーが強い

売り	気配値	買い
591,000	OVER	
178,200	756	
153,000	755	
183,200	754	
	753	35,400
	752	28,900
	751	40,300
	UNDER	185,200

図表24｜気配値を見る（SBI証券）

エディア (3935)

現在値	624 ↑
前日比	-75 (-10.73%) (23/02/03 13:56)
始値	716 (09:03)
高値	790 (09:26)
安値	609 (13:21)
前日終値	699 (23/02/02)
出来高	7,852,500 (13:56)
売買代金	5,532,425 (千円)
売買単位	100

売気配株数	気配値	買気配株数
−	成行	−
385,700	OVER	
1,700	633	
3,600	632	
1,600	631	
22,100	630	
7,300	629	
1,300	628	
8,200	627	
3,400	626	
4,700	625	
1,300	624	
	622	1,000
	621	300
	620	2,200
	619	1,200
	618	3,000
	617	7,000
	616	3,700
	615	3,300
	614	2,900
	613	4,100
	UNDER	252,500

出所：SBI証券（https://www.sbisec.co.jp）

歩み値で大口投資家の動きをつかむ

板はネット証券の口座画面には標準装備されていることが多いです。右図はSBI証券の気配値の表示画面の例です。

もう1つ「**歩み値**」という情報があります。

歩み値とは、その銘柄において、実際に約定した1件ごとの取引記録を時系列で表したものです。通常、売買の記録は出来高を見て判断する投資家も多いのですが、出来高では「売

図表25｜歩み値を見る例（SBI証券の「全板サービス」より一部抜粋）

値段	株数	金額	時刻
729.0	600	0.4	12:33:05
729.0	200	0.1	12:33:05
729.0	100	0.1	12:33:05
729.0	900	0.7	12:33:04
730.0	7,400	5.4	12:33:04
731.0	6,100	4.5	12:33:04
732.0	2,300	1.7	12:33:04
733.0	2,900	2.1	12:33:04
734.0	1,400	1.0	12:33:04
735.0	1,500	1.1	12:33:04
736.0	1,400	1.0	12:33:04
737.0	2,500	1.8	12:33:04
738.0	2,700	2.0	12:33:04
739.0	2,700	2.0	12:33:04
740.0	1,300	1.0	12:33:04
741.0	600	0.4	12:33:04
743.0	100	0.1	12:33:04
741.0	100	0.1	12:33:04
743.0	100	0.1	12:33:04
742.0	200	0.1	12:33:04
742.0	100	0.1	12:33:03
742.0	100	0.1	12:33:03

値段が下がってきた

数百万円単位の注文。
大口投資家が来た

出所：SBI証券（https://www.sbisec.co.jp）

買が実際にあった総合計」しか、見ることはできません。

歩み値は、1件ごとの取引を時系列順に並べて表示し、リアルタイムで動いていきますので、1回の取引のボリュームを見ることで大口投資家の動きを知ることができます（図表25）。

個人投資家とは違って、会社の資金を要する大口投資家は、綿密なリサーチをして、売買する銘柄やタイミングを計るわけですが、歩み値を見ていると、「1回の注文が数百万円から数千万円単位」など、明らかに一般の個人投資家とは異なる動きを確認できる時が

図表26｜後場開始直後からエディアは急落（1分足）

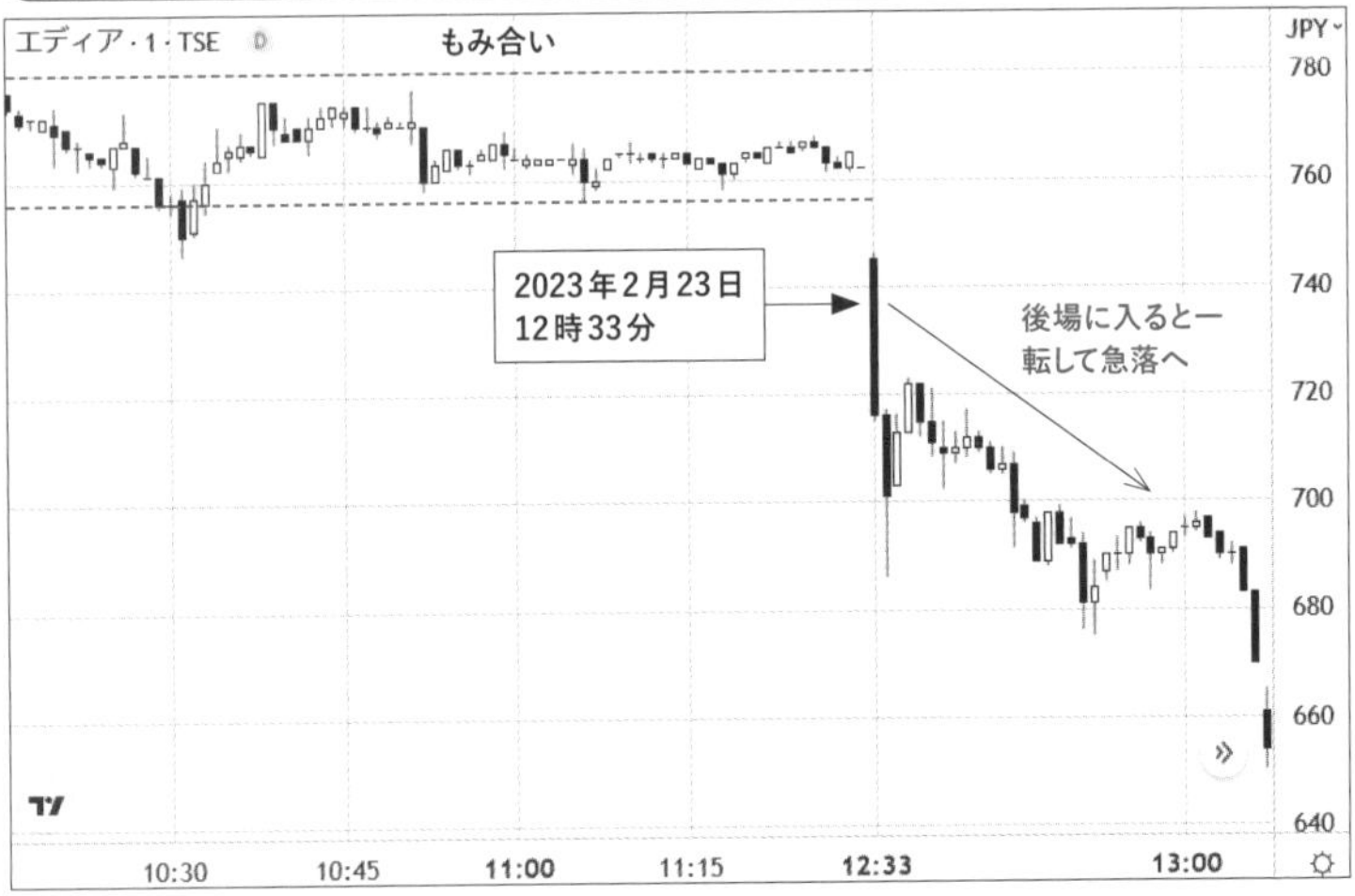

チャート提供：TradingView（https://jp.tradingview.com）

あります。

　大口投資家による大きな資金の注文を「確認してから」、自分も、大口投資家と同じポジションを狙うコバンザメのような戦略を取ることもできます。歩み値の情報も、チャートの株価に変化が起きる前にチャンスをつかむ手立てとなります。

●歩み値を活用する例

　2023年2月3日の**エディア**（**3935**）で、歩み値とチャートの動きから読み取れる売買タイミングについて、見てみましょう（図表26）。

　エディアは寄り付きから急上昇しましたが、その後はもみ合いに入って前場を終了しました。チャートにはまだ明確なチャンスはありませんが、歩み値（前ページの図

表25）を見ていると、後場開始直後から「**値段（約定価格）が下がってくるとともに、数百万円単位の注文が連続し、株数も増えてきた**」ということが確認できました。その直後、株価は前場とは正反対に大きく下落していきました。

板情報や歩み値情報のように、チャートには反映されないけれど発見できる大口投資家の動向などは、トレードでは大いに参考になります。

本書では、日足でスイングトレードを行うことを推奨しておりますが、デイトレードやスキャルピングで行いたい場合には、板情報や歩み値をより深く勉強してみてください。

6-8 中央銀行の金融政策と相場サイクル

本書で推奨する株式トレードの投資スタイルは、企業分析や相場分析をすることよりもチャートから判断できる株価の動きに素直に「ついていく」ことが最重要ポイントです。

しかし教養として、相場のサイクルや金融政策などの最低限の知識を覚えておいた方が、資産形成は成功しやすいでしょう。

4つの相場サイクル

まず、カギとなるのが「**中央銀行の金融政策**」です。中央銀行の重要な仕事の1つに、金融政策を通じて物価を安定させ、景気を健全に整えるということがあります。この景気や金融政策と株価との間には密接な関係がありますので、必ず理解しておきましょう。

中央銀行の金融政策と株価や景気の流れには一定のサイクルがあり、それが「相場サイクル」と呼ばれます。相場には大きく分けて4局面があり、それは「**金融相場**」「**業績相場**」「**逆金融相場**」「**逆業績相場**」と呼ばれます。

図表27｜利下げ後、S&P500は短期間でV字回復しその後は大幅上昇

	2月	3月
米国	1.75%	0.25%
英国	0.75%	0.10%
カナダ	1.75%	0.25%
豪州	0.75%	0.25%
ＮＺ	1.00%	0.25%

チャート提供：TradingView（https://jp.tradingview.com）

金融相場

まず、金融相場というのは、不景気になると中央銀行は景気刺激策として金融緩和（利下げ・量的金融緩和など）を行います。

それにより市場にお金がたくさん出回る形になり、その結果企業も資金調達がしやすくなります。企業の業績も低迷から反転間際になると、**株式市場にもお金が流れ、株価も上昇しやすく**なります。この時の相場を「金融相場」といいます。

まさに、中央銀行の金融政策で株価が上がる相場ともいえ、「**不景気の株高**」という状況になります。

2020年2月のコロナショックの直後から、米国を始めとする**世界の主要な中央**

銀行がゼロ金利を含む超金融緩和策を取ったため、経済はコロナ禍で大きく停滞しつつも株価は暴落してから短期間でV字回復し、圧倒的に上昇したのは記憶に新しいところです。

前ページの図表27は当時のＳ＆Ｐ５００指数の動きですが、このすさまじい一本調子の上昇により、日本でも米国株ブームが到来しました。

業績相場

市場に大量に資金が投下されて景気も上向きになると、企業業績も向上し、当然株価も上がります。この時の相場を「業績相場」といいます。消費も拡大してきて、景気も株価も本格的に上昇し始めます。

しかし、これが続いて景気が過熱しすぎると、物価上昇を伴うインフレが起きるおそれが生じてきます。

逆金融相場

景気が過熱し高インフレが生じてくると、２０２２年に日本を除いた世界の主要な中央銀行が「利上げ」に転じたように、今度は「**金融引き締め策**」が中央銀行によって発動されます。金利が上昇するということは、企業も個人も銀行から資金を調達しにくくなります。

すると、企業の新規事業の機会も減って売上や利益が伸び悩み、株価も下がると同時に従

図表28｜中央銀行と相場サイクル

●中央銀行の主な役割

「物価の安定」を図ることと、「金融システムの安定」に貢献すること。

物価の安定を図るために、金利の調整をし、それが景気とともに株価にもダイレクトに影響し、相場サイクルを生み出す。

●各国の中央銀行

日本（日本銀行）
米国（FRB／FOMC）
英国（BOE）
欧州（ECB）
豪州（RBA）
NZ（RBNZ）

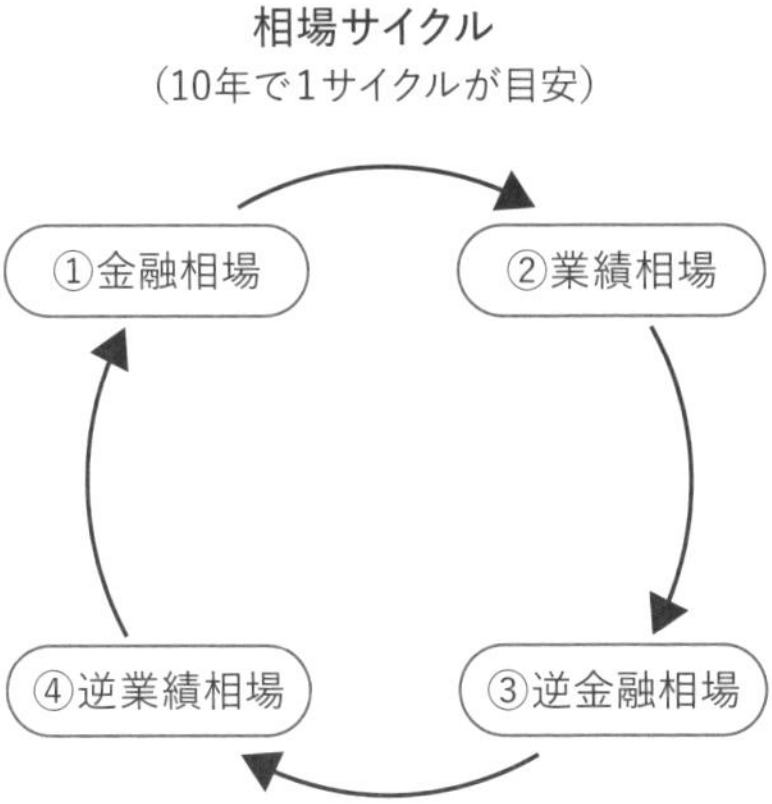

業員の給与や賞与にも影響が及び、ローンの金利も高くなるので、景気が頭打ちとなって消費も抑制されることになります。

そして、企業業績はまだ向上を継続していても中央銀行の金融政策で株価が下がる「逆金融相場」が到来することになります（図表28）。

逆業績相場

すると、次第に企業業績も悪化し景気も後退して投資家心理も冷え込み、株価が下降してきますが、これを「逆業績相場」といいます。景気がさらに悪化すれば、中央銀行は利下げに転じ、景気刺激策を取ります。

このように、中央銀行の金融政策は景気だけでなく、株価にとってもダイレクトに影響するので、投資家にとっては大変重要だということを覚えておいてください。

第7章

FXトレードの実践テクニック

7-1 「pips」とはFX特有の値幅の単位

「FX（Foreign Exchange）」とは、2つの通貨の売買で利益を狙う投資商品で、日本語でいえば「**外国為替証拠金取引**」のことです。

FX取引で出てくる「pips」とは？

2つの通貨の売買というのは、例えば、ドルと円ならば「ドルを買って円を売る」「ドルを売って円を買う」というように、一方の通貨でもう一方の通貨を買ったり、売ったりすることをいいます。これが「**通貨ペア**」です。

そして、「ドル」といえば普通はアメリカの通貨ですが、ほかにもオーストラリアドル（豪ドル）、ニュージーランドドル（NZドル）、香港ドルなどもあるので、為替の世界では「**米ドル**」と呼ばれます。通常、ドル円といえば米ドル円を指します。

これまで何度か説明してきたように、利益の公式は「利益＝数量×値幅」ですが、FXの値幅は「pips」（ピップス）というFX特有の単位が使われます。

図表1｜FXの通貨取引の表示例

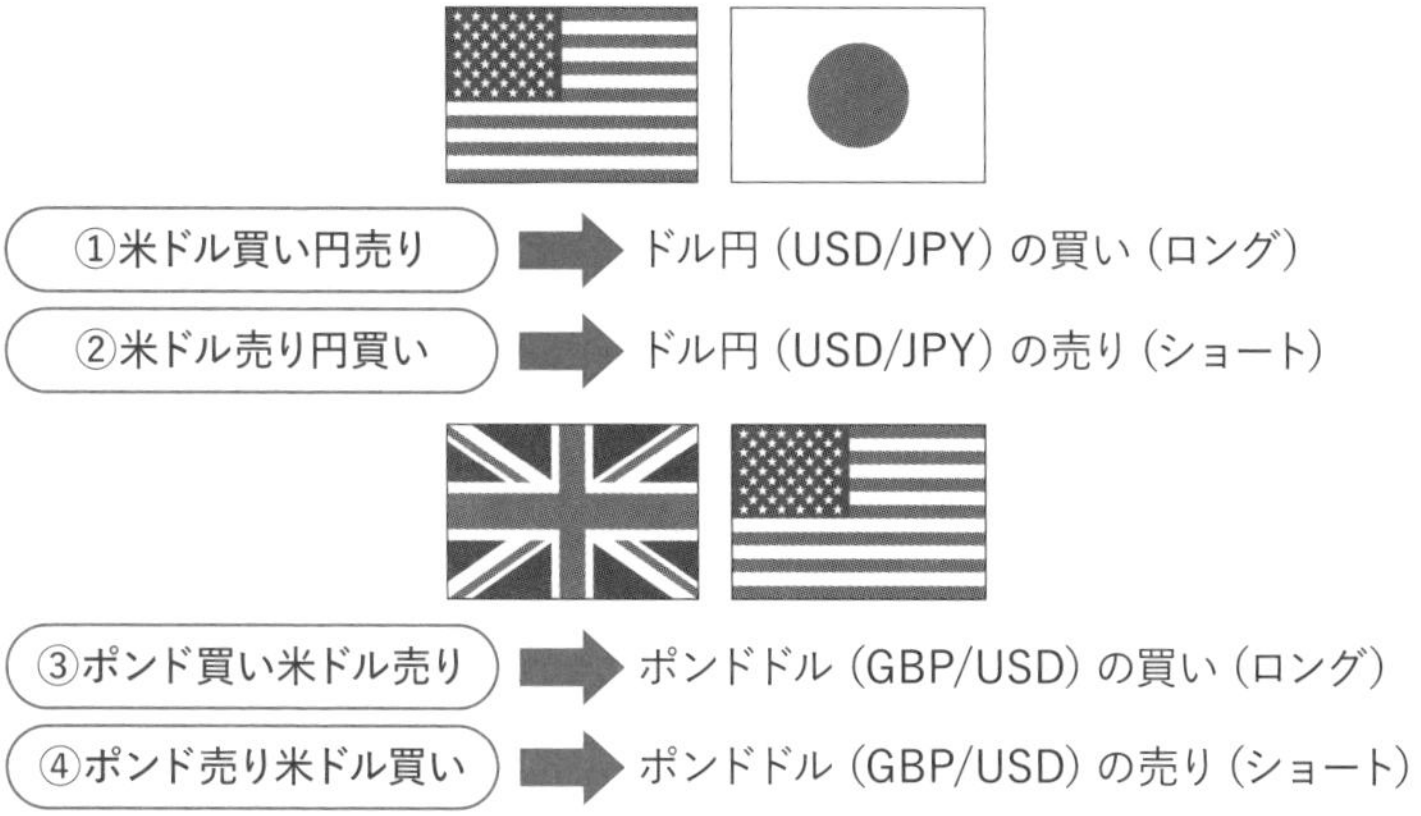

通貨の売買ということで、米ドル円を考える時、１ドル１３５円から１３６円までを買い持ちで利益とした場合、「１円を利益にした」と値幅を表現できると思います。しかし、ＦＸの世界では「１００pipsを利益にした」と表現することが世界標準となります。

円と米ドルの単純な比較であれば、株式投資のように「何円幅を利益にした」ということで通じるとは思いますが、ＦＸでは多くの通貨を扱うのでそうはいきません。２月初旬のある日の１米ドルは対円だと約１３２円、１ポンドは対円で約１５９円、対ドルでは１・２０４９ドルという具合で、もうわからなくなります。

例えばポンドと米ドルで売買して、ある一定の値幅を利益にした場合、「１米ドル幅」などという表現になるかもしれません。

そうなると、1円幅と1米ドル幅は、どっちがどれだけ値幅が広いのかどうか、**各国の通貨の単位でバラバラに表現されると、それぞれどれくらいの変動幅なのか、わからなくなる**ということです。

これを解消するための単位が「pips」なのです。pipsを用いると、「米ドルは10pipsの変動」「ユーロは20pipsの変動」「ポンドは30pipsの変動」などと、異なる通貨間であっても、容易に値幅が把握できるようになります。

1pipsの定義は厳密にいえば、ＦＸ会社ごとに異なるので、詳細は口座開設したＦＸ会社で確認していただきたいと思いますが、よくあるケースをご紹介します。

1pipsとはいくらなのか?

米ドル円、ユーロ円、ポンド円など円が絡む場合は、1pips＝0・01円（1銭）としているＦＸ会社が多いです。1円幅が１００pipsという具合です。一方、ユーロドル、ポンドドルなどの場合は、1pips＝０・０００１ドルとしているＦＸ会社が多いです（図表2）。

また「利益＝取引数量×獲得値幅」という公式で、米ドル円を考えると、１０００通貨の取引数量で、１００pips（1円幅）を獲得すると１０００円の利益となります。1万通貨の場合には、１００pipsで1万円の利益となります。

図表2｜FX特有の値幅単位「pips（ピップス）」について

- **FXの1pipsはいくら？**
  利益＝取引数量×獲得pips（値幅）
  例えば、1,000通貨で100pips（1円）を獲得すると、1,000円の利益となる。
- **1,000通貨はいくらからできる？**
  1,000通貨の「必要証拠金（円）」は、米ドル円で約4,500円～5,000円ほど。

獲得値幅をpipsで考えるメリットはほかにもあります。人はリアルなお金の損得を見ると、冷静に判断できなくなる傾向があります。取引数量が大きければ大きいほど、ちょっとした値幅でも、損得が大きく動きます。

また、波動の転換や波動の継続、もみ合い放れなどを基にした売買をしようと思った時、本来であれば獲得すべき「値幅」で判断すべきなのに、管理画面の含み益や含み損を見ることで感情が左右され、あらかじめ決めていたルール通りの売買がしにくくなる場合があります。

このような時に、pipsで獲得値幅を考える習慣があると、リアルなお金から距離ができて冷静に判断しやすくなります。

7-2

FXの通貨ペアの種類と特徴を知る

FX口座を開設していざ取引を始めようとすると、「どの通貨ペアを選べばいいのかわからない」という方も多いと思いますので、それを説明しましょう。

メジャー通貨から通貨ペアを選ぶ

FXで取引される通貨は数多く存在しますが、一般的には「メジャー通貨」と「マイナー通貨」に分かれます。

メジャー通貨は、米ドル（USD）、ユーロ（EUR）、円（JPY）、ポンド（GBP）、豪ドル（AUD）、スイスフラン（CHF）、カナダドル（CAD）、ニュージーランドドル（NZD）などがあります。

ただ、メジャー通貨の中でも差があり、世界的に取引量が多い主要通貨は、世界三大通貨と呼ばれる「**米ドル、ユーロ、円**」と、さらには「**ポンド**」です。これらを通貨ペアとして組む場合には、流動性が高いため相場が安定し、取引の特徴がつかみやすく、「**スプレッド**

（買いと売りの価格差）」が狭いというメリットがあります。

マイナー通貨は初心者には不向き

マイナー通貨とは、トルコリラ（TRY）、南アフリカランド（ZAR）、メキシコペソ（MXN）、ブラジルレアル（BRL）、ロシアルーブル（RUB）、中国人民元（CNH）などがありますが、中国を除けば新興国の通貨であり、流動性が低く、地政学的リスクの影響面でも大きな値動きになりがちなので、リスクは高く初心者にはオススメできません。

●高金利通貨のスワップ金利に惑わされない

新興国のマイナー通貨は金利が高い場合が多く、**スワップ金利（通貨の金利差で得られる収益。高金利の通貨を低金利の通貨で買い持ちすると、毎日得られる「金利」のようなもの）が高い傾向があります。**

「持っているだけで金利がもらえる」というトークで、金融マンからマイナー通貨への投資を営業されることもあるかもしれませんが、高い金利の通貨は、「それだけの高金利を払ってでも資金調達をしたい」ということでもありますから、リスクは高いと思っていて間違いありません。

トレード1年目は、主に米ドル円、ユーロドル、ポンド円、ポンドドル、ユーロ円などの主要ペアで取引されることをオススメします。

図表3｜主要市場の1営業日平均取引高（2022年4月中）

外国為替取引高 （単位:10億米ドル）

2019年4月中		2022年4月中	
①英国	3,576 〈43.2%〉	①英国	3,755 〈38.1%〉
②米国	1,370 〈16.5%〉	②米国	1,912 〈19.4%〉
③シンガポール	640 〈 7.7%〉	③シンガポール	929 〈 9.4%〉
④香港	632 〈 7.6%〉	④香港	694 〈 7.1%〉
⑤日本	376 〈 4.5%〉	⑤日本	433 〈 4.4%〉
⑥スイス	264 〈 3.2%〉	⑥スイス	350 〈 3.6%〉
⑦フランス	167 〈 2.0%〉	⑦フランス	214 〈 2.2%〉
⑧中国	136 〈 1.6%〉	⑧ドイツ	184 〈 1.9%〉
⑨ドイツ	124 〈 1.5%〉	⑨カナダ	172 〈 1.7%〉
⑩オーストラリア	119 〈 1.4%〉	⑩中国	153 〈 1.6%〉
グローバル・ベース 6,581 【+ 29.9%】		グローバル・ベース 7,508 【+ 14.1%】	

出所：日本銀行「外国為替およびデリバティブに関する中央銀行サーベイ」 2022.11.2

図表4｜通貨ペア別の取引高とシェア（2022年）

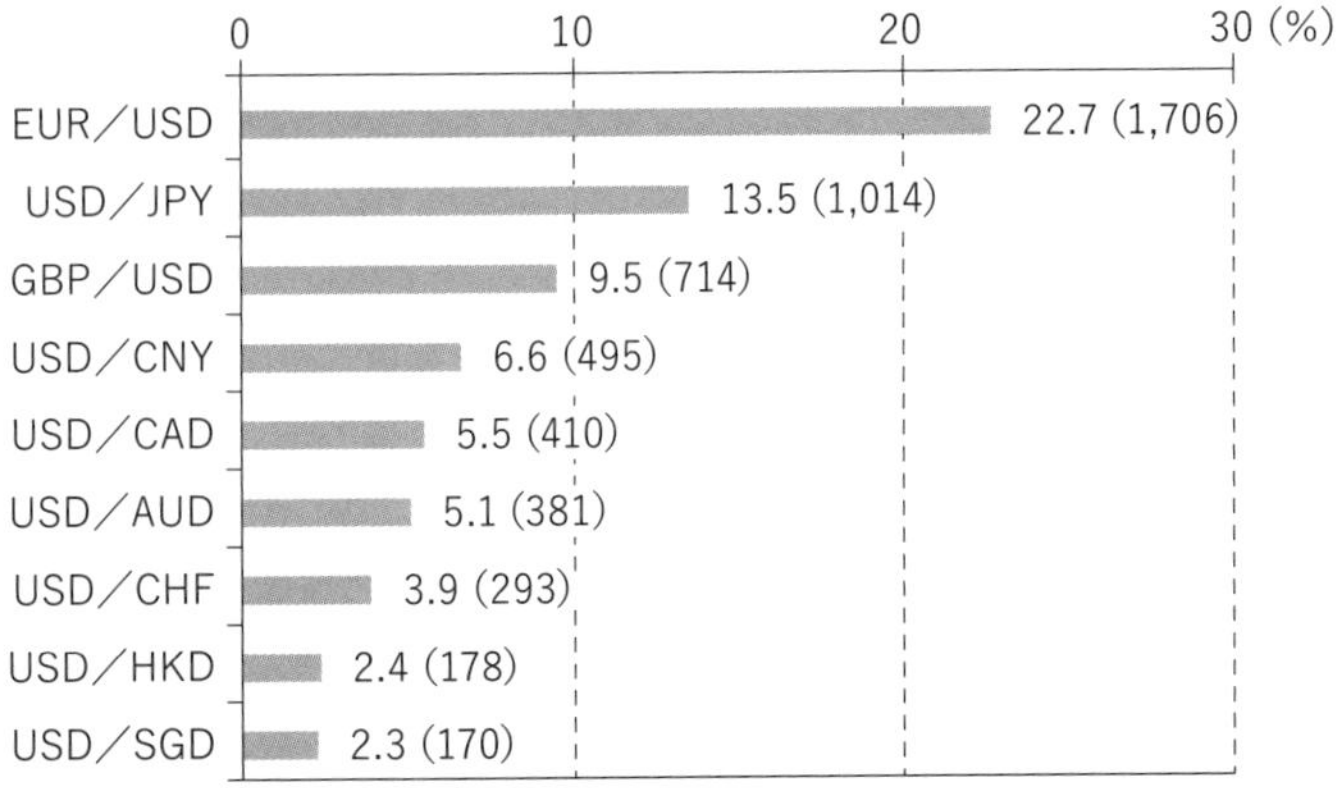

（ ）内は10億米ドル

出所：BIS「Triennial Central Bank Survey」 2022.4

図表5｜2022年の米国の利上げと米ドル円の推移

チャート提供：TradingView（https://jp.tradingview.com）

主要通貨ペアの特徴

米ドル円は、日本人にとって最もなじみがあり、最も初心者向けでありながら、「日米金利差が開く」などの状況下では利益を上げやすい通貨ペアだといえます。

お金は基本的に、「金利が低い通貨から高い通貨に流れる」という性質があります。

２０２２年の米ドル円は、「日本は金利を上げず、米国はインフレを抑え込むために金利を上げる」という金融政策が取られ、日米金利差が拡大する状況下で「１ドル１２０円、１３０円、１４０円、それ以上（円安が拡大）」と、大きな上昇トレンドが発生しました（図表５）。

日本とアメリカの経済や社会の情勢は、

図表6｜ユーロ加盟国とユーロ圏

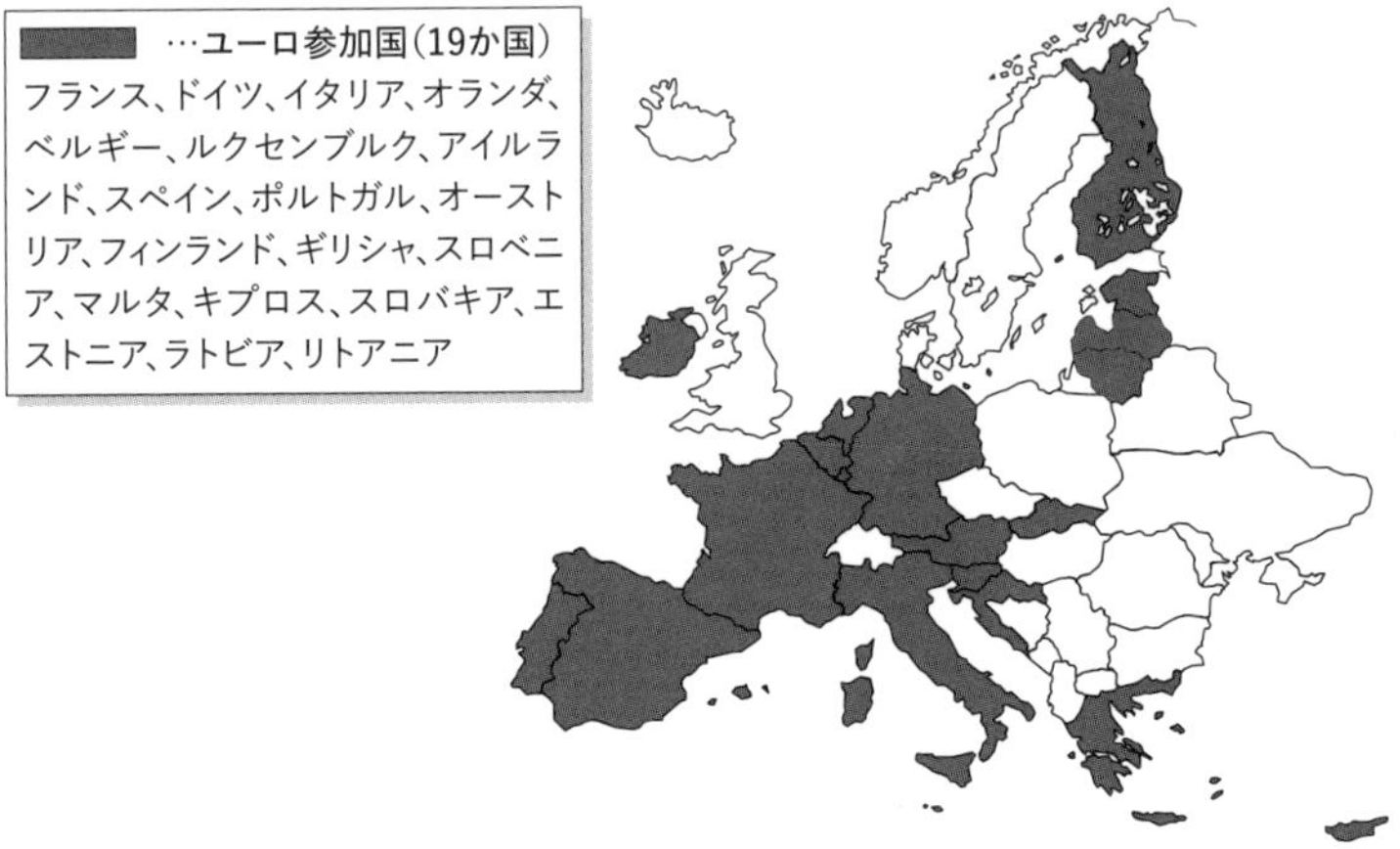

出所：外務省資料

日本にいながら得られる媒体も数多くあるので、情報収集がしやすいという利点もあります。

ユーロ円は、米ドル円を除くとクロス円の中では最も取引量が多く、スプレッドも狭い通貨ペアです。

　世界で見ると、米ドルに次いで取引量が多いのがユーロということもあり、米ドル円と同様、トレンドや波動が出やすいといえます。東京市場に続いてロンドン市場も開きますので、日本時間の16時～17時頃から取引もしやすいでしょう。

　値動きの大きな流れを見るには、ユーロ圏内の各国の中でも最大の経済大国とされるドイツや、それに次ぐフランスの経済指標は参考にすべきと思います。

図表7｜取引高が多い主要通貨ペア

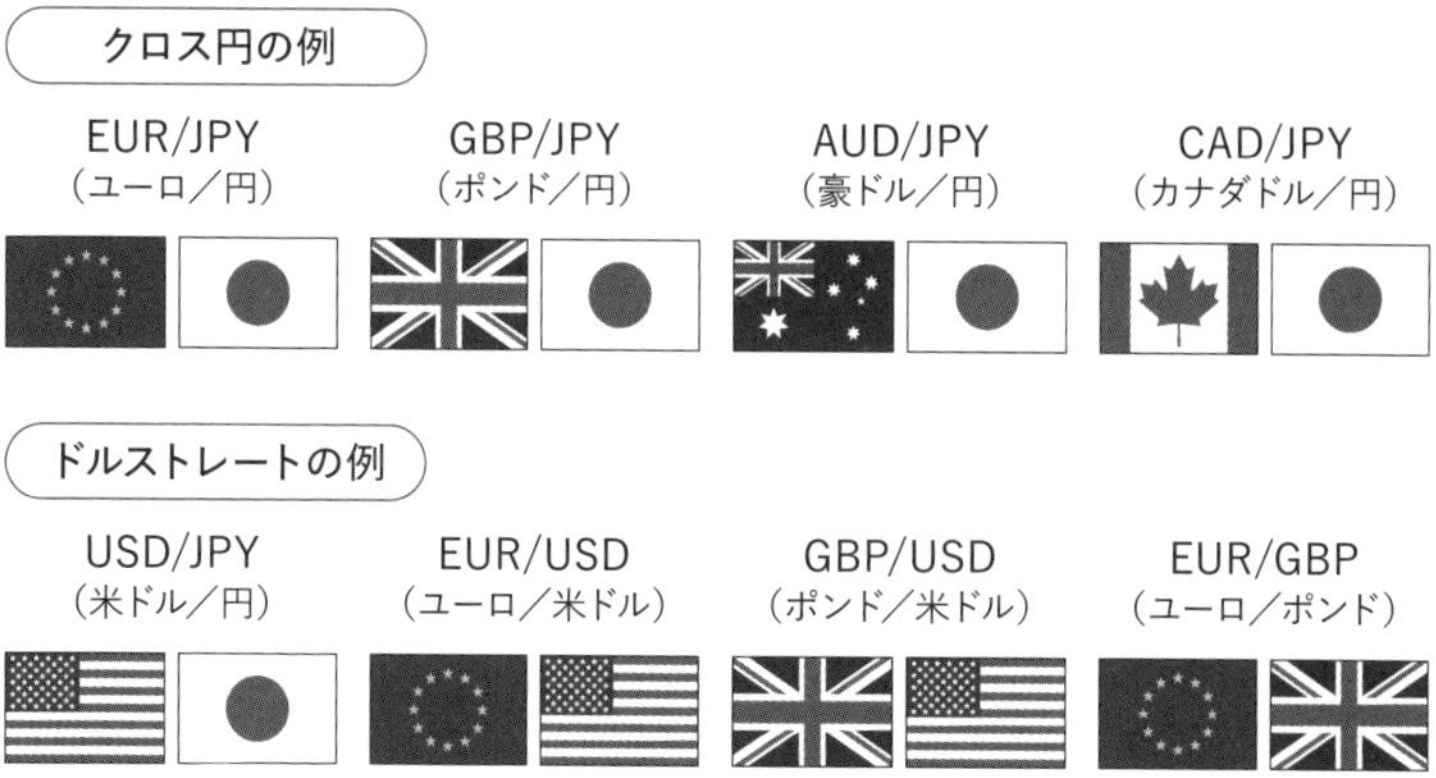

※どちらの通貨を先に表記するかは、それぞれ慣例で決まっている。

ユーロ米ドルは、２２８ページの図表４のように、世界で最も為替取引が行われている通貨ペアで、スプレッドも狭く、ロンドン市場が開く日本時間の16時〜17時頃から急に動き始めることが多いです。

ポンド円は、値動きが激しく、動き出すと一本調子になりやすい通貨ペアなので、短期的に大きな値幅を狙いたい方に向いていますが、スプレッドは広めに設定されています。したがって、スキャルピングよりはしっかり値幅を獲得できる「デイトレード向き」だといえます。

7-3 国内ＦＸ会社と海外ＦＸ会社の違いを知る

ＦＸをやる場合には、ＦＸ会社に口座を開設する必要があります。

現在では、日本国内にいながら様々なＦＸ会社の口座を開設でき、かつ、会社次第では納税のしかたやリスクが全く異なるという点で、ＦＸ会社選びはとても重要です。

国内にも多くのＦＸ会社がある

まず、マネックス証券、楽天証券、ＳＢＩ証券などの「**ネット証券**」は、株や投資信託などが取引できる総合口座に合わせて、ＦＸ口座を開設することができます。

１つの会社に資金を集めて、ＦＸ以外でも日本株、米国株、ＥＴＦ、投資信託、商品先物、オプション取引など、様々な投資対象に投資できるため、資金移動、資金管理がしやすいメリットがあります。

取引上の差異はあまりないので、例えば、楽天ポイントを活用している場合は、楽天証券を使う等、ご自身が好きな所を選定していただいて良いと思います。

また、みんなのＦＸ、外為どっとコム、ＧＭＯクリック証券、セントラル短資ＦＸ、ヒロセ通商といった「**ＦＸ専業会社**」もあり、取引システムやテクニカル指標の種類が充実しています。

さらに、最近話題なのは、少額からスマホによる取引を前提にしたいわゆる「**スマホ証券**」です。ＬＩＮＥ証券やＰａｙｐａｙ証券など、超少額の資金から投資を始めることができる環境が整っています。

スマホ証券についても、まずは総合口座を開設してから、ＦＸ口座を開設する流れになっています。ネット証券やＦＸ専業会社に比べて、使用できるテクニカル指標が少ない等、売買ツールなどにおいては若干簡易的な仕様になっていますが、本書で紹介するような比較的短期間で行う「波動を狙うトレード」においては、全く支障はありません。

海外ＦＸ会社は要注意

ここからは、海外ＦＸ会社の説明となりますが、十分な注意が必要です。

まず、国内ＦＸ会社は金融庁の管轄下で認可を取って営業をしていますが、海外ＦＸ会社は金融庁の認可なしで、営業をしています。つまり、金融先物取引法といった日本法の適用は受けないということです。

海外ＦＸ会社で日本でも認知されつつあるのが、「ＸＭ」「Ｔｉｔａｎ」「ＡＸＩＯＲＹ」などです。

●海外業者はなぜ人気なのか？

海外ＦＸ会社の最大の魅力は、レバレッジが４００倍、８００倍といった超ハイレバレッジ（国内会社の個人口座はレバレッジ25倍）があることと、「ゼロカットシステム」といって、口座残高がマイナスになっても後で追加証拠金を支払う必要がないシステムがあることです。要するに、超少額の資金からリスクが限りなく低く、とても大きな利益が狙える環境があるということです。

しかし、海外ＦＸ会社の中には、危険な会社もあるようです。突然資金が凍結されたり、取引停止になったりする業者もあるようですし、ＦＸ取引の裏側で「ねずみ講」に近いシステムが導入されている会社もあるため、それを活用した詐欺的な活動をする人たちがネット上には存在します。ネットで調べて見ると、「さも、海外ＦＸ会社に精通しているプロ」のようなサイトやＳＮＳがあり、詐欺的な被害を受けることもあるのでご注意ください。

ＦＸトレードは、まずは国内で認可のあるＦＸ会社で売買を行うことをオススメします。

●利益に対する課税の違いもある

利益にかかる税金ですが、国内ＦＸ会社の場合は「**申告分離課税**」で、海外ＦＸ会社の場

図表8｜国内FX会社と海外FX会社の主な違い

国内ＦＸ会社

・利益は申告分離課税
・レバレッジは通常25倍
・金融庁の管轄下
・10万円で月収数万円程度は可能
・数十万円で月収10万円以上可能
・追い証、強制ロスカットあり

海外ＦＸ会社

・利益は総合課税
・レバレッジは400倍以上など
・金融庁の管轄外
・10万円で月収数十万円程度可能
・超ハイリスク、ハイリターン
・ゼロカットシステム（追い証なし）
・中には、ねずみ講的な業者もある

合は「**総合課税**」の対象となります。

利益は国内・海外会社いずれも「**雑所得**」の扱いとなりますが、申告分離課税は本業の収入とは別に納税するしくみで「税率は現在一律で約20％」なのに対して、「総合課税」は本業の収入と合算して累進課税が適用され、所得税や住民税を合わせて、「最大55％ほど」の税率となります。

特に住民税は、翌年遅れて納税があるので、ご注意ください。

●想定不能なリスクは避けるべき

トレードで資産を作るには、「技術を身につけ安定的に利益を上げて、複利的に増やしていく」ということが大切です。

想定外の不慮の事故が起きやすい環境が少ない国内ＦＸ会社で、売買をされることをオススメします。

7-4

1日数時間で日給を狙うFXトレード例

ＦＸトレードは、１分足や5分足を使い短い時間で売買することで、注文から決済までを数分から数時間で完了させることができます。

このポジション保有時間は、スキャルピングトレード（スキャル）やデイトレード（デイトレ）などと呼ばれます。スキャルは、数分程度のポジション保有時間で、デイトレはポジションを持ち越さず、建ててから（注文してから）決済までを、原則寝る前に行うイメージです。

トレード中（2時間程度）は集中すること

トレード投資家に心得ていただきたいのは、ＦＸをやる時には、ポジション保有中はパソコンやスマホから目を離さずに、注文から決済までを完了させることです。現実的には、「**2時間程度**」が１つの目安だと思います。２時間の間は、外出の用事があっても食事の時間があっても、トイレですら席を立たずに、画面に集中することが理想です。

図表9｜5分足トレードの例（米ドル円）

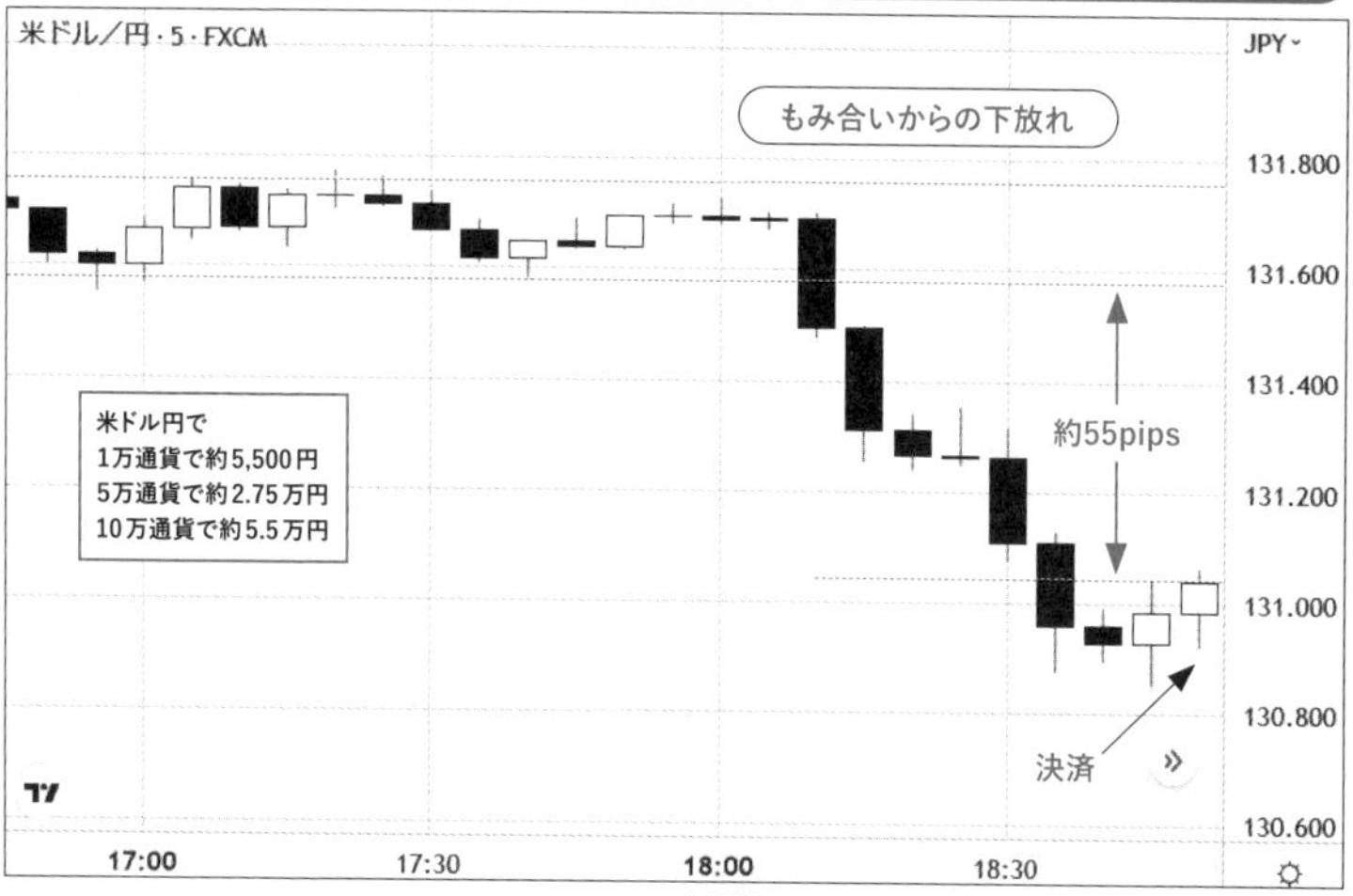

チャート提供：TradingView（https://jp.tradingview.com）

２時間というと、５分足のローソク足なら24本です。この24本のローソク足の中で、数本から10数本程度の上げ下げが生じるようであれば、その波動を狙うというのが「５分足のＦＸトレード」です。

一方、１分足のローソク足なら、２時間は１２０本です。この１２０本のローソク足の中で、数本から10本、時には20本程度の上げ下げが生じるようであれば、その波動を狙うというのが「１分足のＦＸトレード」です。

５分足トレードの例

上図は２０２３年１月の米ドル円で、**「もみ合いからの下放れ」**を確認して注文し、下げ波動が終了すると思われるまで保有することで、約55pipsの値幅を獲得することができた例です。**下ヒゲのある陽線が2本続き、高値と安値も切り上がった**ことを理由に決済した局面です。

55pipsの値幅を獲得するまでに要した時間は、約35分です。５分足でいえば、６〜10本程度です。ここで１つの下げ波動が発生したということになりますが、仮に10万通貨で実践した場合は、５・５万円の利益となります。

ＦＸ会社によって多少の変動はありますが、10万通貨を米ドル円で扱うには、約50万円の証拠金が必要になります（ＦＸはレバレッジ取引なので、実際にはより大きな余裕資金があるべきです）。

仮に５万通貨（約25万円の資金が必要）だと、55pipsは２万７５００円の利益ですし、１万通貨（約５万円の資金が必要）だと、５５００円の利益となります。保有時間は１時間未満ですから、時給換算で５５００円と見ると、会社員の平均的な日給以上だといえます。

左図は同じく２０２３年１月の豪ドル円で、「**もみ合いからの上放れ**」を確認して注文し、上げ波動が終了すると思われるまで保有することで、約53pipsの値幅を獲得することができた例です。**上ヒゲのある陰線が2本続き、高値と安値も切り下がった**ことを理由に決済した局面で、２本目の陰線は「十字線」に近い形となっています。

53pipsの値幅を獲得するまでに要した時間は、約35分です。

図表10｜5分足トレードの例（豪ドル円）

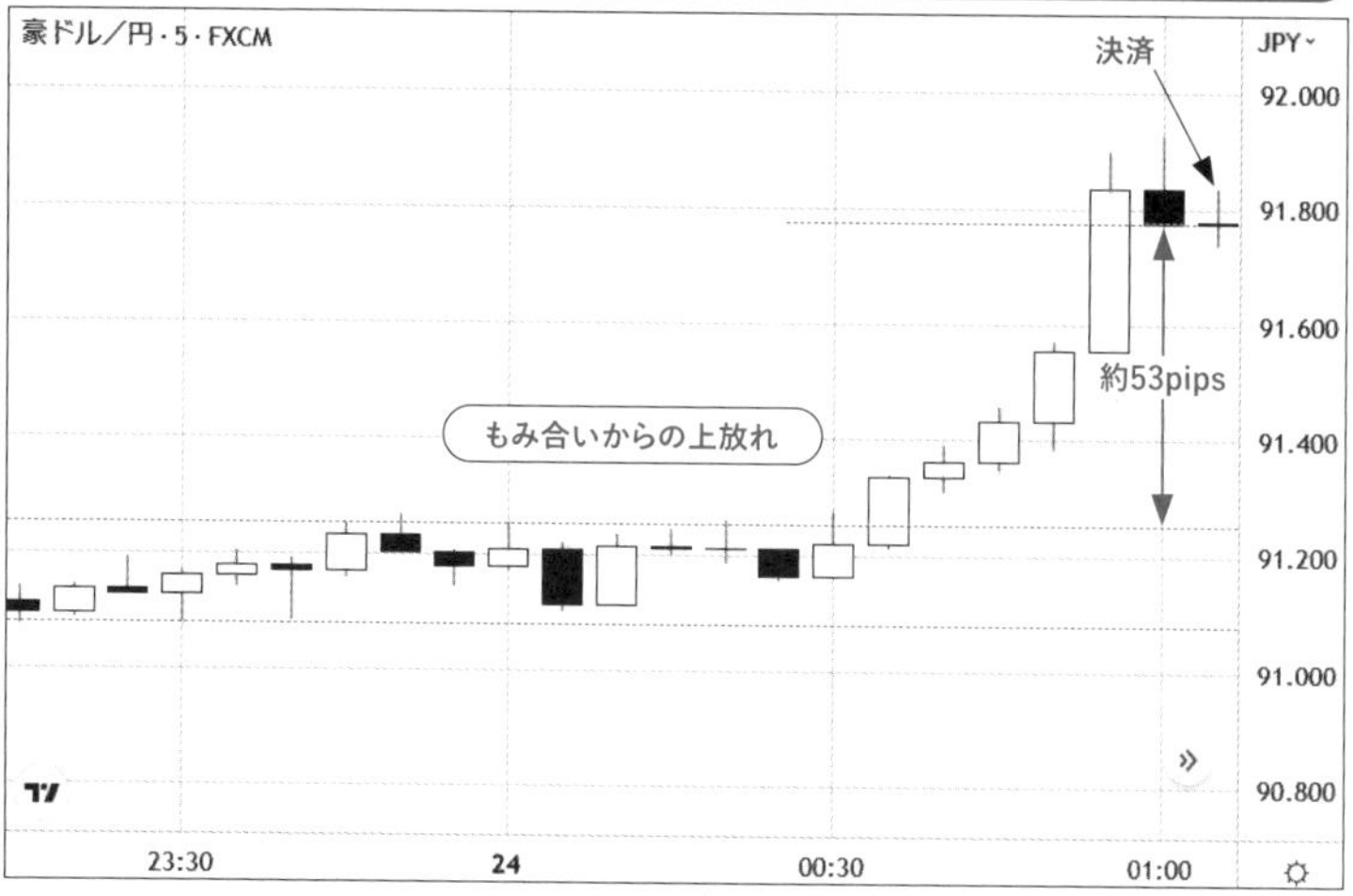

チャート提供：TradingView（https://jp.tradingview.com）

　50pips以上の値幅は大きな値幅ですが、仮に20pips程度であれば、東京、ロンドン、ニューヨーク市場の時間帯に待ち構えてトレードすることで、注文してから数分で十分獲得が期待できる値幅となります。

　ＦＸでは、１日の間の短い時間で、働いて稼ぐ日給以上の利益が期待できる投資スタイルが実践できます。

　毎月、給料にプラスして数万円から数十万円があれば、経済的にも精神的にも安心感が増すという方は多いと思いますが、それが「トレード技術の鍛錬と向上によって得られる」というのは、大変魅力的だと思います。

　ＦＸは怖いと思い込んでいる方がいるとしたら、これを機会にぜひ、少額から実践してみていただきたいと思います。

7-5 勝ちやすい時間帯を選択する

ＦＸトレードは、日本国内では土日と朝方の少しの時間を除いて、ほぼ24時間売買することができます。それで、ネット上では「いつでも、どこでも、好きな時に稼げる」という謳い文句を見かけることがありますが、正しくもあり、間違いでもあります。

為替が大きく動く時間帯で勝負する

たしかに24時間いつでも好きな時に、スマホ1つあれば売買できるのですが、「圧倒的に勝ちやすい時間帯」というものがあり、逆にいえば、プロであっても勝ちにくい時間帯というものもあります。

本書で推奨している波動を利益にするトレードでは、前節のように1日のうちで2時間程度取引に集中できる時間を確保できれば、十分に日々利益を狙うことができます。しかし、ランダムにどの2時間を選んでもできるかといえば、「それは否」です。

図表11 | 冬時間（標準時間）と夏時間

●東京との時差

	ロンドン	ニューヨーク
東京	冬時間（−9時間） 夏時間（−8時間）	冬時間（−14時間） 夏時間（−13時間）

●サマータイムの実施期間（冬時間（標準時間）より1時間早める）

ロンドン	3月最終日曜日〜 10月最終日曜日
ニューヨーク	3月第2日曜日〜 11月第1日曜日

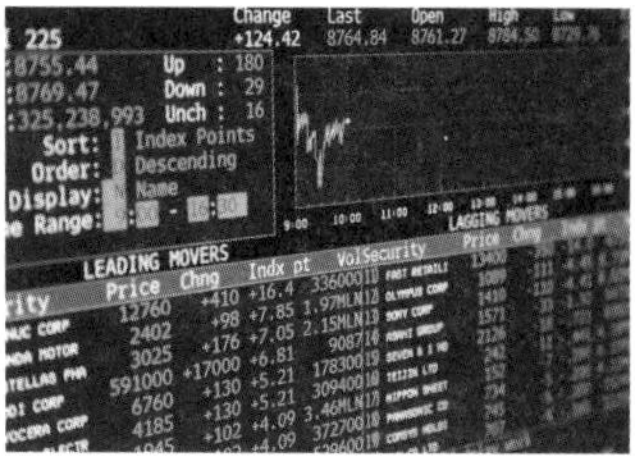

勝ちやすい時間帯というのは、いい換えると、「**値動きが活発になり、トレンドや波動が発生しやすい時間帯**」です。

2時間、スマホやパソコンの画面に集中して、ローソク足1本1本の推移を見ていくと、トレンドや波動が発生するサインが生じることが多い時間帯があり、この時間帯「だけ」に集中してトレードをすることが重要です。

世界三大市場で狙う時間帯

1日のうちで勝ちやすい時間帯というのは、3つあります。それは、49ページで説明した世界三大為替市場の**ロンドン市場、ニューヨーク市場、東京市場の前半2時間程度の時間帯です。**

ロンドンやニューヨークではサマータイムがあるので、「**冬時間**」（標準時間）と「**夏時**

図表12｜三大市場の前半の2時間程度が最大のチャンス（ドル円5分足）

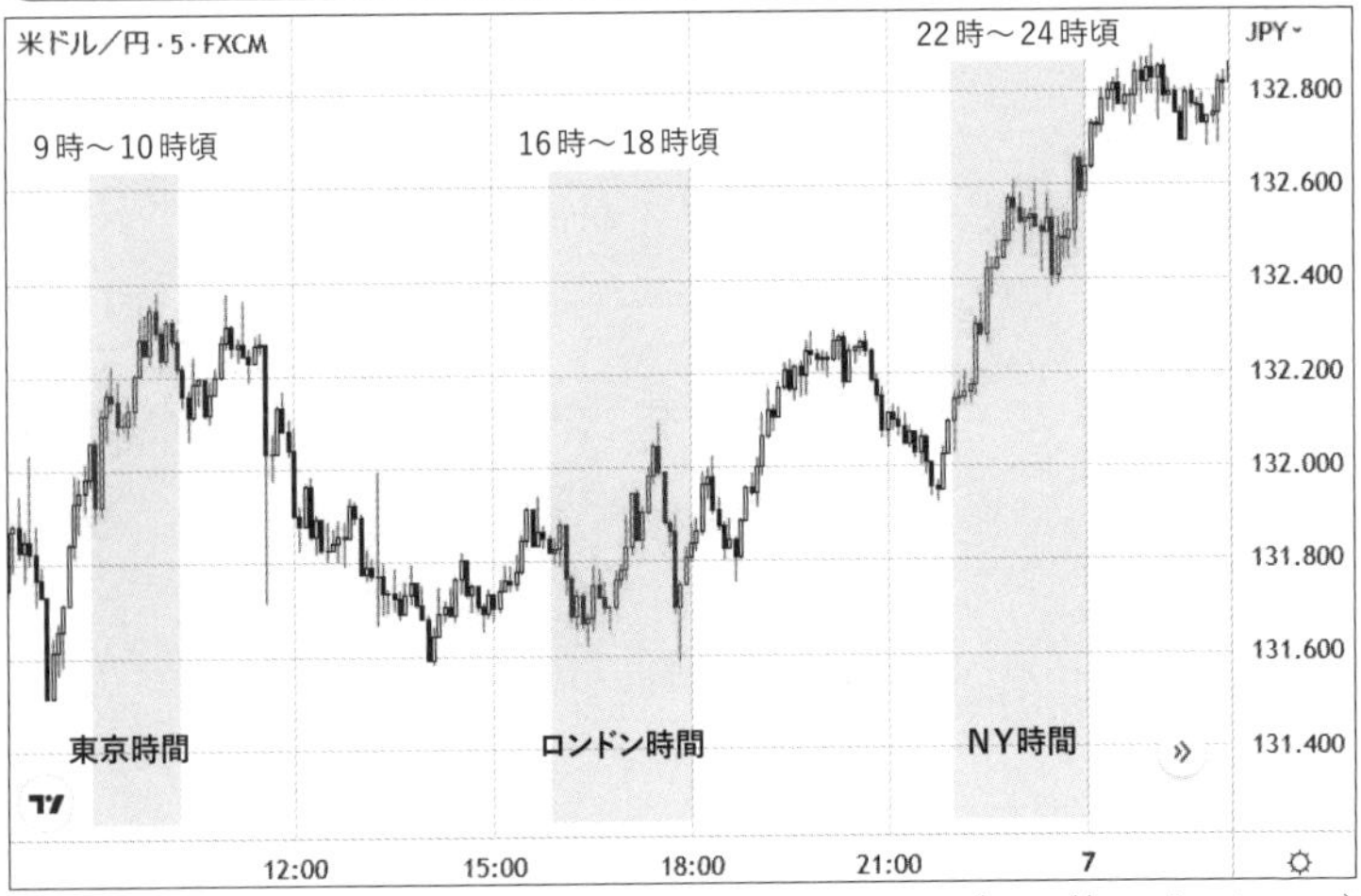

チャート提供：TradingView（https://jp.tradingview.com）

間」があり、夏時間は冬時間より1時間早まります（前ページの図表11）。1日の流れに沿って説明します。

為替取引の中でも投機ではなく貿易などの実需取引の多い日本時間のチャンスは、「朝9時～10時頃」となります。そして、ロンドン時間は日本の夕方の時間帯からで、フランクフルトなどの欧州市場も重なる「16時～18時頃」が狙い目です。

最後に、ニューヨーク時間は日本の深夜で、チャンスの時間帯が「夜22時～24時頃」です。この時間帯はロンドン市場とも重なり、最も為替取引が活発な時間帯といって良いでしょう。

これらの時間帯は、トレンドや波動も発生しますし、比較的大きな値動きになるので、ATR（41ページ参照）も上昇します。ローソク足単位で数本から10本そこらで、まとまった値幅（数十pips程度）を狙うことができます。

また、2時間で前節のように、数本から10数本程度の波動を「淡々と狙う」ことを日課にすると、技術が身につき成績が安定しやすくなります。日課といっても、週数回、自分のライフスタイルに合わせて実践していただければ大丈夫です。

なぜ、このような時間帯があるかといえば、「世界中の銀行や証券会社、投資銀行にも営業時間があるし、そこに所属するトレーダーも勤め人だ」ということがあります。

欧米人が勤める会社にも出社時間・退社時間がありますし、ランチの時間帯もあります。巨額な資金でトレードをするので、ポジションを持ったまま退社したり、休憩したりすることはできません。連休だってクリスマス休暇だってしっかりありますから、その前には損失を軽減するように、取引量を減らします。

このような人々の活動が右のような時間帯を形成し、トレンドや波動の発生しやすさにつながります。

私たちは「波動が発生したら、それについていき、もし外れれば早目に損切りする」という方針ですから、チャンスの時間帯に釣り糸を垂らして「待ち」、発生する日は売買するし、時には売買しない日があっても良い、くらいの気持ちで取り組むと良いと思います。

7-6 1つの時間帯・通貨ペアの職人になる

本書でオススメしている通貨ペアは、米ドル円、ユーロ円、ユーロドル、ポンドドル、ポンド円です。また、朝9時〜10時頃の東京時間、夕方16時〜18時頃のロンドン時間、そして、夜22時〜24時頃のニューヨーク時間です。

1つの通貨ペアで1つの時間帯に絞る

しかし、時にドル円で東京時間、時にポンド円でロンドン時間、時にユーロドルでニューヨーク時間など、「通貨ペア×時間帯」で四方八方にトレードをするよりは、**1つの時間帯、1つの通貨ペアに絞って、その売買を一定期間繰り返す方が有効です。**

私が主催している「投資の学校」では、元リーマン・ブラザーズ出身や元モルガン・スタンレー、元野村證券など世界最高水準の現場で大きな資金を動かして売買をしてきた投資家が講師として活躍しています。しかし、例外なく新人の頃は「お前はこの商品の担当だ」と投資対象を指定され、取引する時間帯も指定されたと聞きました。

いくら自分が為替取引をやりたくても、「君はコモディティの銅を、深夜の時間帯にやってくれ」などと指令があり、徹底してその投資対象・時間帯で売買することを課せられたそうです。しかし、それを通じて、その投資対象、その時間帯の平均的な値動き（ATR）が身に染みてわかるようになったそうです。

また、その時間帯で取引するにあたって注視しなくてはならない経済指標の発表なども毎回継続的にウォッチするので、「その対象、その時間帯のプロになる」最短距離を歩めたそうです。

小さな異変にも気づくことができる

次のページの図表13には、ある月のドル円の5分足のチャートがATRを含め、日別に4日分並んでいます。すべて夜の22時～24時の時間帯となりますが、毎日この時間でドル円ばかりをトレードすることで、気づけることは多いのです。

例えば、23時から重要な経済指標の発表があるとわかれば、22時から24時まで時間があるとしても、23時を起点にトレンドや波動が大々的に変わる可能性があるわけですから、23時までは様子見をして、23時以降に上げ下げがハッキリしてから、価格の動きに乗ってついていくトレードをする、などのプランを事前に考えることができます（図表13の③④）。

図表13| ある月の21時台～24時のドル円5分足

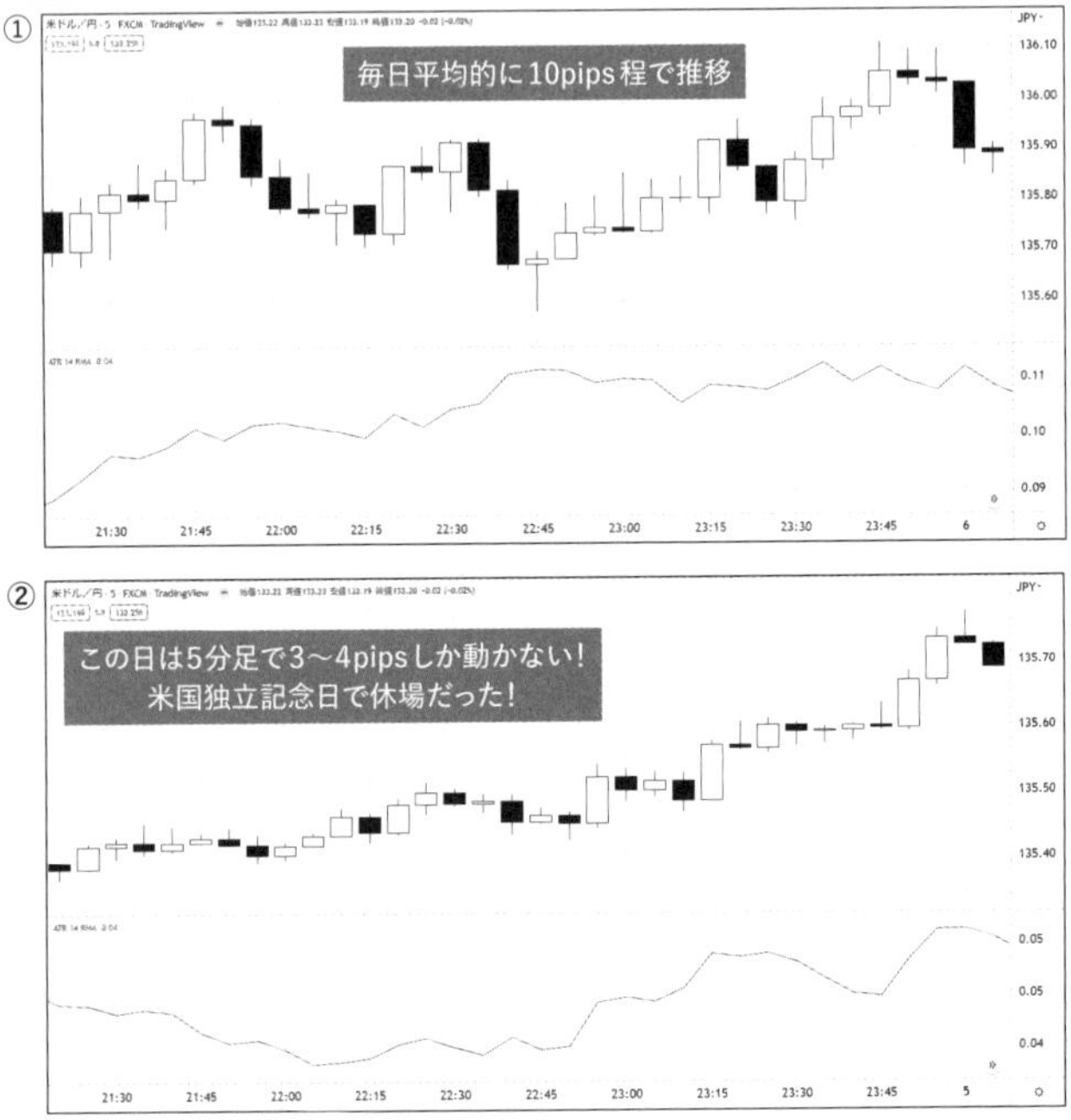

チャート提供：TradingView（https://jp.tradingview.com）

さらには、①のように毎日平均的に10pipsほど動いている期間ですが、ある日突然、平均的な値動きが3～4pipsしかない日があれば、異常だということを察することができます（②）。

1日30pipsを目標としているトレード投資家であれば、ATRが10pipsの平常時と、ATRが3pipsの異常時では、異常時は目標の30pips達成のために保有する時間が長くなり、リスクも伴うことになります。

このようなことにも気づくことができます。

③
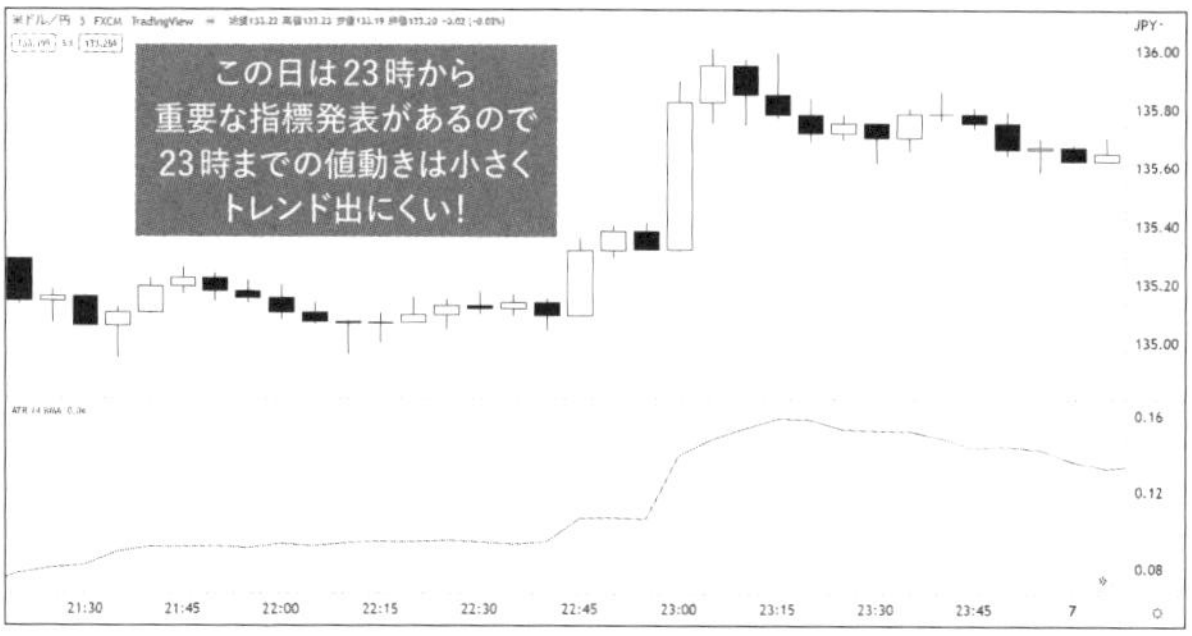

④
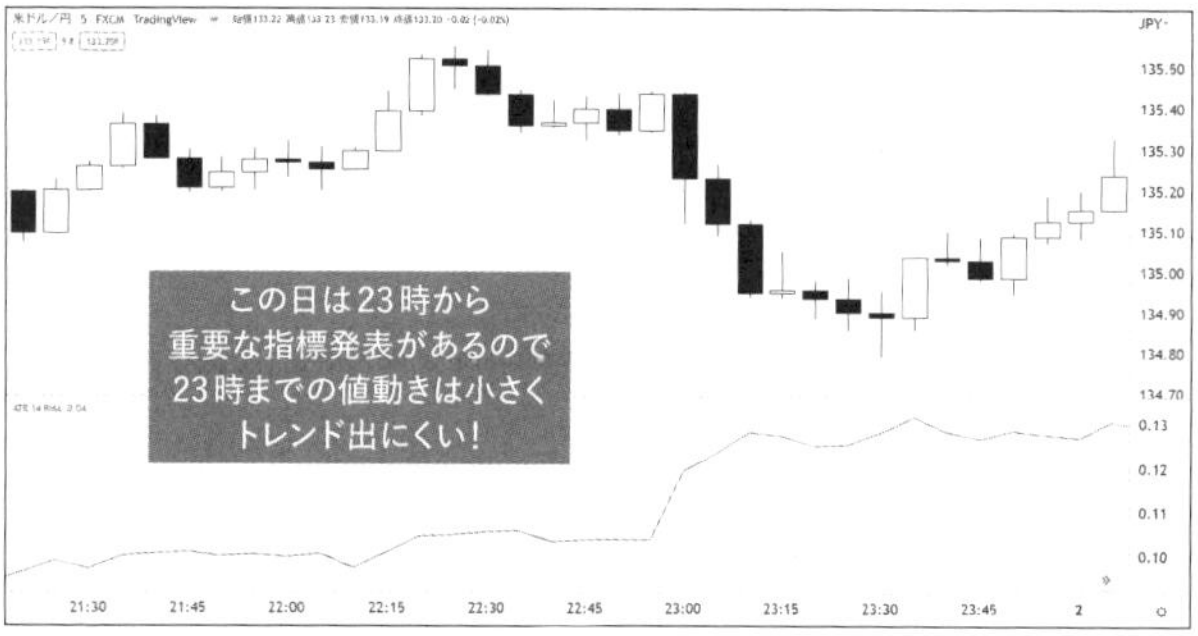

チャート提供：TradingView (https://jp.tradingview.com)

車の運転に例えると、目標時間までに最も安全な道を通じて到達するためには、通いなれた道を通り、子供が飛び出してくる時間帯を避け、仮に飛び出してきた場合にも片足をブレーキに置いて走るなどの対策がありますが、初めての道では慣れるまででもう大変だということです。

トレードにおいても、目標は継続する安定的な利益ですから、慣れた通貨ペアと時間帯で、堅実に値幅を刻むことが大切です。

7-7 経済指標と要人発言を知る

当たり前の話ですが、時間が経過することで為替市場にも変化が訪れます。

2022年の円安の要因と経過

例えば、２１７ページでも触れましたが、２０２０年のコロナショック後に、世界の多くの中央銀行が経済対策として量的金融緩和や緊急の利下げを行いました。ところが、今度は２０２１年秋からインフレ懸念が増し、２０２２年に入ると多くの中央銀行が「金利の引き上げ（利上げ）」を行いました。

日本だけが利上げを見送ったので、日本の円と米ドルを始め各国通貨との間に金利の格差が生じることになりました。ＦＸは2つの通貨間の売買ですが、「基本的には、金利の低い通貨から金利の高い通貨へお金が流れる」ということがあります。

米ドルの政策金利は上がり、日本円の金利は「**ゼロ金利**」のままということで、円が売られ、ドルが買われる現象が起こりました。米ドル円の上昇トレンド（ドル高円安）は、米国の量的金融緩和の縮小開始の観測が強まった２０２１年9月から始まっていましたが、米国が利上げを開始した２０２２年3月から本格的に加速しました。これが「加速度的な円安」の理由と考えられます。

この出来事が発生するには、次のような要因が時間の経過とともにありました。

①コロナ対策として過剰な金融緩和が行われたこと
②過剰な金融緩和によりインフレが懸念されたこと
③インフレ傾向が起きて米中央銀行が危機感を持ち、量的緩和の終了（テーパリング）や今後の利上げの指針が述べられたこと
④実際にテーパリングや利上げが実行されたこと

これらのプロセスには、それぞれ「経済指標の発表や各国の中央銀行トップなど重要人物の発言」などがあり、**その多くは発表の予定日時が事前に示されているのです。**

米国のCPIと政策金利の関係を見る

例えば、米国の「**消費者物価指数（CPI）**」という経済指標があります。

図表14｜2022年の米国の利上げと米ドル円の推移（229ページ図表5再掲）

チャート提供：TradingView（https://jp.tradingview.com）

図表15｜米国CPI（前年同月比）の推移

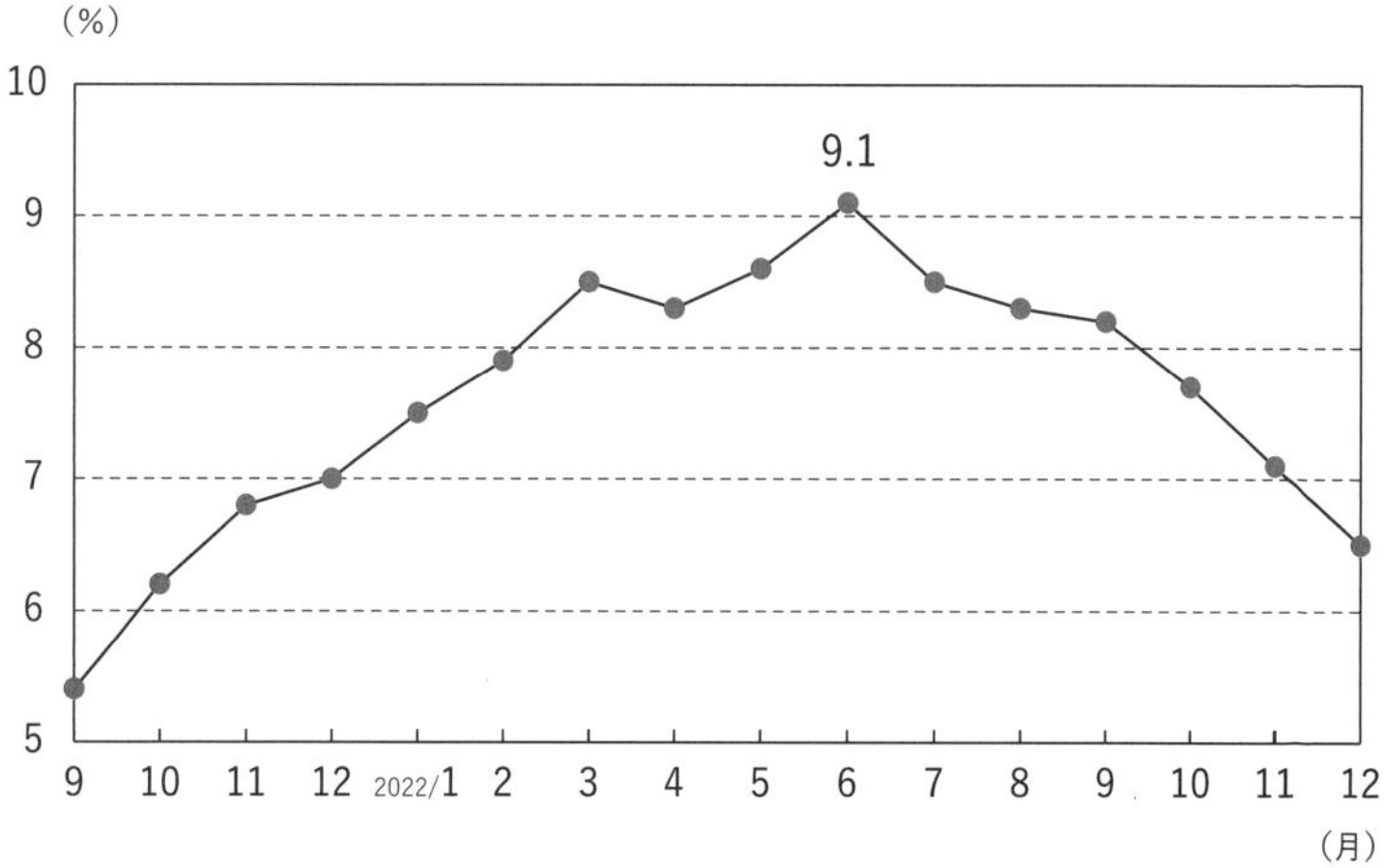

消費者物価というのは、一般的な消費者世帯が購入する商品・サービスの価格のことで、これを指数化したものが「消費者物価指数（前年同月比／前月比）」です。

この数値が月々上昇しているということは、まさにインフレそのものであり、「金利を上げる」などの対策を取って抑え込んでいかないとならないわけです。

右の図は、上が米ドル円と政策金利の推移、下がＣＰＩ（前年同月比）の推移です。**ＣＰＩの上昇とともに利上げが行われ、利上げに連動するかたちでドル円が上昇してきた**ことがわかります。

また、ＣＰＩは２０２１年の秋から断続的に上昇してきましたが、２０２２年3月からの大幅な利上げによって、６月の９・１％をピークに抑えこまれてきています。

初心者でも覚えておくべき経済指標など

トレード投資家1年目でも、これだけは覚えておくべき米国の経済指標や金融政策を３つだけ紹介します。

●米国雇用統計

合わせて10数項目が発表されますが、中でも最も注目されるのが「**非農業部門雇用者数**」

図表16｜雇用統計の結果で大きく買われて急上昇（米ドル円5分足）

チャート提供：TradingView（https://jp.tradingview.com）

と「**失業率**」の増減になります。「平均時給」などもあります。景気が良いと雇用者は増え、時給も上昇してきます。

米国政府は完全雇用を目標としており、米国の中央銀行であるＦＲＢ（ＦＯＭＣ）が、金融政策（政策金利の上げ下げなど）を決定する上で雇用を重要視しているため、大変重要な指標です。

毎月の第1金曜日の夜（冬時間22時30分・夏時間21時30分）に労働省から発表されます。

上図は、２０２３年2月の発表時に米ドル円が急上昇した例です。

●消費者物価指数（CPI）

前述したように、略してＣＰＩと呼ばれます。

前年同月比と前月比があります。

この数値が上昇しているとインフレが心配され、金利上昇などの心配があります。前述したように、米国ＣＰＩの結果で米ドルの金利上昇が心配されると、ゼロ金利の円との金利差が広がるため、円安になる可能性が高くなります。ＣＰＩの中で原油や小麦などの変動要因が多いものを除いた、「**コア指数**」も注目度が高く、かなり重要です。

労働省から毎月中旬（15日前後／冬時間22時30分・夏時間21時30分）に発表されます。

●FOMC（連邦公開市場委員会）

ＦＯＭＥ（Federal Open Market Committee）は、米国の金融政策や政策金利の決定に関して開催される超重要イベントで、定期では6週間ごとに**年8回開催**されます。「**声明文**」は終了後に発表され、「議事録」は3週間後に公表されます。

この会合の決定次第で年単位のトレンドが生まれたりもします。また、ＦＲＢ議長や理事の発言は、「要人発言」としては最重要のランクに入ります。

図表17| ワシントンのFRB（連邦準備制度理事会）

政策金利や経済指標の発表には、市場の「**予想値**」というものが必ずあり、予想に対して結果が大きく乖離した場合には、米ドルを中心に大きな変動が生まれます。逆に、前回に比べ大きな変化があった場合でも、それが予想値の通りであった際には、市場では「**織り込み済み**」で、反応しないこともあります。

日本では「日銀金融政策決定会合」、ユーロ圏では「ＥＣＢ政策理事会」に相当するものです。

なお、図表18は米国の主な経済指標を簡単にまとめたものです。米国や日本を含む経済指標の詳しい説明や見方は、ＦＸ会社のホームページなどにも詳しく出ていますので、ご覧になってみてください。

図表18｜米国の主な経済指標の例

分野	経済指標	公表機関	発表タイミングなど
雇用	非農業部門雇用者数	労働省	毎月第1金曜日22時30分（前月比）
	失業率		毎月第1金曜日/22時30分（前月分）
	平均時給		毎月第1金曜日22時30分（前年同月比/前月比）
	ADP雇用統計	ADP社	雇用統計発表日の2営業日前/22時15分（前月比）
貿易	貿易収支	商務省	毎月10日前後/22時30分（前々月分）
物価	消費者物価指数（CPI）	労働省	毎月15日前後/22時30分（前年同月比/前月比）
消費	個人消費支出・個人所得	商務省	毎月第4～5週など下旬/22時30分（前月比）
	小売売上高	商務省	毎月第2週/22時30分（前月比）
生産	鉱工業生産指数	FRB	毎月15日前後/23時15分（前月比）
景気	ISM製造業景況指数	全米供給管理協会（ISM）	毎月第1営業日/24時（前月分）
	実質GDP	商務省	毎月25日前後/22時30分（4半期単位の速報値・改訂値・確報値を発表）
住宅	住宅着工件数/建設許可件数	商務省	毎月第3週/22時30分（前月比/前月分）
	中古住宅販売件数	全米不動産協会	毎月下旬/24時（前月比/前月分）

※時間は冬時間で表示

7-8 急騰や急落のウラ側にある投資家心理

「投資家心理」という言葉があります。これはFXに限りませんが、実際に投資してポジションを保有している最中には、人は欲と恐怖により様々な心理にとらわれます。対面していない人の心理など、読めるわけがないと思われるかもしれませんが、読むべきものは「大衆心理」です。「多くの投資家が陥っている状況」であり、ローソク足にも現れます。これを理解しておくと、「**ポジポジ病**」や「**コツコツドカン**」といった陥りがちな失敗の戒めになるとともに、アドバンテージにもなるので、ぜひ覚えておいてください。

ローソク足に現れる投資家心理

まず、ローソク足のウラ側にある「価格が上がる、下がる」の意味を理解しておく必要があります。

価格は上げ下げを繰り返していますが、このうち価格が上がるのは、「**高い値段で買い注文が行われ、それが約定する時**」です。そして、買い注文には2種類あります。自分の取引のことばかり考えているとつい忘れがちなのですが、重要な視点です。

1つ目は、新規に買い注文が入るパターン。そして、2つ目は既に売り注文をしていたポジションの決済で買い注文が入る、というパターンです。どちらも約定すれば価格が上がります。

「踏み上げ」の構図

新規の買い注文をする時は、みんな慎重になるので、誰もが一斉に買いたいというタイミングは、前節で紹介した金融政策や経済指標などで**「よほど有利なサプライズ」**があった時などに限定されます。特に巨額の資金を動かす投資銀行、プロディーラーは会社のお金を投じるわけですから慎重です。

一方、決済の買い（売りポジションの手仕舞い）注文は、価格が下がると予測して売り注文をしていた投資家が、思惑通りに価格が下がれば利益確定の買い注文をします。しかし、思惑が外れて価格が上がった場合は、損切りの買い注文をします。

損切りの買い注文は、やむを得ず行いますので急騰につながります。この局面でポジションを持っていたら、「絶対に手仕舞いしたい」という局面はあります。安い値段で売り注文を出しても買い手がおらず約定しないため、そのままではポジションを持ったまま損失が拡

図表19｜急騰を加速させるのは「損切りの決済」

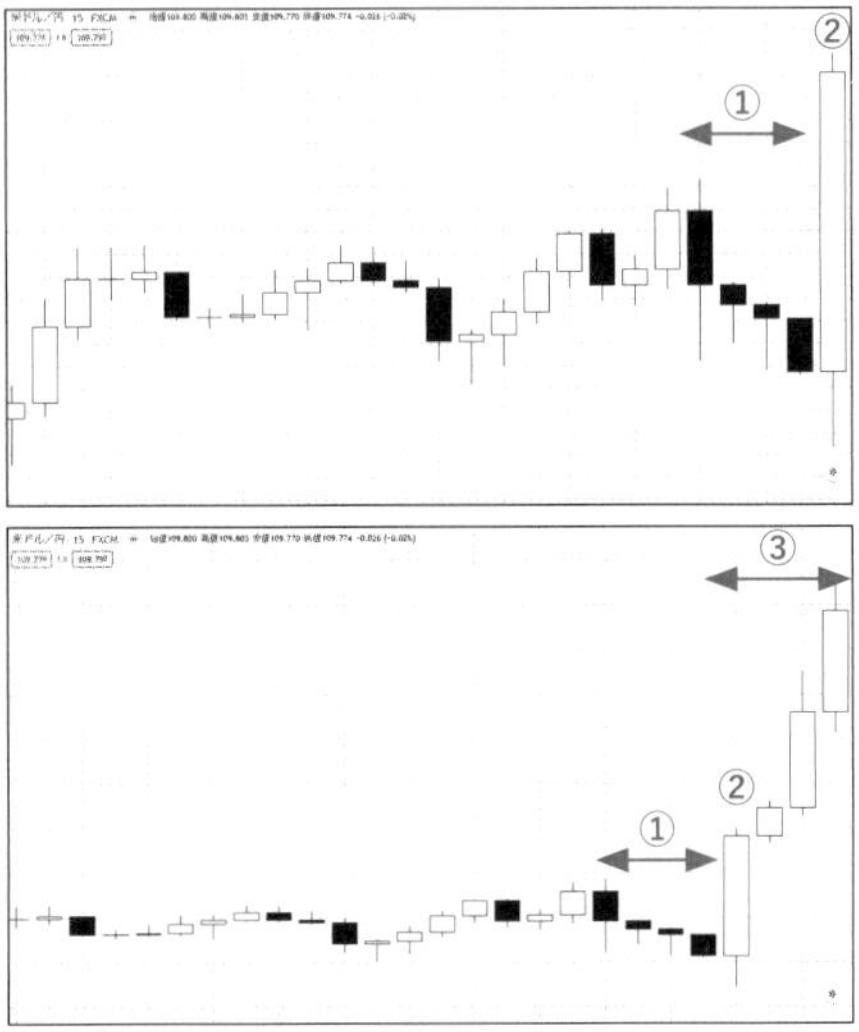

①売り注文をする投資家
②大きな買い勢力が登場
同時に「買戻し」の損切で、
大きな陽線が発生。

売り勢力が負け、
買い勢力が「勝つ」ことの確認。

踏み上げへ！

③あなたも「買い」をしつつ、
新規の「買い」勢力も加わり、
上昇が続く。

勝敗がついた方向へ
「ついていく」のが勝利の鍵。

チャート提供：TradingView（https://jp.tradingview.com）

大するからです。**損失覚悟で高値の買い注文を出し、損切りするしかありません。**

これが急騰をさらに加速させますが、これを「**踏み上げ**」（ショートスクイズとも呼ばれる）といいます。急騰について「一気に買いが入ったから上がった」といえば、それはそうなのですが、「損切りの買い決済をせざるを得なかった」という真実が急騰には含まれています。急騰や急落の裏側には、必ず厳しい投資家の心理が現れたと思ってください。

実際に、重要な高値や節目を越えて価格が上がった時は、上昇のサインですから、多くの投資家が買い注文を入れるタイミングです。

しかし、その後価格が下落に転じた時には、その上昇サインで買った投資家の大多数は、一斉に損切り決済をします。投資に100%勝てる方法はありませんので、負ける時は「きれいに負け、次のトレードにつなげる」ということが鉄則です。プロであればあるほど、外れが確定したら一斉に損切り決済しますので、「買いサインが明確であればあるほど、その後の急落は大きくなる」傾向があります。

急騰や急落は買い方と売り方の勝敗が決定した証でもあるので、あなたが利益を上げようと思ったら、後でじっくり勝敗が確定した後の波に乗っていくだけです。もちろん、この時にも逆方向にいくことはありますので、注意が必要ですが、**急騰や急落は損切りした投資家が、プロも含め大多数いる局面**だということを埋解しておきましょう。

■著者紹介

高橋　慶行（たかはし・よしゆき）

投資の学校プレミアム創業者。株式会社ファイナンシャルインテリジェンス代表取締役。

宮城県仙台市で教師一家に生まれる。成蹊大学経済学部卒業。

大学時代に学生起業、インターンシップ等に明け暮れ、特に税理士、会計士に接する日々を送り税金対策の重要性を知る。その経験から、「学校では学ばないけれど、日本で豊かに歩むためには大切だと思われる教育事業をやる」と決める。

社会人になりリクルート社の新卒斡旋サービスで営業に従事し、No.1表彰を受けたのちに2008年に独立起業。事業を継続する傍ら、「投資利益の課税が約２割」という税制面と自由度の高い収入源候補としての「投資」に関心を持つ。

2013年に、投資のエキスパート集団とともに投資の学校事業を創業するべく、株式会社ファイナンシャルインテリジェンスを設立。自らも投資家として活動する傍ら、投資教育事業と並行し、約10年で２万時間以上を費やし、安定的な利益が得られるようになる。主に退職直前、退職後のシニア層や空いた時間に自宅にいながら投資で生活の糧となる月収を作りたい会社員、主婦層が学び、2023年には、のべ15万人以上が受講する投資の学校事業へと成長する。

親が子供や孫のために正しく伝えるべき、お金や投資、自立のための総合的な教養を広めることがライフワーク。

著書に『12万人が学んだ投資１年目の教科書』『投資の学校』（いずれも、かんき出版）がある。

- ●ホームページ　https://takahashiyoshiyuki.com/
- ●Instagram　https://www.instagram.com/golden_takahashi/
- ●TikTok　https://www.tiktok.com/@toushi_ojisan
- ●Twitter　https://twitter.com/toushi_teacher

月10万円を稼ぐトレード１年目の教科書

2023年３月21日　初版第１刷発行
2023年10月10日　初版第２刷発行

著　者　高橋慶行
発行者　石井　悟
発行所　株式会社 自由国民社
〒171-0033 東京都豊島区高田3-10-11
https://www.jiyu.co.jp/
電話03-6233-0781（営業部）
本文DTP　有限会社 中央制作社
印刷所　横山印刷株式会社
製本所　新風製本株式会社
装幀　吉村朋子